금강산 가이드

금강산 가이드

수문 주말시리즈 7

우종수 지음

秀文出版社

나와 금강산

　금강산과 인연을 맺게된 것은 일제 말기의 1944년 5월부터 해방을 맞이하게 된 1945년 9월까지의 우연한 만남이었다.
　당시 학도병 강제징집을 불응해 기피하여 1944년초 동경 유학에서 돌아온 나는 서울에 머물다가 신변의 불안을 느끼고 그해 5월에 피신할 목적으로 내금강 신풍리 중석광산에서 덕대(광구책임자)로 일하던 친지를 찾아 갑자기 금강산으로 떠나게 되었다.
　그때 마침 같은 처지에 있었던 C형과 함께 동행을 하게 되었는데 이왕이면 가는 길에 먼저 금강산을 한번 둘러볼 의향으로 철원에서 금강산 전철을 타고 내금강 장안사로 길을 잡아 비경으로 이름난 만폭동 계곡을 거쳐 비로봉까지 오르게 되었다.
　금강산의 명성은 익히 알고 있었지만 막상 금강산의 비경절승을 직접 대하고 보니 그 빼어난 경관이 너무나도 아름답고 황홀하여 경탄해 마지않던 기억들이 지금도 생생하다.
　더욱 은사다리 금사다리의 험로를 힘겹게 넘어 금강산 최고봉인 비로봉 정상에 처음 올랐을 때 발아래 펼쳐진 1만2천봉 그 전망의 장관은 속된 인간의 욕망 같은 것은 감히 범접조차 할 수 없는 위엄과 생동감 넘치는 그 기상에 매료되어 크게 감격한 나머지 환희보다는 오히려 가슴 속에서 말할 수 없는 뜨거운 불덩이가 복받쳐올라 C형과 서로 붙들어 안고 대성통곡을 하고나서 울부짖듯 소리높이 외쳐댔다.
　"조국이여 일어나라, 금강산이여 조국품으로 돌아오라!"
　그것은 일제의 모진 억압 때문에 겪어야했던 피압박 민족의 무거운 절망 속에서도 민족정기의 핏줄이 통하는 신령스럽고 위대한 금강산 정기를 대하는 순간 조국불멸의 위대한 영감을 얻었기 때문이리라.
　천신만고 끝에 금강산 제일의 선경으로 이름난 만물상 천선대에 올랐을 때도 '이 아름다운 금수강산이 간악한 일제의 짓밟힘을 당하다니…….' 분통이 터져서 참을 수가 없어 나라잃은 설움에 또다시 통곡할 수 밖에 없었다. 이러한 비분강개는 그당시 금강산에 올라본 우리 겨레면 누구나 겪어본 심정이었을 것이다.

그로부터 나는 내금강 온정령 '참샘이'라는 외딴 찻점에 주거를 정하고 상등봉 중석광산에 종업원으로 적을 두고 피신생활을 하던 중 틈나는 대로 금강산의 명승을 찾아 곳곳을 답사할 수 있는 기회를 얻게된 것은 뜻밖의 커다란 행운이었다.

금강산은 남북 약 60킬로미터, 동서 40킬로미터에 이르는 광대한 지역안에 1만2천봉이 천봉만학을 이루고 산과, 물, 기암괴석과, 수림과, 구름과, 안개 등의 아름다운 광채가 서로 멋지게 어울리어 천태만상의 조화를 이루고 변화무쌍한 절경을 펼쳐준다. 이러한 금강산의 진경산수의 빼어난 경관에 매혹된 나는 갈수록 넋을 잃고 산과, 계곡과, 수림을 누비며 황홀한 자연경관에 도취되었던 그때의 기억을 지금도 잊을 수 없다.

그당시 젊은 나이의 피끓는 우국청년으로 자처하던 나는 불우한 청춘의 울분을 금강산 비경속에서 불태우며 호연지기를 기르고 산의 거룩함을 배울 수 있었을 뿐만 아니라 피신의 목적도 무사히 달성할 수 있었으며 감격적인 8·15해방의 기쁨을 그곳에서 맞이하게 되었으니 나와 금강산의 인연은 두고두고 잊을 수 없는 은혜롭고 기이한 만남이었다고 할 수 있다.

그러나 8·15해방후 뜻하지 않았던 남북분단으로 그동안 반세기에 가까운 세월이 흘렀건만 꿈에도 잊지 못할 그리운 금강산을 다시 가볼 수 없게 될 줄이야.

다만 그동안 나는 금강산에서 터득한 산에 대한 외경존숭(畏敬尊崇)의 겸허한 산악관과 요산요수, 산수를 즐기며 아낄줄 아는 자연애호의 신념을 갖고 남녘의 명산 지리산에 정열을 쏟게되어 1955년부터 현재까지 40여 년간 지리산악회에 몸담아 뜻을 같이한 여러 회우들과 더불어 지리산을 아끼고 지켜오면서 금강산에 대한 향수를 달래며 막혔던 금강산길이 터지기만을 안타깝게 기다릴 수밖에 없었다.

세계에 보석같이 빛나는 우리의 큰 자랑, 민족정기를 이어오는 금강산을 가보고 싶어 하는 간절함이 어찌 나혼자 뿐이겠는가. 그것은 남북이 분단된 오늘날, 금강산에 가본 사람이나 못가본 사람이나 우리 모두의 간절한 염원일 것이다.

지난 1989년 2월초에 정주영 현대그룹 명예회장이 북한을 다녀와서 발표한 금강산 공동개발에 대하여 북한당국과 합의를 보았다는 보도는 매우 충격적인 희소식이 아닐 수 없었다. 남북통일의 길은 아직도 요원하다 하겠으나 금강산 길은 어쩌면 머지않아 먼저 트일지도 모른다는 꿈같은 기대감에 이제는 온 국민의 가슴마다에 금강산으로 향하는 열띤 소망이 부풀어 오르고 있는 것도 사실이다.

언젠가 길이 트여 우리들이 금강산을 찾아 나서게 된다면 그때는 아마도 좋은 안내서가 필요하게 될것이다. 이러한 생각을 하게된 나는 공동개발의 희소식이 내마음에 충격을 안겨준 그날부터 금강산 안내서를 감히 내가 써보기로 마음먹게 되었다.

그것은 지난날 나 자신이 금강산에 머물러 살면서 아름다운 곳을 두루 찾아다녀 금강산의 진수산경을 고루 목격하였을 뿐만 아니라 탐승로도 모두 익혀 금강산 안내서를 자세히 써서 여러 사람에게 알려야 할 책임감을 느끼게 되었다.

지난 기억을 더듬어 되새기며 자료를 모아 은혜의 땅 금강산에 대한 보답의 뜻을 담아 경건한 마음으로 정성껏 되짚어 본다.

금강산은 원래 하늘을 찌를듯 높이 솟아 1만2천봉이라 일컫는 수많은 암봉과, 깊고 험준한 계곡과, 그곳에 깔리고 매달려있는 무수한 연담폭포며, 울창한 숲과 아슬아슬한 기암괴석으로 수많은 절경을 이루고 있기 때문에 그 현장을 직접 올라가 보지 않고서는 금강산의 아름다운 참모습을 감히 말할 수가 없는 산이다. 따라서 그 방대하고 유서깊은 금강산의 진수산경을 진솔하게 감상하려면 먼저 금강산에 대한 사전지식이 필요할 것이고, 더욱 현장에 이르러서는 정확한 안내와 길잡이가 있어야 할 것은 물론이다.

이러한 점을 감안하여 이 안내서에서는 먼저 금강산에 대한 여러 분야에 걸친 개관을 개괄적으로 소개하고, 아울러 현지에서 실질적으로 도움이 될 수 있도록 이름난 명승지를 각 코스별로 되도록 간결하고 정확하며 알기쉽게 기술하여 쓰려고 노력하였다.

최근 북쪽 사람들이 썼다는 금강산 소개 책자를 살펴 보니 예전보다는 약간 변한 것이 있음을 알 수 있었다.

그것은 산 자체가 변모한 것이 아니라 주로 어떤 지역의 명칭을 예전과 다르게 새로 고쳐서 부르고 있는 곳이 있다.

예컨대 앞서는 금강산을 내금강, 외금강, 신금강으로 구분하여 불렀으나 지금은 신금강이란 명칭은 쓰지않고 외금강에 편입하여 외금강과 내금강의 양대 구역으로

만 구분하고 있다. 또 만물상의 경우에도 예전에는 구만물상, 신만물상, 오만물상, 이만물상 등으로 구분하여 불렀으나 지금은 만물상이란 단일명칭으로 부르고 있다.

또 외금강 지역의 교통요지인 고성읍을 구읍리로 이름을 바꾸어 부르고 있으며, 현재의 고성군 소재지는 북쪽으로 약 17킬로미터 거리에 위치한 옛 장전으로 옮겨져 있다.

그리고 예전에는 회양군 내금강으로 속했던 행정구역을 지금은 금강군 내금강으로 군소속을 고쳐서 부르고 있는 것 등이다.

그러므로 신·구 명칭의 혼란을 피하기 위하여 현재 북에서 쓰고 있는 명칭을 따라 기술하되 예전 명칭도 같이 명기하였으며, 더욱 유서깊은 금강산의 여러 명칭들의 유래와 그 뜻을 이해하기 쉽게 하기 위하여 선인들이 남겨놓은 금강산 한시(漢詩)에서 원문을 같이 실어 그 오묘한 뜻을 이해하는 데 참고가 되도록 힘썼다.

글재주가 뛰어난 대문장 석학들도 금강산을 탐승하고 난 후 "금강산의 빼어난 경치는 말과 글로서는 도저히 그 무엇이라 표현할 수가 없다."라고 모두들 탄식하였다. 이러한 금강산을 제대로 썼다고 어찌 말할 수 있을까. 다만 이 조촐한 안내서가 금강산을 이해하고 탐승하는 데 있어 길잡이에 도움이 되어준다면 큰 보람과 기쁨으로 여길 뿐이다.

옛말에도 "백번 듣는 것이 한번 보는 것만 못하다(百聞不如一見)" 하였으니 이 말은 금강산 탐승에 꼭 알맞는 명언이라 여겨짐으로 앞으로 기회가 오면 꼭 금강산을 찾으라고 누구에게나 권하고 싶다.

부족하고 잘못된 점에 대하여는 강호 제현의 아낌없는 질책을 바라마지 않는다.

금강산 가이드 · 차례

나와 금강산 ——————————————— 5

제1장 금강산 개관

천하명승 금강산 ————————————— 14
위치와 면적 ——————————————— 20
지질과 지형 ——————————————— 22
하천과 수계 ——————————————— 24
기후와 풍토 ——————————————— 28
금강산의 동식물 ————————————— 30
금강산 탐승의 관문과 교통 ———————— 34
  1. 금강산 탐승의 4대 관문 ———————— 34
    ① 동쪽 외금강 관문 온정동 · 34 ② 서쪽 내금강 관문 내강동 · 36 ③ 외금강 남부관문 유점사터 · 36 ④ 내금강의 서북관문 신풍리 쑥밭 · 36
  2. 내 · 외금강을 연결하는 탐승코스 ———— 37
    ① 온정령 월령코스 · 37 ② 가는골(군선협 — 삼성암터 — 구성동 코스) · 38 ③ 온정동 — 옥류동 — 비로봉 — 만폭동 — 내강동코스 · 39 ④ 온정동 — 동석동 — 채하봉 — 장군성 — 안무재령 — 만폭동 — 내강동 코스 · 40 ⑤ 온정리 — 백천교리 — 유점사터 — 효운동 — 안무재령 — 만폭동 — 내강동 코스 · 40 ⑥ 온정동 — 백천교 — 외무재령 — 내강동 코스 · 41

금강산 산명의 유래 ———————————— 42
사찰과 역사 ——————————————— 44

문화 유적 ——————————————— 46
　1. 개관 ——————————————— 46
　2. 원시유적 및 산성과 고분 ——————— 46
　　① 원시유적·46 ② 산성·46 ③ 고분·47
　3. 건축 ——————————————— 47
　　① 유점사·47 ② 장안사·48 ③ 신계사·48 ④ 표훈사·49 ⑤ 정양사·50 ⑥ 보덕암·50 ⑦ 금강산 누정·51
　4. 석조물 ——————————————— 52
　　① 석탑·52 ② 돌다리·53 ③ 조각·53
　5. 공예 ——————————————— 55
전설 ——————————————————— 56
　　① 유점사와 오십삼불전설·56 ② 명연담의 애화·58 ③ 관음보살과 보덕굴의 비화·61 ④ 천선대와 우의선녀·62 ⑤ 명승 서산대사와 달승 사명당·63
금강산의 시문서화 ——————————— 66
　1. 시가 ——————————————— 66
　2. 북녘의 금강산 노래 ————————— 78
　3. 금강산의 명문 ——————————— 80
　4. 금강산 명서 ———————————— 82
　5. 금강산 명화 ———————————— 83

제 2 장 금강산 탐승코스
1. 외금강 탐승코스·91
　한하계—만물상 코스 —————————— 94
　　① 한하계·94 ② 만상계·96 ③ 만물상·98 ④ 한하계—만물상 코스의 노정·106

옥류동 — 구룡연 — 비로봉 코스 ——————— 108
  ① 신계동 · 108 ② 옥류동 · 112 ③ 구룡동 · 116 ④ 상팔담 · 120 ⑤ 아홉소골 · 124 ⑥ 비로봉 · 125
동석동, 세존봉, 채하봉 코스 ——————— 132
  ① 동석동 · 132 ② 세채동 · 134 ③ 세존봉 · 135 ④ 선하동 · 136 ⑤ 집선봉 · 138 ⑥ 채하봉 · 138
발연소 계곡 코스 ——————————— 144
  ① 영신동 · 144 ② 발연동 · 146
수정봉, 바리봉 코스 ————————— 148
  ① 수정봉 · 148 ② 바리봉 · 150
천불천 계곡 코스 ————————— 152
  ① 천폭동 · 152 ② 천불동 계곡 · 154
선창계 계곡 코스 ————————— 156
  ① 금강못 · 156 ② 반석동 · 157 ③ 원석동 · 157
송림동, 성문동 계곡 코스 ——————— 160
  ① 송림동 · 160 ② 만상동 · 162 ③ 성문동 · 164
효운동 — 칠보대 코스 ————————— 166
  ① 용천동 · 166 ② 효운동 · 168 ③ 은선대 · 169 ④ 칠보대 · 171
만경동 — 미륵봉 코스 ————————— 172
  ①구련동과 만경동 · 172 ② 중내원과 미륵봉 · 174

2. 내금강 탐승 코스 · 175

만폭동 — 비로봉 코스 ————————— 176
  ① 내강동 · 178 ② 장안동 · 179 ③ 표훈동 · 182 ④ 만폭동 · 187 ⑤ 백운대 구역 · 197 ⑥ 내금강~비로봉길 · 206

명경대 —백탑동 —차일봉 코스 ——————— 210
 ① 백천동·210 ② 영원동·213 ③ 수렴동·214 ④ 백탑동·215 ⑤ 차일봉·217

태상동 계곡 —수미동 코스 ————————— 218
 ① 원통동·218 ② 수미동·220

송라동 —망군대 코스 —————————————— 222
 ① 송라동·222 ② 망군대·223

구성동 계곡 코스 ——————————————————— 226
 ① 하구성동·226 ② 상구성동·231 ③ 진부골·234

3. 해금강 탐승코스·237

해금강 ——————————————————————————— 238
 ① 해만물상·238 ② 해금강의 해돋이·240 ③ 입석과 솔섬·240 ④ 사공바위, 칠성바위와 대봉섬·242 ⑤ 영랑호와 현종암·242 ⑥ 구선봉과 감호·243 ⑦ 화진포·243

총석정 ——————————————————————————— 244
 ① 총석정·244 ② 금란굴·246 ③ 국도·246

삼일포 ——————————————————————————— 248
 ① 장군대와 충성각·249 ② 봉래대와 연화대·249 ③ 호수의 섬들·250 ④ 몽천과 금강문·251 ⑤ 적벽강과 해산정터·251

후기 ————————————————————————————— 253

제1장
금강산 개관

천하명승 금강산

금강산을 천하 제일의 명승이라 함은 이 산이 비단 우리나라 제일의 명승일 뿐만 아니라 어디에도 견주어질 산이 없는 제일의 명산이요, 천하 제일의 절경이며 신기영묘(神奇靈妙)함이 다시 둘도 없는 경이적 천지조화의 정화(精華)라 하겠다.

속세의 욕망 같은 것은 감히 범접할 수 없는 속진을 떠난 웅장한 산세와 신기한 산수와, 숭고함과 정기, 수림의 아름다움과 우아한 산수운림(山水雲林)이 조화된 절제된 미(美)는 오히려 인간의 필설로는 도저히 그 진수를 표현할 수 없는 신비의 극치라 할 수 있으며, 대자연의 경이로서 영원한 수수께끼가 될 것이다.

예부터 전해오는 금강산을 평하는 말들로 그 대표적인 "금강산을 보기 전에는 천하의 산수를 말하지 말라." 또는 "금강산을 가본 사람은 죽어서도 지옥에는 떨어지지 않는다."

중국 사람들이 "원컨대 고려국에 태어나서 금강산을 한번 보고 싶구나."(願生高麗國, 一見金剛山)라고한 선망과 갈구어린 이 절구는 지금으로부터 천여 년 전에 적벽부(赤壁賦)를 지어 그 문명을 천하에 떨친 당나라 대문장 시인 소동파의 작품이라 전한다.

이로 미루어보아 천여 년전 그 당시에도 금강산의 명성이 중국에까지 얼마나 떨쳤던가를 짐작할 수 있으며, 비단 중국만이 아니라 서역 인도의 스님들도 예부터 금강산을 구경하려고 적지않은 발걸음이 있었다고 전한다.

영국의 유명한 여성 여행가 이사벨라·비숍 부인은 지금으로부터 백여 년전인 1890년경에 금강산을 올라보고 그 절경을 책으로 엮어 소개한 저서에서 말하기를 "확실히 이 11마일 사이에 전개되어 있는 아름다움은 세계의 어떠한 산과 계곡의 아름다움도 능가하고 있다. 여기 기록의 솜씨는 한 개의 오직 '카탈로그'에 지나지 않

김응환의 금강산전도

을 정도다. 아름다움의 모든 요소로서 충만되어 있는 대규모 협곡의 존재는 오직 황홀하여 사람의 마음을 마비시키고 있다"라고 금강산의 경이로운 경치를 극찬하고 있다.

또 독일인 쿠르거(Dr. Kruger) 박사는 말하기를 "그 웅대한 전경, 산체의 대담한 구성, 거대한 절벽, 울창한 처녀림, 그 기괴한 협곡, 순결한 폭포, 급류와 심연에 나타난 광선과 색채의 변화… 아니 세계의 어느 곳에 그와 견줄 만한 곳이 또 있겠는가."라고 금강산을 극구 찬미하여 경탄으로 오히려 비명을 지르고 있을 정도다.

일본의 한 세계 여행가는 말하기를 "나는 세계 곳곳을 다녀 보았지만 아메리카 대륙이나 유럽의 어느 곳에서도 금강산과 견줄 만한 경승지는 찾아볼 수 없었다. 오로

지 금강산은 세계 제일 발군의 명승지며 경이적 풍광이다. 또 일본의 국립공원 전문가인 다무라박사(田村剛, 林學)는 세계적 대 명산으로서의 금강산에 대하여 아래와 같이 구체적으로 산평을 하고 있다.

1. 경승지역이 5만 헥타르 내지 7만 헥타르의 광대한 지역에 펼쳐져 있어 그 광역범위가 세계적 국립공원으로서 손색이 없을 뿐만 아니라 더욱 경승의 내용이 집약적이고 치밀하여 밀도가 매우 높다.
2. 세계적으로 가장 유명한 미국의 그랜드 캐년 대 협곡은 구경 조사에 4, 5일을 요하나, 금강산은 13~15일을 요하는 큰 규모이다.
3. 금강산은 한국 특유의 화강암이 빚어놓은 대표적 풍광으로서 신비와 성스러우며 장쾌함에 있어 세계 어느 곳에서도 금강산과 비견될 만한 곳이 없다.
4. 금강산 삼림 특유의 아름다운 임상미관(林相美觀) 역시 타국에서는 그 유례를 찾아볼 수 없다.
5. 삼천년의 오랜 역사와 사찰과 같이 금강산이 갖고 있는 다수의 문화유적은 서구 알프스나 미주에서는 찾아볼 수 없는 정신적 깊이가 있다.
6. 많은 희귀한 식물계도 보고를 이루고 있다.
7. 금강산은 해발 1천미터에서 1,638미터에 이른 산봉으로 3천미터 내지 5천미터의 높이를 갖는 외국 산보다는 낮지만 높은 고대(高台) 위에 자리하고 있는 타국 산들의 내려다 볼 수 있는 거리가 천미터 내외인데 비하여 금강산은 동해안의 바다 가까이에 높이 솟아 있으므로 깊은 계곡의 바닥에서의 앙시표고(仰視標高)는 오히려 알프스 등 세계적 명산들보다도 더 높이 보여 손색없는 세계 최고의 수준이다.
8. 바다와 근접되어 있고 도시 촌락과도 근거리에 있어 교통이 편리하다.
9. 금강산은 그 신비와, 성령스러움과 괴이하고, 절묘한 경승에 있어 타의 추종을 불허할 뿐만 아니라, 명산의 탁월한 신비성은 탐승자를 모두 황홀감으로 몰아 넣는다.

이렇게 천하명산으로서의 금강산의 우수성을 극구 찬양하고 있다.
이 밖에도 국내·외의 금강산 예찬은

천하명승 금강산 17

아름다운 민화의 금강산도(19세기전)

△ 천하에 어찌 이와같은 산수가 있을 수 있으랴. (天下如斯 山水有耶)
△ 어디나 보는 바가 들은 바보다는 못하지만 오직 금강산만은 보는 바가 들은 바보다도 월등히 훌륭하다.
△ 금강산의 발현은 가히 천재적이다.
금강산은 자연이 빚어놓은 가장 괴기하고 호탕하며, 절묘숭고하고, 신비한 자연예술의 걸작품이다.
△ 금강산을 세계적 명산이라고 하는데 아무도 이론을 말할 수 없을 것이다.
△ 약동비상하는 높은 기상과 입체적 환형(幻形)의 금강산 승경은 한국이 갖는 세계적 자연보고다.
△ 어떠한 사진술도 금강산의 실체와 신운(神韻)을 전하기는 불가능하다.

이상에서와 같이 각자 나름대로 인간이 표현할 수 있는 모든 미사여구를 총동원하여 금강산을 극구 예찬하고 있으나 그것만으로서 금강산의 실체를 모두 밝혔다고는 누구도 장담 못할 것이다.
"백문이 불여일견"(百聞 不如 一見)이라는 옛 말이 있다. 금강산의 신비경은 더욱 그러하다.
누구나 자기 자신의 눈으로 직접 가보지 않고서는 금강산의 비경은 상상할 수조차 없기 때문이다.
금강산은 그 이름이 상징하는 바와 같이 앞으로 억겁(億劫)을 두고 우리 겨레의 희망과 행운은 물론 인류에게도 영원히 남을 세계 제일의 명승지임에 틀림없을 것이다. 누구나 한번 금강산에 들어가 보면 그 진가를 스스로 확인하게 될 것이다.

서구의 어떤 미래 학자는 최근 연구발표에서 미래의 세계 3대 관광지를 선정하였는데 금강산과 설악산 일대가 그중의 하나로 손꼽혀 있음을 볼 때 과연 금강산은 산으로서는 역시 세계 제일의 명산임을 자처해도 누구나 수긍할 수 있을 것이다.
참고로 미래 세계 3대관광지로는, 금강산을 비롯하여 이미 세계적으로 그 명성이 드러나 있는 미국 콜로라도강의 그랜드 캐넌 대협곡과, 아직 그다지 알려진 곳은 아니나 세계 최대를 자랑하는 폭포군(瀑布郡, 120개)으로서 브라질 정부가 앞으로 100년 계획으로 세계적 관광지 개발을 추진하고 있는 아마존 상류의 밀림지대에 숨

천하명승 금강산 19

최근의 정양사 전경

어있는 이과수폭포 군을 꼽고 있어 매우 흥미롭다.
 금강산은 세계 명승지로서 앞으로 더욱 지구촌 인류에게 삶에 대한 진솔한 즐거움과 희망을 안겨줄 수 있는 곳이다.

위치와 면적

　금강산은 한반도 중부지방의 동·서해안 분수령을 이루고 있는 태백산맥 줄기의 북부에 자리잡고 있다.
　행정구역상으로는 강원도 고성군과 금강군, 그리고 통천군의 일부에 걸쳐 놓여 있다. 금강산은 남북길이가 약 60킬로미터, 동서 너비가 약 40킬로미터로 그 면적은 500여 제곱킬로미터에 달한다.
　금강산은 지역별로 외금강, 내금강, 해금강으로 나누어진다.
　예전에는 비로봉에서 동쪽으로 뻗어내린 채하봉-집선봉 능선의 북부 지역만을 외금강이라 하고 그 남부지역은 신금강이라 하여 외금강을 두 지역으로 구분하였다. 주로 외금강과 해금강은 고성군에, 내금강은 금강군에, 그리고 총석정은 통천군에 속한다.

정선이 그린 비로봉의 남면

지질과 지형

　금강산은 산 전체가 거대한 암골산(岩骨山)으로서 그 구성암질은 태고계로부터 신생계에 걸쳐서 주로 중생대에 관입한 흑운모화강암으로 이루어졌으며 주변지구에는 시생대 편마암과 혼성암류가 널려 있다.
　화강암의 수직주상절리를 주체로 하여 판상절리(板狀節理) 등 매우 복잡한 절리의 암석들이 동해바다의 습기찬 동남풍 거센 바람에 의하여 오랜 세월동안 풍화작용의 심한 침식을 받아 변환하여 절묘한 금강산 독특의 섬세하면서도 웅장한 산악미를 형성하게 된 것이다.
　금강산은 동·서 두 줄기의 단층선에 따라 매우 복잡한 계단상(階段狀) 대함몰(大陷沒)로 인하여 실로 말과 글로서는 다 표현할 수 없는 다양한 지형과 모양을 이루고 있다. 금강산은 그 이름조차 이루 헤아리기 어려운 수많은 크고작은 산과 봉우리들이 마치 군웅이 할거하듯 층층으로 벼랑을 이루고 반공에 우뚝우뚝 솟아올라 기암과 괴석으로 제각기 독특한 개성미를 자랑하고 있다. 뿐만 아니라 봉우리와 산줄기 사이에는 깊고깊은 협곡심학(峽谷深壑)과 심산유계를 빚어놓아 이름 그대로 '금강산 일만이천봉'의 만학천봉을 이루고 있다.
　금강산은 중앙지대에 최고 주봉인 비로봉(1,639m)이 높이 솟아 있고 그 북쪽에는 옥녀봉(1,424m), 상등봉(1,227m), 오봉산(1,264m), 선창산(1,226m), 금수봉(1,113m), 우뚝우뚝 솟아있고, 남쪽에는 월출봉(1,580m), 일출봉(1,552m), 차일봉(1,529m), 백마봉(1,510m) 등이 연을 이루어 높이 솟아있으며 동남쪽으로는 장군산(1,560m), 채하봉(1,588m), 집선봉(1,351m), 세존봉(1,160m), 미륵봉(1,538m) 등이 솟아있고, 서쪽으로는 영랑봉(1,601m), 능허봉(1,456m), 중향성(1,520m), 혈망봉(1,372m), 망군대(1,331m) 등이 뭇 봉우리들을 거느리고 솟아

있다.

　금강산은 해발 1,639미터의 주봉인 비로봉을 비롯하여 해발 1,500미터 이상의 거봉만도 10좌(座)를 헤아리며, 해발 1,000미터 이상의 준봉은 무려 60여 개에 이르고, 대소 봉우리의 수는 실로 헤아리기조차 어려워 예로부터 '금강산 1만2천봉'이라 일컬어 왔다.

　금강산은 비로대, 천선대, 망군대, 백운대, 칠보대 등 20여 개의 전망대와 만물상, 삼선암, 토끼바위, 사자바위 등 무수한 기암괴석과 수정문, 하늘문, 비사문, 원화문, 해금강문 등 8개의 금강문과, 구룡포, 비봉포, 십이폭포, 옥영포 등 수십개의 폭포와 구룡면, 상팔담, 만폭8담, 구기연, 옥영소 등 수많은 담소들이 금강산의 신비경을 이루고 있다.

　금강산은 주로 골짜기가 깊고 또한 계곡이 험한 절벽지형으로서 동쪽으로는 온정천, 신계천, 백천강 등이 남강으로 합류하여 동해바다로 흘러들며, 서쪽은 동금강천과 금강천이 북한강의 상류를 이루어 한강으로 흘러든다.

　외금강은 동해안 충적평야와 인접하고 있어 지형의 상대적 높이가 크고 수백미터 높이의 절벽이 이르는 곳마다 펼쳐져 있다. 그러나 내금강은 내륙산악지형과 인접하고 있어 보다 느린 경사의 계단상 절벽지형을 이루고 있다.

　해금강은 삼일포와 해만물상 등 해안 저산지형 위에 놓여 있으나 기암과 절벽이 호수바다와 조화되어 절경을 이루고 있다. 그리고 통천군의 총석정은 제3기말 제4기초에 분출한 현무암으로 이루어져 있다.

　금강산에는 수정, 황옥 등 보석과 중석, 녹주석 등 진귀한 땅속 보물들이 다수 매장되어 있다. 이렇듯 금강산은 지질 지형학적으로 빼어난 특징과, 기후 풍토상의 특수성으로 하여 세인을 경탄케 한다.

　특히 금강산이 보통 산악들과는 달리 영묘한 영산으로 보이는 까닭은 주로 흑운모 화강암으로 형성된 그 암산이 풍겨주는 산용의 장중한 색채의 아름다움에 있으니 그 암골피부의 산색이 때와 장소와 광선에 따라 멀리서 바라보면 장엄한 흑색으로 보이기도 하고, 혹은 화려찬연한 백색으로 빛나기도 하며, 또는 황홀신비한 자갈색으로 변하기도 하여 그 변화 무쌍하고 신기절묘한 산색의 모습이 더욱 우람하고 숭고함을 더하여 명산으로 크게 이름을 떨치게 된 것이다.

하천과 수계

　금강산은 한반도의 척량산맥이 동해안선을 따라 남북으로 길게 뻗어내린 태백산맥의 북부에 위치하고 있으며 비로봉을 주봉으로 하여 북쪽으로 옥녀봉, 상등봉, 온정령, 오봉산, 선창산, 금수산 등 웅봉들이 이어져 있고 남쪽으로는 월출봉, 일출봉, 안무재령, 차일봉, 백마봉, 외무재령, 호룡봉, 국사봉 등의 준봉들이 남북 종주산맥으로 이어져 있어 그 길이가 60여 킬로미터에 달한다. 이 남북 종주능선은 금강산의 동·서 분수령을 이루고 있으므로 금강산의 하천수계는 동·서로 크게 갈라진다.

　동쪽 온정천, 남강과 천불천, 선창천은 동해로 흘러들고 서쪽 금강천과 동금강천은 북한강의 상류로 한강을 거쳐서 서해바다로 흘러간다.

　금강산에서 제일 긴 강은 남강(길이 85km)이다. 남강은 차일봉 남쪽 기슭에서 흐르기 시작하여 안무재골을 지나 용천을 이룬다. 용천의 상류에는 효운동, 만경동을 비롯한 은선대 구역의 명승지들이 펼쳐져 있다.

　월출봉과 일출봉 사이에서 발원한 남강의 지류인 백천천(百川川)은 성문동, 송림동을 비롯한 송림구역의 명승지들을 안고 있다.

　비로봉과 가는골 고개에서 발원한 신계천은 옥녀봉을 사이에 두고 두 갈래로 흐르는데 그 남쪽 갈래는 아홉소골, 상팔담, 구룡연 등 여러 개의 소와 폭포를 이루면서 흘러 옥류동을 지나 북쪽 가는골 갈래와 합쳐서 신계천이 되어 남강으로 흘러든다.

　온정천은 오봉산, 세지봉, 문주봉, 수정봉과 상등봉, 관음연봉 사이에서 만상계, 세지계 등 여러 개의 계천을 모아 흐르면서 육화암 앞에서는 한하계(寒霞溪)로 불리우다 금강온천을 지나면서 온정천이 된다. 온정천은 흐르면서 신계천을 받아들여 동쪽으로 흘러가다가 구읍리 삼일포 남쪽에서 고성 북강(후천)으로 되어 동해로 들어간다.

용트림하는 황천강

금강산 하천과 수계표(水系表)

1. 외금강 동해수계(東海水系 85.5km)

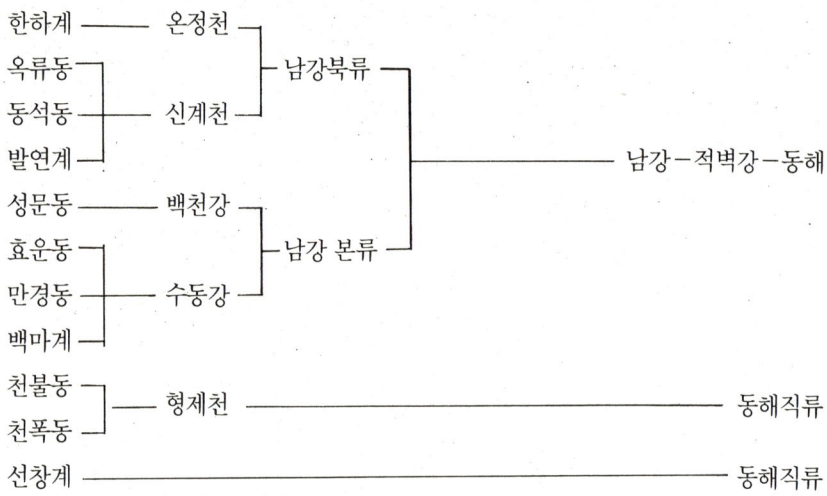

2. 내금강 서해수계(西海水系 - 420km)

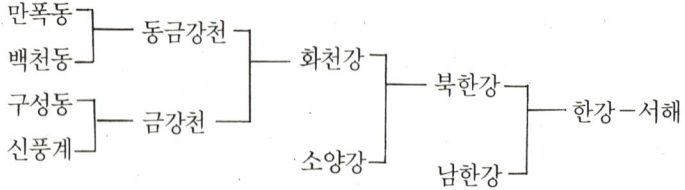

천불천(千佛川)은 오봉산 북쪽 기슭에서 두 갈래로 흐르다가 합쳐서 동해로 들어가며, 선창천은 선창산 동남 기슭에서 발원하여 북동쪽으로 흐르면서 선창구역을 지나 동해로 흘러든다.

서쪽 내금강쪽을 흐르는 모든 하천들은 모두 북한강의 지류들이며 동금강천과 금강천 언저리에 명승지가 집중되어 있다.

　동금강천은 금강산 중앙연봉의 서남사면에서 발원하여 안무재골, 비로봉골, 백운대골, 태상골을 비롯한 수많은 골짜기의 계천들을 모아가지고 흘러 금강산의 계곡미를 대표하는 만폭동을 비롯하여 수많은 명승비경을 일구었다.

　금강천(길이 78km)은 온정령 서쪽 사면에서 발원하여 구성동 여러 계천을 모아 흐르면서 동금강천과 합류하여 북한강 상류의 한 지류가 된다. 금강산의 하천들은 유역일대의 산림이 울창하여 연중 수량이 풍부하다. 그리고 금강산의 물은 청정하고 맑다.

　외금강의 계천 물색은 수정같이 맑고 밝으며, 내금강 계천의 물색은 맑으면서도 대체적으로 검푸른 녹색이 돈다. 그것은 외금강쪽에 비하여 내금강쪽의 계천들이 무성한 삼림에서 빚어지는 낙엽을 담고 흐르기 때문일 것이다.

　금강산의 하천들은 오랜 세월을 두고 흘러내리면서 바위를 갈고 파서 수많은 소와 폭포를 빚어 놓음으로써 천태만상의 산봉우리 기암괴석들과 멋진 조화를 이루어 금강산의 명승비경을 더욱 아름답게 꾸며주고 있다.

기후와 풍토

　금강산이 자리하고 있는 중부 영동·영서 산악지역은 대체로 우리나라에서 가장 강우량과 적설량이 많은 지역에 속한다.
　여름철 7, 8, 9월이 우기에 속하며 특히 8월 초순부터 9월 초순까지의 한달 동안 가장 비가 많이 오는 다우 계절이다. 그러나 봄철 4, 5, 6월과 가을철 9월 하순이후 10월 하순까지는 대체로 청명한 날씨가 계속되므로, 따라서 금강산 관광은 이때가 가장 산에 오르기 좋다. 금강산은 산에 직접 오르지 않고서는 그 진경을 맛볼 수가 없기 때문이다.
　봄철은 신록과 봄꽃들이 싱그럽고 아름다우며, 가을철은 오색단풍이 만산홍엽을 이루어 더욱 아름답고 황홀한 경관을 꾸며준다. 그러나 여름철은 비가 오는 날이 많으며 짙은 운무가 들락날락하며 산과 계곡이 모두 구름으로 덮여 음산한 날씨가 계속되며 갑자기 호우가 내릴 때에는 산 전체가 암골산이기 때문에 험준한 계곡들이 모두 범람하여 산행에도 위험성이 따르게 마련이다.
　계곡의 너럭바위나 돌에 이끼같은 지의류가 끼지 못하고 계곡이 청결하여 계류가 매우 청정함도 여름철의 잦은 호우로 인하여 많은 수량이 험준한 계곡에 급류를 이루고 바위와 돌들을 깨끗이 씻어 내리기 때문이다.
　그리고 9월 이후의 가을철에도 때로는 갑자기 강풍과 폭우가 몰아닥쳐서 모처럼의 아름다운 단풍홍엽을 휘날려 볼품없이 낙엽지게 하는 일기의 이변도 일어나는 수가 있으니 알아두어야 한다.
　겨울철에는 역시 우리나라에서 가장 강설이 많은 심설지역으로 산악지대에는 보통 1미터에서 2미터까지의 적설을 볼 수 있으며 그것이 오히려 백설에 덮인 금강산 1만2천봉을 더욱 장엄한 모습으로 드러내·준다.

산악은 그 높이의 고도에 따라 온도의 차이가 심하게 나타난다. 고도 1백미터마다 섭씨 1도차를 나타내게 됨으로 높이 1천미터이면 약 10도차를 보이기도 하여 금강산 고산지대의 겨울철 온도는 대개 섭씨 영하 10도에서 30도까지의 혹한을 몰아오는 때도 있다. 그리고 해발 1천미터 이상의 고산지대에서는 9월이면 벌써 서리가 내리며 비로봉에서는 10월 초순이면 벌써 5센티미터 정도의 서릿발이 서게 되며 10월 하순부터는 강설을 보게된다.

이와같이 금강산의 기후는 대체로 봄·가을이 청명하고 여름철은 비가 많고 음산하며, 겨울은 눈이 많이 내리는 한랭지역이라 말할 수 있다.

금강산은 남북방향으로 길게 뻗어있는 높은 태백산맥이 북으로부터 황룡, 금강, 향로, 설악, 오대, 태백 등 고산준령이 마치 병풍처럼 둘러있어 동해의 동북풍을 막아줄 뿐 아니라 동쪽 외금강지역은 바다와 접해 있으며, 서쪽 내금강 지역은 내륙산악 지대와 접해 있으므로 기후조건이 동서의 차이가 심하다.

외금강지역은 해양성 기후의 영향으로 강우량과 적설량이 많으며 기온은 내금강보다 따뜻한 편이며, 내금강지역은 강우량은 적으나 외금강지역보다 기온이 낮다. 특히 동·서의 겨울철 기온 차이가 심하다.

강우량도 외금강지역은 연평균 1천6백 밀리미터 가량이고, 내금강지역은 연평균 1,140 밀리미터 정도로서 영동과 영서지역은 큰 차이가 있다.(관측기간 1942~1981년)

금강산 일대에는 대체로 개인 날씨보다는 오히려 흐리거나 비가 오는 날씨가 더 많으며 특히 고산지대에서는 하늘이 맑았다가 갑자기 운무가 파도처럼 밀어 닥치기도 하고 때로는 스쳐 지나가기도 한다. 이러한 기후의 변화는 운무의 집산으로 금강산의 모습을 시시각각으로 변하게 함으로써 산악과 계곡 경관의 신비와 아름다움을 한층더 돋우어 준다.

온도차 비교표

지역구분	8월의 평균기온	1월의 평균기온	연평균 기온
외 금 강	23.3°C	-1.7°C	11.2°C
내 금 강	20.8°C	-8.0°C	7.4°C

금강산의 동식물

 우리 국토의 중부 동해안 태백산맥의 북부에 자리하고 있는 금강산은 그 지리적 조건과 지형, 기후 등 자연조건이 다양하여 1,145종의 식물과 삼백수십 종류의 동물 등 1,400여 종류나 되는 다양한 동·식물들이 서식하고 있어 동·식물 자연서식의 보고를 이루고 있다.

식물(植物)

 금강산은 주로 수직주상 절리의 화강암석을 골격으로 천태만상의 기괴한 날카로운 봉우리를 이루고 있어 높은 봉우리와 절벽에는 식물지대가 형성되지 못했으나 산록지대의 심산유곡에는 보기드문 울창한 천연적 원시림지대를 이루고 있다.

 또 높고낮은 층암절벽과 깎아지른 봉우리 사이사이에도 철따라 아름답게 수놓아 꽃을 피워주는 초생식물들이 자라고 있을 뿐만 아니라 소나무, 잣나무, 전나무, 단풍나무, 자작나무 등 교목들이 바위사이에 겨우 뿌리를 박고 있어 제대로 자라지도 못한 매우 왜소한 나배기나무들이 마치 잘 가꾸어 놓은 분재같은 모양으로 절벽 벼랑에 수직으로 위태롭게 서있어 산을 더욱 멋지고 운치있게 꾸며주고 있다.

 그 식물들의 신비로운 생명력은 금강산의 운치와 절경을 더욱 빛내주고 있다. 금강산 식생은 대개 산록 원시림지대와 계곡 교목지대와 산중복 관목지대와 그리고 봉상 고산지대로 구분되어 있다.

 산록 원시림지대에는 주로 소나무, 잣나무, 전나무 등 침엽수의 울창한 단순림이 펼쳐져 있으며, 계곡 교목지대에는 잣나무, 전나무 등 침엽수와 자작나무, 산목련나무, 박달나무, 느티나무, 규목나무, 가래나무, 노간주나무, 고로쇠나무, 피나무, 서어나무, 참나무류의 각종 활엽수가 빽빽한 혼성림을 이루고 있고, 산중복 관목지대

금강산의 천연기념물 금강초롱

에는 주로 단풍나무, 물푸레나무, 진달래, 철쭉 등 관목 활엽수림이 그리고 봉상 고산지대에는 누운잣나무, 누운향나무, 철쭉, 진달래 등 키가 작은 왜수림지대를 이루고 있다. 또 식물분포가 바다의 영향으로 인하여 동쪽과 서쪽은 큰 차이를 보이고 있으니, 즉 동쪽 비탈면인 외금강 일대에는 참나무, 굴참나무, 갈참나무, 떡갈나무 등 참나무속 수종들과 일부 남방계통의 식물들이 분포되어 있으며, 서쪽 내금강지역에는 분비나무, 가문비나무, 부게꽃나무, 복장나무 등 고산지대에서 자라는 북방계통 식물들이 많이 분포되어 있다.

해금강 지역에는 바다의 영향을 가장 많이 받는 소나무, 해송, 해당화, 때죽나무,

향수꽃나무 등이 많이 분포되어 있으며 참대, 죽순대, 검정대 등 참대류 식물과 남방 계통 식물이 자라고 있다.

금강산의 식물 분포에서 특징적인 것은 특산종이 많은 것인데 금강산 특유의 '금강산초롱꽃'(초롱모양의 꽃잎을 가진 화초)과 '금강국수나무'는 금강산에서 처음 발견된 1속1종의 세계적인 희귀식물로서 천연기념물로 지정되어 있으며, 이밖에도 금강봄맞이, 비로봉쑥, 흰물복숭아, 물앵두나무, 병꽃나무, 참조팝나무, 참정향나무, 솔나리꽃, 산삼, 솜다리꽃(고산 지대에만 있으며 별모양의 꽃잎에 솜털이 나있는 속칭 한국에델바이스꽃풀) 등 매우 진귀한 식물로서 140종이 특산종 식물로 분류되어 있다.

초생식물의 종류로서는 수선화과, 백합과, 수국과, 옥잠과, 모량과, 국과, 시형과, 양치과, 영란과 등 각종 화초와 각종 침엽수 종류 및 활엽수 종류들이 서로 어울려 빽빽하고 수려한 자연 원시림 지대를 이루고 있어 1,145종의 풍부한 식물의 보고를 이루고 있다.

금강산은 백두산, 지리산, 한라산, 울릉도와 더불어 우리나라 5개 대표 식물보고 지역 중의 하나로 손꼽는다.

동물(動物)

금강산이 식물의 보고인데 반하여 동물은 그 종류나 서식 수량에 있어서 많은 편이 못된다. 그것은 금강산이 산 전체가 경사가 급하고 높은 암골산이기 때문에 계곡 물이 매우 차고 맑으며 또 대부분이 급류인 까닭으로 그 지형과 수질 등의 자연환경이 동물서식에 적당하지 못하기 때문이다.

그러나 사람들의 발자취가 미치지 못하는 심산유곡의 원시림 지대에는 근년에 알려진 바에 의하면 68종의 짐승류와 200여종의 조류, 9종의 파충류, 10종의 양서류, 그리고 계곡의 하류에는 30여 종류의 담수어 등 3백수십 종류의 새와 짐승이 서식하고 있으며, 그 중에서도 특히 산양과 반달가슴곰, 사향노루 등은 희소진귀한 희귀종 동물들로 유명하다.

그리고 탐승객들의 눈에 가장 자주 뜨이는 동물은 산림의 애교꾼 다람쥐를 들 수 있으며 곤줄박이, 산비둘기, 까마귀의 순이 될 것이다.

멧돼지, 노루, 살쾡이, 오소리, 담비, 족제비, 여우 등 짐승류와 부엉이, 올빼미,

재롱둥이 다람쥐

  매 등 조류와 뱀, 독사, 도마뱀 등 파충류도 서식하고 있으나 등산로 근처에서는 사람의 눈에 잘 뜨이지 않아 예부터 금강산은 맹수나 독사 등의 피해를 입는 일이 거의 없으므로 안심하고 다닐 수 있다.
  예부터 사람들은 금강산에서 맹수나 해충 등에 의한 큰 피해가 별로 없는 것은 금강산이 명산으로서 영험스럽기 때문이라고 믿었으며 그것은 지금까지 전해 내려오고 있다.

금강산 탐승의 관문과 교통

금강산은 남북 길이가 60여 킬로미터, 동서 너비가 40여 킬로미터이며 그 면적이 500여 제곱킬로미터나 되는 광대한 지역을 차지하고 있을 뿐만 아니라 해발 1천미터가 넘는 고산 준령의 높은 산맥에 의하여 외금강과 내금강으로 구분되어 있기 때문에 금강산을 탐승하려면 우선 그 기지역할을 하는 관문을 통과하지 않으면 안된다.

금강산 탐승의 관문으로서는 우선 편의상 동, 서, 남, 북 방면의 4대관문으로 구분하여 생각할수 있으므로 외지에서 그 4대관문으로 접근할 수 있는 교통로와 거리 그리고 각 관문 사이의 연결통로에 대하여 살펴보기로 한다.

1. 금강산 탐승의 4대관문

4대관문의 위치를 말하자면,
동쪽 외금강 관문 온정동(溫井洞)은 고성군 온정리에 자리하고 있고
서쪽 내금강 관문 내강동(內剛洞)은 금강군 내강리에 자리하고 있으며(예전 회양군을 지금은 금강군이라 개칭했음).
남쪽 외금강 남부관문 유점사 터는 고성군 백천교리(百川橋里)에 자리하고 있고
북쪽 내금강 서북부관문 '쑥밭 마을'은 금강군 신풍리에 자리하고 있다.

① 동쪽 외금강 관문 온정동(溫井洞)

금강산 동쪽 외금강에 위치하고 있는 관문 온정동으로 들어가는 길은 동해안을 따라 남과 북의 두 갈래 길이 있다.

남쪽길은 남한의 간성읍에서 동해 해안선 도로를 따라 북상하면 거진과 저진을 거쳐서 송현에 이르고 통일전망대 앞을 지나 휴전선을 넘어서(단, 장차 합법적으로 남

예전의 온정리 마을

북통행이 가능하게 될 경우) 북으로 올라가면 곧 고성군 구읍리에 도착한다. 구읍리(예전의 고성군 소재지)는 외금강 동해안 교통의 요지이며 간성에서 구읍리까지의 거리는 36킬로미터 가량이며 해방 전에는 동해선 철도가 부설되어 있었으나 지금은 없다.

구읍리에서 서쪽으로 온정천을 끼고 난 도로를 따라 온정리소재지(예전의 양진리)를 거쳐서 가면 약 13킬로미터 지점에 온정동 마을이 자리잡고 있다.

북쪽길은 북한 원산에서 남쪽으로 안변을 지나서 동해안 도로를 따라 고저(庫底)와 통천을 거쳐서 남하하면 장전만에 자리잡은 현 고성군 소재지에 이른다. 원산에서 고성까지의 거리는 백여 킬로미터이며 고성에서 서남쪽으로 온정동까지의 거리는 약 8킬로미터다.

동해북부선 철도의 외금강역은 외금강의 철도관문이며 온정동까지의 거리는 4킬로미터다. 온정동은 금강산 탐승의 중심기지일 뿐만 아니라 외금강의 관문이며 이곳에는 온천장을 비롯하여 문화적인 모든 시설이 갖추어져 있는 휴양지이다. 이곳을 기지로 하여 한하계-만물상, 옥류동-구룡연, 동석동-선하계 및 발연계, 수정봉, 천불동, 선창계 등 외금강의 대표적 승경지 모두를 탐승할 수 있다. 그리고 고성읍(예전의 장전)은 천불동과 선창계 탐승의 교통경유 요충지이다.

② 서쪽 내금강관문 내강동(內剛洞)

경원선 철도의 분기점 철원에서 동쪽으로 김화, 김성을 거쳐서 내금강 입구인 말휘리(末輝里)까지의 거리는 124킬로미터이며, 이곳에서 내금강의 관문이요 탐승기지인 내강동까지의 거리는 약 8킬로미터로 예전에는 철원역에서 내금강역까지 금강산 관광철도 전철이 부설되어 있었으나 지금은 없어졌다.

내강동은 내금강 탐승의 관문기지일 뿐만 아니라 외금강 온정동과 더불어 금강산 탐승의 2대 중심기지이며, 각종 문화시설이 구비되어 있는 휴양소로 유명하다.

내강동을 탐승기지로 하여 만폭동, 백천동, 백탑동, 망군대, 백운동, 태상동 등 내금강의 대표적 모든 승경들을 돌아볼 수 있다.

③ 외금강 남부관문 유점사터

온정동에서 남쪽 방향으로 가다가 남강의 지류인 백천강변(百川江邊) 도로를 따라가면 백천교리 마을이 있고 이곳에서 다시 서쪽으로 개잔령(778m)을 넘어서 유점사터로 갈 수 있다. 온정동에서 백천교리까지의 거리는 약 28킬로미터이며, 고성 구읍리에서 백천교리까지의 직행거리는 20여 킬로미터이고 모두 도로로 연결되어 있다. 그리고 백천교리에서 유점사터까지의 거리는 12킬로미터이다.

유점사는 금강산 중 가장 오래된 최대의 사찰이었으며 효운동 계곡 어귀의 용천을 앞에 끼고 우은동 승지에 자리하고 있어 효운동, 만경동, 성문동 계곡 등 대표적 승경지를 찾아볼 수 있는 외금강 남부의 탐승관문이다.

예전에는 이곳 외금강 남부지역을 신금강이라 하여 외금강과 구분하였다.

④ 내금강의 서북관문 신풍리 쑥밭(蓬田)

내금강 내강동에서 서쪽으로 약 8킬로미터 지점에 위치한 속칭 금강구(金剛口)라 부르는 말휘리에서 북쪽 방향으로 금강천 도로를 따라 북상하면 약 21킬로미터 지점에 신풍리 쑥밭이 자리하고 있다. 따라서 내강동에서 쑥밭까지의 거리는 29킬로미터다.

'쑥밭'은 서북 내금강 구성동 계곡의 관문이다.

구성동 계곡은 12킬로미터 거리의 한 골짝 안에 20여개의 크고 작은 폭포와 아울러 수많은 맑고 푸른 담소를 안고 있어 금강산 여러 계곡 중에서도 가장 폭포수가 많아 장쾌한 폭포의 계곡으로 특히 유명하다.

또 쑥밭에서 금강천 본류를 따라 신풍리와 찬샘이(寒泉)를 지나서 온정령(857m)을 넘으면 외금강 만상계를 거쳐서 온정동으로 통하는 도로로 연결된다. 쑥밭에서 북쪽으로 온정령을 넘어 온정동까지의 거리는 약 16킬로미터가 된다.

2. 내·외금강을 연결하는 탐승코스

외금강과 내금강을 연결하는 주요코스는 대개 6개 코스가 있으나 모두 높고 험준한 금강산 남북 종주 능선의 고산준령을 넘어야 하는 월령(越嶺)코스이므로 매우 힘든 등산 코스라 말할 수 있다. 다만 그중에서 북쪽의 온정령(溫井嶺 857m)을 넘는 코스만이 도로로 연결되어 있어 차편을 이용할 수 있는 유일한 내·외금강 연결코스이다.

이 코스들에 대한 자세한 설명은 코스 장에서 다시 개별적으로 기술하기로 하고, 이 장에서는 우선 내·외금강의 관문과 관문 사이를 연결하는 코스와 거리만을 간단히 간추려서 북쪽코스부터 남쪽으로 순차적으로 소개하기로 한다. 금강산은 이 연결코스들을 일정에 적절히 맞추어서 잘 이용하여야 내·외금강을 두루 효과적으로 볼 수 있다.

① 온정령 월령코스

외금강의 관문 온정동에서 서북 방향으로 한하계와 만상계를 거쳐서 온정령을 넘으면 찬샘이, 쑥밭, 말휘리를 지나서 내금강의 관문 내강동에 이르는 도로가 연결되어 있다.

이 코스는 현재 차편을 이용할 수 있는 내·외금강을 연결하는 금강산에서 유일한 도로 월령코스이며 도중에는 한하계의 승경을 감상하고 만물상 입구인 만상정 앞을 지나게 되며 온정령의 장쾌한 경관을 탐승할 수 있고 구성동 입구인 쑥밭을 지나게 되므로 다방면 탐승에 이용할 수 있다.

온정동에서 온정령까지의 거리는 약 10킬로미터이며, 온정령에서 쑥밭까지의 거리는 약 6킬로미터이고, 쑥밭에서 내금강의 탐승기지 내강동까지의 거리는 29킬로미터 정도가 된다.

따라서 외금강 온정동에서 내금강 내강동까지의 도로 거리는 45킬로 미터 정도가 된다.

② 가는골(군선협 – 삼성암터 – 구성동 코스)

온정동에서 서쪽 방향으로 신계천을 따라 오르다가 신계사 터에서 2킬로미터 지점에 이르러 신계천이 끝나고 옥류동이 시작되는 가는골(細洞) 합수목에서 우측으로 가는골 협곡을 따라 오르면, 좌측으로 옥녀봉과 우측으로 관음연봉의 두 가닥 험준한 산줄기 사이에 끼여 뚫린 듯이 가는골 좁은 협곡을 이루고 길게 서북쪽으로 뻗어올라 있다.

이 협곡을 예전에는 군선협(群仙峽), 또는 삼성동이라 불렀다.

가는골 계곡은 이름난 폭포나 빼어난 담소의 경관은 없으나 큰 바위와 맑고 깨끗한 청정계류의 경승과 험준한 준봉들이 펼쳐주는 산악미의 장관을 볼 수 있으며 또 빽빽한 천고원시림의 수려한 경관을 볼 수 있다.

가는골 막바지 신계목(神溪項)을 넘으면 서쪽 고산분지 안에 삼성암터가 자리하고 있으며 부근일대는 잣나무, 참나무, 박달나무 등 아름드리 거목들이 금강산에서도 보기드문 울창한 원시림지대를 이루고 있을 뿐만 아니라 숲속에는 솔잎백합, 금강초롱 등 각종 희귀식물의 분포지로 유명하다.

삼성암터에서 서쪽으로 내금강 구성동 계곡으로 넘어가는 길이 있으며 또 북쪽으로는 상등봉을 거쳐서 외금강 만상계로 내려갈 수 있다. 그리고 남쪽으로 수림길을 오르다가 구성동계곡 상류를 지나 용마석을 거쳐서 비로봉으로 오를 수 있다. 이처럼 삼성암터는 금강산 중부 고산지대의 교통요지이다.

신계천 합수목에서 가는골 신계목을 넘어 삼성암터까지의 거리는 12킬로미터 정도이며, 삼성암터에서 구성동을 거쳐서 쑥밭까지의 거리는 약 9킬로미터이다.

겨울의 비로봉 전경

③ 온정동-옥류동-비로봉-만폭동-내강동 코스

외금강 온정동에서 서쪽 방향으로 신계천을 따라 옥류동, 구룡연, 비사문, 아홉소 골, 용마석을 거쳐서 금강산의 주봉 비로봉으로 올랐다가 서남쪽으로 내금강 만폭동 계곡으로 내려가 내금강의 관문 내강동에 이르는 이 코스는 내·외금강을 연결하는 비로봉 월령코스로서 가장 단거리 코스일 뿐만 아니라 외금강 최고의 승경지 옥류 동, 구룡연과 비로봉의 전망과 내금강 최고의 승경 만폭동계곡 등 내·외금강의 진수를 볼 수 있어 내·외금강을 연결하는 금강산 최고의 코스로 손꼽는다.

온정동에서 옥류동을 거쳐서 비로봉까지의 거리는 약 16킬로미터이며, 또 비로봉 에서 만폭동을 거쳐서 내강동까지의 거리는 15킬로미터이므로 전장 31여킬로미터에 달하는 원거리 코스일 뿐만 아니라 금강산 최고봉을 넘는 고산월령코스이기 때문에 하루 코스로서는 무리이며 이틀 코스로 잡아 비로봉숙박소(산장)에서 일박하는 것이 무난하다.

④ 온정동 - 동석동 - 채하봉 - 장군성 - 안무재령 - 만폭동 - 내강동 코스

온정동에서 서쪽으로 신계천을 건너 동석동 계곡과 선하계를 거쳐서 집선봉, 채하봉 능선으로 올라 장군성에 이르러 우측의 비로봉길을 버리고 좌측으로 월출봉(1,580m), 일출봉(1,580m)을 거쳐서 안무재령(1,275m)을 넘어서 안무재골 끝머리 사선교 아래 삼거리 갈림길에서 좌측으로 만폭동 길을 따라 내강동으로 내려가는 안무재령 월령코스가 있다.

이 코스는 집선봉과 채하봉의 톱날능선 길이 험난하여 등산 초심자는 오르기 힘든 난코스로 알려져 있다.

그러나 비로봉에서 외금강 중심부를 동쪽으로 힘차게 뻗어나간 장군성 - 채하봉 - 집선봉으로 이어지는 높은 능선코스는 외금강 여러 협곡과 준봉의 장쾌한 전망과 아울러 동해바다의 푸른바다를 시원스럽게 내려다볼 수 있어 금강산에서 으뜸가는 고산 전망코스로 이름나 있다.

온정동에서 장군성까지의 거리는 15킬로미터이며 장군성에서 안무재령까지의 거리는 3킬로미터이고 안무재령에서 내강동까지의 거리는 14킬로미터이므로 코스전장거리가 약 32킬로미터나 되는 장거리코스이기 때문에 등산 건각이 아니면 하루코스로서는 역시 무리한 코스이다.

⑤ 온정리 - 백천교리 - 유점사터 - 효운동 - 안무재령 - 만폭동 - 내강동코스

온정동에서 남쪽 방향으로 약 28킬로미터 지점에 위치한 백천교리까지는 도로가 나 있으며, 백천교에서 개잔령(開殘嶺 · 757m)을 넘어서 유점사터까지의 거리는 12킬로미터 정도이다. 용천 어구에 자리하고 있는 외금강 남부탐승의 관문 유점사터에서 서북쪽으로 효운동 계곡을 거슬러 안무재골을 거쳐서 안무재령을 넘어 내금강 만폭동 계곡으로 하산하여 내강동에 이르는, 안무재령 월령코스가 있다.

이 코스는 효운동의 은선대(隱仙台), 칠보대(七寶台) 등 이름난 남금강지역 전망대와 심산유곡 효운동과 안무재골의 유적한 정취를 감상할 수 있는 금강산 남부의 월령코스이다.

유점사터에서 안무재령까지는 9킬로미터의 거리이며, 안무재령에서 내강동까지는 약 14킬로미터 거리가 된다.

⑥ 온정동 – 백천교 – 외무재령 – 내강동 코스

온정동에서 서남 방향으로 약 28킬로미터 지점에 위치한 백천교까지는 도로가 나 있으며 백천교에서 개잔령(757m)을 넘어서 용천어귀의 유점사터 갈림길을 지나 삼거리를 거쳐서 금강산 최남단에 위치한 외무재령(1,197m)을 넘어 내강동에 이르는 외무재령 월령코스가 있다.

이 금강산 최남단 우회코스는 그 코스 자체의 경관은 그다지 보잘것이 없다 할지라도 도중에 백천교에서 송림동으로 들어가는 갈림길이 있으며 또 남강과 용천의 합수목에서 유점사터로 들어가는 갈림길이 있어 금강산 남단을 돌아서 여러 명승지와 내·외금강을 연결하는 주요 교통로의 역할이 있다. 온정동에서 외무재령을 넘어 내강동까지의 거리는 약 116킬로미터 가량 된다.

이상과 같이 내·외금강을 연결하는 주요 탐승 6개코스를 소개함에 있어 편의상 모두 외금강 온정동을 출발 기점으로 하여 소개했으나 형편에 따라서는 내금강 내강동을 출발기점으로 하여 역코스로 탐승할 경우에도 같은 노정의 역코스를 되짚어도 될 것임을 참고로 말하여 둔다.

금강산 산명의 유래

예로부터 금강산은 지리산, 한라산과 함께 우리나라 삼신산(三神山)의 하나로 봉래산(蓬萊山)이라 일컬어왔다. 즉 해동에 삼신산이 있으니 일(一) 봉래가 금강산이요, 이(二) 방장(方丈)이 지리산이요, 삼(三) 영주(瀛洲)가 한라산이라 하였다.

또 백두산(북악), 묘향산(서악), 북한산(중악), 지리산(남악)과 더불어 나라를 수호하는 우리나라 오악(五嶽) 중의 하나로 동악(東嶽)이라 하여 민족적 영산으로 높은 숭앙을 받아왔다.

그리고 춘하추동 4계절에 따라 알맞은 이름으로 불리워 왔으니 봄에는 금강산, 여름에는 봉래산, 가을에는 풍악산(楓嶽山), 겨울에는 개골산(皆骨山)이라 이름하였다. 금강산을 불계(佛界)에서는 열반산, 기달산, 구황산, 중향산으로도 불렀으나 '열반'이란 불생불멸의 법성을 증험한 해탈의 경지를 뜻하는 말이라 하니, 이에 미루어 보면 불제자들은 예부터 금강산을 현세의 극락정토로 믿어온 듯하다.

불경에 말하기를 "금강은 천상의 부처가 갖고 있는 칠보(七寶) 중의 하나인데 그 모양이 모난 메밀과 같고 그 색채가 자수정과 같다" 하였으니 금강은 천상의 보배요 금강산은 지상의 보배라는 뜻일 것이다.

금강산을 일만이천봉으로 부르는 것은 화엄경에 말하기를 "동북 바다 건너에 금강산이 있는데 일만이천봉이라 이름하여 담무갈 보살들이 그 안에 상주하고 있다." 하였으니 즉 일만이천의 담무갈 부처들이 한 봉우리에 하나씩 상주하고 있으므로 금강산은 일만이천봉이 되는 것이다.

또 불전에 말하기를 "천상에 일만이천봉 열락정토가 있다"함에 대하여 지상에도 일만이천봉의 극락정토가 있다는 뜻으로 금강산을 극락정토로 승화시킨 것으로 여겨진다.

의인화된 금강산도(작가미상)

또 열반경에 말하기를 "금강보옥을 햇볕에 내놓으면 그 광채가 찬란하나니 오묘한 금강불법에 도달함도 또한 이와같다" 하였으니, 이것은 금강이 불전에 비친 처음이라 하였다.

이상에서 본 바와 같이 다시 말하면 금강산은 고유의 본명이고 별칭으로서는 봉래산, 풍악산, 개골산, 동악, 일만이천봉, 열반산, 기달산, 구황산, 중향산, 다이아몬드 마운틴(서구식 이름의 금강산) 등 열 가지나 되어 본명과 합하면 금강산은 그 이름이 무려 열한 가지나 된다. 대부분이 불교에서 연유한 이름이라 하지만 이렇게 많은 이름을 갖은 산은 세계 다른 어느 산에서도 찾아볼 수 없으며, 더욱 금강산이란 고유 이름의 명산은 세계 하나밖에 없는 보석같이 귀중한 이름으로서 실로 명산임을 알 수 있다.

사찰과 역사

금강산의 역사는 불교의 전래와 더불어 천 수백년 전의 유구한 옛날로부터 시작되었다고 볼 수 있다. 그것은 '금강산'이란 신령된 그 고유의 이름 자체가 불교의 경전에서 유래한 것임을 알 수 있기 때문이다.

화엄경에 말하기를 "동북 바다 건너에 금강산이 있는데 일만이천봉이라 칭한다. 담무갈 보살이 그 곳에 상주하고 있다. 담무갈 보살은 우리말 이름으로 바꾸면 법기보살이라 이르며 주로 중향성에 거주하여 항상 '반야바라밀다'를 선설한다."

중향성(衆香城 1,520m)은 북으로 비로봉과 영랑봉을 등에 업고 장엄한 그 두 봉 사이의 내금강 남쪽 벼랑에 높이 웅거한 준봉으로서 산의 모습이 매우 우람하고 수려하여 신령스러울 뿐만 아니라, 이 봉에서 바라보는 전망이 무척 좋아 천하일품으로서 내금강과 외금강 남부의 수많은 날카롭고 아름다운 봉우리들을 발아래 한눈에 볼 수 있는 내금강의 빼어난 명승지다.

금강산을 두고 흔히 "금강산 일만이천봉 팔만구암자"(金剛山 一萬二千峰 八萬九庵子)라는 말의 의미는 금강산은 그 봉우리의 수가 무척 많아 1만하고도 2천이나 되고, 그 산속에 자리하고 있는 사찰과 암자의 수 또한 헤아릴 수 없이 많아 8만9암자라는 말로 표현하고 있다.

그것을 또 다른 말로 바꾸면 영산 금강산은 산도 많고 절도 많아 자연과 인공의 아름다운 조화의 극치를 상징적으로 꾸며서 한 말일 것이다.

역사적으로 보아 금강산에 절과 암자의 실제 숫자는 천년전 삼국시대에는 108사암(寺庵)이 있었으며, 고려때 불교전성시대에는 3백여 사암이 있었다고 전한다.

해방전까지 금강산에는 대소 30여 사암이 있었으니 전국 31본산 중의 하나인 거찰 외금강의 유점사를 비롯하여 내금강의 장안사, 표훈사, 외금강의 신계사 등을

예전의 유점사 전경

금강산의 4대사찰로 손꼽았으며 그밖에 중요 사암들의 이름을 지구별로 밝혀둔다.

내금강지구(20개 사암)

장안사, 표훈사, 정양사, 마하연암, 옥천암, 장경암, 관음암, 보문암, 지장암, 안양암, 청련암, 신휴암, 돈도암, 보덕굴암, 내원통암, 선암, 영원암, 수미암, 만회암, 불지암이다.

외금강지구(15개 사암)

신계사, 법기암, 보운암, 문주암, 보광암, 삼성암, 도솔암, 명적암, 상운암(이하는 외금강 남부), 유점사, 송림사, 중내원, 반야암, 칠보암, 득도암 등이 있었다.

현재 북한에는 6.25 전란 때 전화로 인하여 금강산 내의 역사깊은 사암들의 대다수와 사찰 내에 간직되어 있던 각종 귀중한 문화재까지도 아깝게 소실되어 지금은 내금강 오지의 정양사, 표훈사와 보덕굴암 등 사암만이 남아있을 뿐이며, 유점사, 장안사, 신계사 등 금강산의 역사깊은 명찰들이 모두 소실되었다.

문화유적

1. 개관

금강산 지역의 유적과 유물들은 원시시대의 고인돌(지석묘)로부터 고대의 고분(古墳)과 중세기의 산성, 사찰건물, 석탑, 비(碑), 불상조각, 금속 및 목공예품에 이르기까지 그 종류가 매우 다양하나 주로 불교와 관련된 유적과 유물들이 대다수를 차지하고 있다.

그러나 왜정때 일본인들이 유점사 오십삼존불의 일부조각상과 금정암 사자탑 안에 있었던 금부처, 표훈사의 오십삼부처 등 중요한 문화재들을 다수 약탈하여 갔으며, 그리고 6·25전란때 금강산 대부분의 사찰건물과 또 사찰내에 보관되어온 귀중한 유물들이 아깝게도 병화로 소진되어 대부분 없어졌다.

2. 원시유적 및 산성과 고분

① 원시유적

고성군 해안 및 남강 하천부근에서 고인돌(지석물)을 비롯하여 활촉, 창끝, 칼, 단검, 도끼, 자귀 등 신석기 시대의 유물들이 다수 발견되었다.

② 산성

금강산 지역에는 북으로부터 해안선을 따라 침입해오는 외적과 바다로부터 쳐들어오는 침략자를 막기 위하여 고대에 쌓은 산성들이 있으며, 그중에서도 온정리 옛 성과 망군대입구 망군성이 유명하다.

③ 고분(古墳)

고성군 봉화리 삼일포 고분군, 고성군 장포리 고분, 금강군 병무리 고분 등 다수의 고분들은 모두 돌곽 흙무덤으로 되어있으며 삼일포 고분에서는 금귀걸이 등 신라시대의 각종 유물들이 많이 나왔다. 그리고 금강산의 주봉인 비로봉의 북쪽 용마석 능선에는 신라마지막 불운의 왕자 마의태자의 무덤으로 전하여 내려오는 마의태자릉이 자리하고 있다.

3. 건축(建築)

금강산에 사찰건물들이 세워진 것은 5, 6세기경 신라시대부터라 전하며, 금강산 4대사찰로 불리워온 유점사, 장안사, 신계사, 표훈사를 비롯하여 정양사, 송림사, 문수사 등이 유명하며 보운암, 상운암, 보덕암, 만회암, 불지암 등 수많은 사찰과 암자들이 세워졌다.

그리하여 조선조 초기에는 금강산에 100여 개의 사암이 있었다하며 역사기록에 나타난 사찰과 암자의 이름이 무려 180개나 된다고 전한다.

그러나 조선조시대의 숭유배불(崇儒排佛)의 국가시책에 따라 차츰 줄어들어 왜정말기(1942년)에는 30여 개의 사찰과 암자가 현존하고 있었다 한다.

그후 6·25 전란의 병화로 대부분의 사암들이 소실되어 없어지고 지금은 내금강의 표훈사, 정양사, 그리고 보덕암, 불지암, 마하연(칠성각)등 몇개 안되 는 사암의 건물들이 남아있을 뿐이다.

① 유점사(楡岾寺)

외금강 효운동계곡 입구 용천변에 위치한 유점사는 금강산 4대사찰 중에서도 가장 크고 웅장한 금강산 제일의 대찰이었으며 20세기초에는 강원도안에 60여 개의 말사 사암을 거느리는 우리나라 31대본산 사찰중의 하나였다. 5세기경에 처음 세워진 후 사찰전각 건물이 12세기 중엽에는 500여 칸, 15세기 초에는 3천여 칸에 이르는 큰 절간으로 확장되었으며 그후 여러 차례의 보수를 거쳤다. 그러나 1882년에는 모든 건물이 불타고 1884년에 크게 재건되었다.

원래 유점사에는 중심건물인 능인전을 비롯하여 약사전, 용음루, 산영루, 연화사, 수월당, 대향각, 영산전, 십왕전, 삼성각, 호지문, 의화당, 범종각, 보타전 등 6전 7

각 2문 3루와 기타 20여 동의 부속건물과, 9층석탑, 오십삼존불 불상조각, 범종 등이 있었다.

유점사에는 건축예술적으로 가치있는 건물들이 많았으며, 특히 능인전(能仁殿)의 바깥9포, 안15포로 짜돌린 두공은 우리나라 중세건물 중에서 가장 높고 화려한 건물중의 하나로 유명하였다. 그러나 6·25전란의 병화로 인하여 모든 건물이 모두 완전 소실되어 아깝게 없어지고 지금은 빈터만 처량하게 남아있을 뿐이다.

② 장안사(長安寺)

내금강 입구에 자리잡고 있는 장안사는 금강산 4대사찰 중에서도 조선조왕실의 특별한 보호를 받아왔으며 궁중으로부터 보내온 여러가지 귀중한 유물들이 많은 것으로 유명하였다.

6세기 경에 처음 세워진 후 여러 차례의 재건과 중수를 거쳤으며 18세기 전반에 세워진 건물들이 대웅보전, 사성전을 비롯하여 명부전, 비로전, 어향각, 대향각, 소향각, 해광전, 극락전, 범왕루, 신선루, 만수정, 은주문, 각종 산신각, 반야각 등 6권 7각 2루 2문과 그밖에 10여 동의 대소전각 건물들이 처마를 맞대고 매우 장중한 경관을 이루고 있었다. 그중에서도 2층건물인 대웅보전과 사성전은 그 모양과 짜임새에서 공통점이 있으면서도 서로 다른 시기적 특성을 보여주는 훌륭한 건물로 유명하다.

장안사도 6·25전란때 모두 타버리고 지금은 건물이라고는 아무것도 남아 있지 않다.

③ 신계사(神溪寺)

외금강 신계천변에 자리잡고 있는 신계사는 6세기 초에 처음 건설되었으며 16세기말경에 건축한 대웅전, 만세루, 칠성각, 극락전, 대향각, 나한전, 어실각, 산신각, 축성전, 범종각, 최승전, 수승전 등 여러 건물들이 있었다.

대웅전은 앞면 3칸(12,45m) 옆면3칸(7,54m)의 크기를 가진 중심건물로서 주위의 수려한 자연풍치와 융합하여 그 경관이 매우 아름다울 뿐만 아니라, 섬세하게 다듬어진 꽃무늬문짝, 살아움직이는 듯 생동하게 조작된 용조각장식, 규칙성있게 높이

장안사의 옛 전경

짜올린 박공, 꽃밭처럼 꾸며진 천정의 내부공간, 유선형으로 보기좋게 표현한 지붕물매와 처마선 화려한 비단무늬단청 등으로 16세기의 훌륭한 건축술과 빼어난 조각기교를 자랑하고 있다.

그러나 신계사 역시 6·25 전란으로 전화를 입어 모두 타버리고 지금은 찾아볼 수 없다.

④ 표훈사(表訓寺)

내금강의 절경, 만폭동으로 들어가는 입구 길가 왼쪽에 자리잡고있는 표훈사는 7세기(670년) 후반에 세워진 이후 여러차례의 재건과 중수를 겪었고 건물들은 주로 18세기 후반에 건축된 전각들로서 극락전, 반야보전, 명부전, 영산전, 영빈관, 어실각, 칠성각, 능파루, 함영교, 청덕재, 설선당, 창차재, 천왕문, 판도방 등 여러 건물이 있었다.

표훈사는 금강산 4대사찰 중에서는 가장 규모가 작은 사찰이지만 유일하게 6·25 전란때 전화를 입지않은 사찰로서 지금도 반야보전, 능파루, 명부전, 영산전, 어실각, 칠성각, 판도방 등의 건물이 예전 그대로 남아있다 한다.

표훈사 중심건물인 반야보전은 높이 1미터 정도의 축대위에 세워진 전각으로서 앞면 3칸(14.09m), 옆면 3칸(9.4m)으로 된 겹처마 팔각식 건물이다.

반야보전은 굵직하고 힘차면서도 섬세하고 화려한 꾸밈새로 보는 사람들에게 황홀감을 자아내게하는 건물이다. 표훈사 건물들은 전체적으로 균형이 잘 잡혀있으며 각 건물들이 화려하고 정교하게 세워져 있다.

표훈사는 역대 왕실과도 깊은 인연을 가지고 있었으므로 궁중에서 보내온 값진 유물들이 적지않게 보관되어 있다.

⑤ 정양사(正陽寺)

정양사는 표훈사 뒤쪽 방광대(放光台)라 부르는 산기슭 꽤 높은 고대위에 자리잡고 있다.

정양사는 7세기초에 세워졌다고 전하며 그후 여러 차례에 걸쳐서 중수하였다. 지금의 반야전과 약사전은 조선조 초기에 다시 세워진 것을 이조말엽에 각기 부분적으로 고쳐지은 건물이다.

정양사에는 원래 중심건물인 반야전과 그 앞에 약사전, 3층석탑, 석등 그리고 주변에는 영산전, 나한전, 헐성루 등의 건물이 있었으나 헐성루, 나한전, 영산전 등의 건물은 지금은 없다 한다. 정양사는 다행히 표훈사와 함께 6·25 전란의 전화를 입지않은 사찰중의 하나다.

정양사의 중심건물인 반야전은 앞면 3칸(11.13m), 옆면 3칸(8.74m)의 겹처마 팔각지붕식의 그리 크지않은 단정하고 그윽한 건물이다.

약사전은 6각평면에 6모지붕을 얹은 정각형식의 희귀한 건물로서 들보를 하나도 쓰지않고 기둥위 안팎으로 포식두공만을 여러 겹으로 짜올려서 천장을 대신한 특이한 건물이며 정교한 짜임새와 아름다운 꽃무늬조각 장식으로 더욱 유명한 건물이다.

건물안에는 신라시대에 건조된 약사여래석상이 안치되어 있다.

⑥ 보덕암(寶德庵)

현재 몇개 남아있지 않은 금강산의 암자중에서도 옛모습 그대로 가장 온전하게 보존되어 있는 건물은 보덕암뿐이라 한다.

보덕암은 내금강 만폭동의 절승지 만폭8담의 하나인 분설담(憤雪潭) 위에 자리잡고 있다. 이 건물을 처음 지은 것은 7세기 전엽(627년)이라 하여 지금의 건물은 1675년에 고쳐지은 것이라 전한다.

건물이 의지하고 있는 구리기둥(金同鐵柱)과 건물을 바위에 붙잡아맨 쇠줄은 1511년에 설치한 것이라 전한다. 보덕암 건물은 20미터가 넘는 아슬아슬한 절벽중턱에 7.3미터의 구리기둥을 받쳐서 지은 건물로서 우리나라의 옛건물 중에서 유일하게 절벽을 의지하여 자연석굴을 이용하고 지은 희귀하고도 특이한 구조건물로 더욱 유명하다.

보덕암은 맨 아래에 겹처마 합작지붕을 얹고, 그 위에 박공만을 달아 세우고 또 그 위에 배집지붕을 씌워 2층지붕으로 하고 다시 그 위에 또 사각지붕을 올려 놓음으로써 단층집인데도 서로 다른 지붕을 가진 3층 기와집처럼 보이게 하였다. 건물의 크기는 앞면이 3.35미터, 옆면이 85센티미터이다. 비록 건물은 작아도 건물안팎을 모두 단청으로 장식하였으며, 천장에는 소관반자에 연꽃무늬 그림으로 섬세하게 장식되어 있으며 더욱 주위의 빼어난 자연경관과 잘 조화되어 아름다운 운치를 자아내고 있다.

⑦ 금강산 누정(樓亭)

금강산에는 예부터 탐승객을 위한 전망대와 휴식처, 그리고 놀이터로서 누정건물이 여러 곳에 세워져 있었다.

대체로 기이한 봉우리의 전망좋은 고대와 강물이 굽이치는 절승지에 세워졌다. 해금강 삼일포의 연화대, 외금강 구룡연의 관폭정, 만물상의 만상정, 내금강 표훈사의 능파루(凌波樓), 백운대구역의 연화대(팔모정) 등을 비롯하여 삼일포의 사선정(四仙亭), 통천의 총석정, 남강하류의 영랑호, 감호 일대의 해산정, 비래정, 일승정, 대호정, 그리고 유점사의 산영루(山映樓)와 내금강 정양사의 헐성루(歇惺樓) 등이 대표적인 누정건물로 유명하다. 이러한 건물누정 중에는 높은 축대나 돌기둥 위에 크고 화려하게 지은 2층 다락집 구조도 있었고, 또는 단층형식으로 소박하고 아담하게 지은 것 등 다양한 양식과 수법으로 지어져 있었다.

누정들은 자연지세와 환경에 어울리게 세워졌으며 전망과 휴식에 가장 합리적인 장소를 선택하여 건물이 재치있고 운치있게 앉혀 있었다. 따라서 금강산 누정들은 자연과 조화를 이루는 우리민족 특유의 멋과 운치를 잘 나타내고 있다.

4. 석조물(石造物)

① 석탑(石塔)

금강산지역에는 수많은 사찰들이 건설되면서 석탑도 많이 세워졌다.

불교에서 탑은 원래 불사리(화장한 유골)를 넣어 봉안하는 일종의 무덤인 사리탑(舍利塔) 건축에서 발생한 것이라 하는데, 불교가 발전하면서 이름있는 승려의 유물과 불교경전까지 넣어 보관하는 사찰의 권위를 높이는 건축물로 제작되었으며 그후 불상을 봉안하는 전각 앞에는 기념비적 장식구조물로서 사찰건축 구성의 한 부분으로 세워지게 되었다. 그리하여 탑 가운데는 그의 기념비적 성격과 품위를 높이기 위하여 조형예술적으로 잘 다듬어진 석탑들이 적지 않게 생겨나게 되었다.

금강산에는 유점사의 13층석탑과 9층탑, 표훈사의 15층석탑, 장안사의 5층석탑, 정양사의 11층석탑, 신림암의 9층석탑, 보덕암의 15층석탑을 비롯하여 여러 시대에 걸쳐서 건립된 석탑들이 많았다고 전하나 유감스럽게도 이 석탑들은 자연재해 또는 외래침략자들의 인적파괴 등으로 없어져 지금까지 전하여 내려오지 못하고 있다.

오늘날까지 전해오는 금강산 3고탑(三古塔)으로 불리는 내금강 장연사 3층석탑, 정양사 3층석탑, 외금강 신계사 3층석탑과 또 금장암 3층사자석탑, 화천리 5층석탑 등이 있을 뿐이다.

장연사, 정양사, 신계사 3층석탑 등은 탑의 형식과 구조및 수법이 모두 비슷하며, 안정감있는 구도로 균형미를 잘 나타내는 우리나라 초기돌탑의 특이한 형식을 이루고 있다.

또 금장암 3층사자석탑은 2층밑단위 네 귀에 1.1미터 높이의 쭈그리고 앉은 네 마리의 돌사자를 놓고 그 위에 3층탑몸을 올려 놓았으며, 그리고 그 한가운데에는 돌부처를 세워놓았는데 마치 그 모양이 네 마리의 돌사자와 한 부처가 육중한 3층의 탑몸을 떠받들고 있는 모습으로서 저 유명한 구례 화엄사(華嚴寺)에 세워져있는 신라통일기(754년)에 건립된 화엄사 4사자3층석탑(국보제 35호)과 유사한 구조이며 우리나라 고대석탑 가운데서 매우 희귀한 형식의 탑으로서 예술적 걸작품으로 이름나 있다.

② 돌다리

 돌다리 유물로는 외금강 발연소구역 발연동 골안에 있는 발연사 무지개다리(홍예교-虹霓矯)와 유점사터 앞 두 개의 무지개돌다리 등이 있다.

 발연사(鉢淵寺) 무지개다리는 현존하는 우리나라 돌다리중 가장 오랜 것의 하나로 꼽는다.

 다리는 발연천의 양쪽 자연암반을 기초돌로 삼고 거기에 정교하게 다듬은 1톤 정도의 화강석 40여개의 큰돌을 25단으로 치밀하게 쌓아올려 무지개 모양으로 허공에 높이 띄워 아름답게 건너놓았다. 다리높이는 7.1미터, 길이는13미터 너비는 3.1미터로서 770년대에 세워진 것이라 전한다.

 또한 유점사터 앞 두 개의 같은 형식의 무지개돌다리는 외지에서 유점사경내로 들어가기 위한 다리로서 원래 두 다리위에 누각형식의 큰 합각식건물(산영루)이 놓여 있었다 하며, 다리높이는 약 3미터, 기초너비는 약 5미터 크기의 돌다리이다.

③ 조각

불상조각

 금강산에는 실내일반 불상조각과 바위나 벼랑에 새긴 마애불상, 그리고 탑이나 기타 축조물에 새긴 장식불상 등 다양한 종류와 형태의 불상들이 있다.

 일반 불상조각은 주로 돌, 구리, 나무, 흙으로 만든 것이다. 그러나 옛적에는 금과 은으로 만든 것도 많이 있었다. 옛 기록에 의하면 사자암에 몰래 숨겨 두었던 금불상 8좌와 도금한 은불상 32좌, 신림사의 은불상 12좌, 장안사의 금불상 6좌와 은불상 18좌 등이 없어졌다고 전하는 것으로 보면 금불상 은불상 들이 한 절간에도 여러 좌씩 있었다는 것을 알 수 있다.

 금강산의 불상들은 양각(돋을새김), 음각(오목새김), 선새김, 둥근새김 등 여러 수법으로 제작되었다. 그 형태는 앉은 것과 선 것이 있으며, 또 표정이 자비로운 것, 웃고 있는 것, 성난 것 등 다양하고 옷을 걸친 것과 안 걸친 것 등 매우 다양하다.

 규모가 큰 것은 수십 미터나 되는 마애불이 있는가 하면 3, 4센티미터 정도밖에 안되는 작은 불상도 있다.

 마애조각상으로 삼불암 조각상, 묘길상 조각상, 안양암터와 송라암터 뒷바위에 새겨진 삼불상, 영원암터 부근의 사불상, 유점사 근처의 사불상 등이 현존하여 있다.

석등(石燈), 비(碑), 부도(浮屠)

석등은 원래 불을 켜기 위하여 돌로 만들어 세운 등을 말한다.

처음엔 불당 앞에서 불을 켜고 종교의식을 하기 위하여 세우기 시작한 것인데 그후 차츰 불전, 불상, 탑, 무덤 앞에도 세우는 기념비적 성격을 띤 장식구조물의 하나로 되었다.

금강산에는 정양사석등과 묘길상앞석등이 유명하다.

이 석등들은 형태가 아름답고 구성이 간결하면서도 균형이 잡혀 있으며 연꽃무늬 등 여러가지 장식문양이 섬세하게 새겨져 있어 걸작석으로 이름나있다. 고려시대에 조성된 석등으로 전하여 온다.

금강산에는 석탑, 석등과 함께 비석(碑石)도 다수 전하여 온다.

비석은 원래 건물이나 석탑과 다리와 같은 건축구조물의 신축 또는 중수, 재건을 기념하여, 또는 출중한 인물들의 공적을 찬양하고 기념하기 위하여 세워졌다.

금강산의 수많은 비석 중에서도 내금강 백화암터의 서산대사(書山大師)비와 그 주변에 있는 풍담당비, 설봉당비, 제월당비 등과 마하연 중건비, 표훈사중창비, 유점사터 주변의 기암당비, 풍악당비, 유점사기적비, 백천교중창비 등은 대개 17세기 전반기 조선시대에 건립된 것으로서 오늘날까지 옛모습 그대로 전해오는 귀중한 비석들이다. 임진왜란때 승병 수천명을 거느리고 의병들과 함께 왜적을 무찔러 싸운 서산대사의 공적을 기념하여 1632년에 세운 서산대사비는 그 조형적 우수성으로 더욱 유명하다.

부도(浮屠)는 승려들의 유골을 넣어두고 추모하던 무덤탑으로서 기념축조물의 일종이다.

금강산에는 장안사 영운부도, 백화암터의 청허당부도(서산대사), 풍담당부도, 편양당부도, 설봉당부도, 제월당부도, 정양사의 나옹부도, 유점사의 명진당부도, 등계화상부도, 송월당부도, 신계사의 영호대사부도, 영월당부도 등 수많은 부도들이 있다.

이 부도들은 대개 조선시대에 만들어진 것으로서 구조상 석등형식으로 된 것과 범종형식으로 된 것의 두 종류가 있으나 단순한 구조모양으로 된 범종형식부도보다는 석등형식의 부도가 규모가 크고 조각장식도 우수하다. 장안사 무경당영운부도, 청허당부도, 편양당부도, 설봉당부도 등이 이에 속한다.

5. 공예

원래 금강산의 여러 사찰에는 귀중품으로 전해 오는 수백 점의 문화재적 가치있는 공예품들이 보관되어 있었다. 그러나 지금은 남아있는 금강산의 옛건물과 역사박물관 등에 그 일부가 남아있을 뿐이다.

귀중 공예품으로서는 금 귀걸이와 팔찌, 오동향로(烏銅香爐)와 촛대, 놋화로, 범종, 거울, 가사띠고리, 바리 등의 금속공예품을 비롯하여 잔, 접시, 꽃병, 단지 등의 고려청자 상감자기와 이조백자기, 그리고 회전소반, 3층주칠농, 접개식경대 같은 자개박이 목공예품들, 그밖에 비단, 종이, 자수병품, 구슬, 구리기와 문발 등 다양한 종류의 공예 유물들이 전해온다.

그 유물 공예품 중에서 금 귀걸이와 팔찌는 삼국시대에 만들어진 것이라 하며 오동향로와 촛대, 상감청자자기 등은 고려시대에 만들어진 제품이라 전한다. 현재 유점사터에 보관되어 있는 조선후기(1729년)에 주조된 유점사 범종은 규모가 크고(높이2.1m, 허리부분 둘레 3.9m, 무게7.2톤) 형태가 우아한 우수한 범종으로 이름나 있으며, 또 1352년 제작으로 알려진 신계사 오동향로는 검은구리(오동, 烏銅)바탕에 금판과 은실을 박아 독특한 수법으로 제작된 섬세하고 우아한 우수작품으로 이름나 있다.

유점사에 소장되어 있던 유물로서는 신라시대 남해왕 하사품으로 전하는 비취옥배(翡翠玉盃), 조선 세조대왕 하사품 오동화대(烏銅花垈)와 오동촛대, 인목왕후(조선 선조)의 하사품인 태평향로와 삼족향로 그리고 조선고경(古鏡), 인통(印桶) 등이 우수 공예품으로 이름나 있었다.

전설

　조화옹(造化翁)의 천지창조 중에서도 지구상의 가장 빼어난 신비의 영역을 차지하고 있는 금강산은 예부터 아름다운 자연과 인공이 서로 어우러져 있어 골짝과 봉우리마다 희비와 애락이 얽힌 수많은 재미있고 기묘한 전설들이 담겨져 전해 내려오고 있다.

　금강산을 더욱 깊이 이해하는데 도움이 될까 하여 그많은 전설중에서 대표적인 것 몇가지를 소개한다.

① 유점사와 오십삼불(五十三佛)의 전설

　인도 53불의 전래와 유점사 개창에 얽힌 전설이 전해 내려오고 있다.

　지금으로부터 2,500여년전 불타(佛陀)께서 열반하신 전후에 인도에서 문수보살이 9억의 인도에 대하여 많은 불상을 만들게 하여 시험삼아 불속에 던져넣어 보았던바 순금으로 만들어진 53불만이 불에 의한 손상을 입지않고 본래의 모습 그대로 남게 되었다.

　이에 문수보살은 불타의 가르침을 천하에 널리 포교하고자 뜻을 세우고 돌로 만든 석선 속에 53불을 안치하고 큰 종을 만들어 불상과 같이 넣어 석선을 바다에 띄우면서 "53불은 불연이 있는 나라에 건너가 필히 불법을 넓혀서 중생을 제도하라"고 유시하였다. 그리고 그 취지를 종의 몸통에도 새겨서 실어보냈다.

　이때가 바로 중국 주(周)나라 목왕 53년이라 전한다.

　53불을 태운 석선은 바다를 흘러흘러 인도반도의 남쪽에 위치하고 있던 월씨국에 도착하게 되었다.

　월씨국 혁치왕은 그 종에 새겨진 글을 보고 매우 기뻐하며 53불을 맞이하여 큰 법

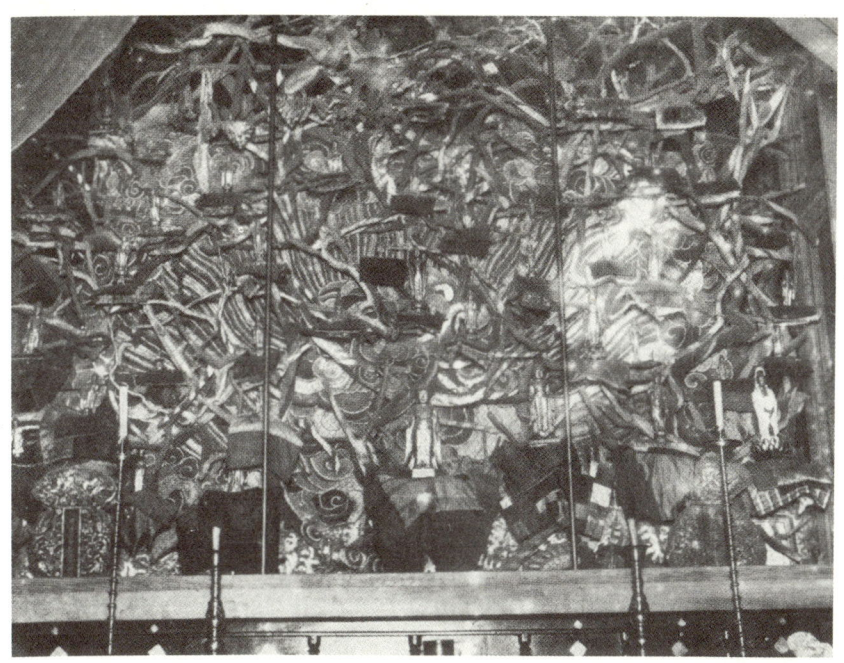

전설에 얽힌 유점사의 53불

 당을 지어 모셨으나 갑자기 대궐에 화재가 나는 큰 재앙이 발생하였을 뿐만 아니라 53불이 월씨국 왕의 꿈에 나타나 말하기를 "왕이여 우리들은 이 땅에 인연이 없어 머무르기를 원하지 않으니 만류하지 말라"고 선몽을 하였다. 왕이 매우 두려워하여 하는 수없이 다시 53불을 석선에 모셔서 바다에 띄울 수밖에 없었다.
 석선은 동방을 향하여 큰 바다로 다시 흘러흘러 동남아 여러 나라를 표류하다가 인도를 떠난 지 5백여 년만에 당시 신라의 땅 금강산 동쪽 동해안의 고성군 안창면 해변에 가까스로 도착하게 되었다.
 때는 지금으로부터 1900여 년전 중국 한나라 평제 원치(元治) 4년이요, 신라가 개국한 지 오래되지 않은 제2대 남해왕 원년이었다고 전한다.
 이때 53불은 가까이 바라다 보이는 금강산을 보고서 이곳이야말로 인연의 땅이라 믿고 이곳에서 상륙하여 모두 금강산으로 향하였다.
 그때 고성태수 노춘(盧椿)이 뒤늦게 그 소문을 듣고 달려가보니 53불은 벌써 상류하여 어디론가 사라지고 난 뒤였다.

　노춘은 종소리 나는 곳의 향방을 찾아 금강산을 헤매다가 드디어 용천 우은동(愚隱洞)의 큰 느릅나무 밑에 이르니 53불이 모두 큰 느릅나무 가지에 올라 앉아 있었다.

　노춘이 기뻐서 신라의 남해왕에게 알렸더니 왕이 놀라 그 곳 큰 느릅나무 밑에 있었던 큰 연못을 메워 터를 다듬어 그 곳에 절을 세우고 53불을 모시고 절이름을 느릅나무에 연유하여 유점사라 하였다.

　그런데 그때 큰 연못 속에는 심술사나운 아홉 마리의 용이 살고 있었는데 자리를 비켜주지않아 부처가 불력신화로 못의 물을 말렸더니 용들이 도망하여 처음에 서쪽 효운동 구룡소(九龍沼)에 숨었다가 후에 다시 쫓겨 외금강의 구룡연과 상팔담으로 달아났다.

　유점사 법당 안에 모셔진 53불은 느릅나무 등걸의 뿌리 위에 모두 안치되어 있으며 이로 연유하여 절이름도 느릅나무 유자 유점사(楡岾寺)로 부르게 된 것이라 한다.

　그 후 53황금진불은 유점사 정전 앞 9층석탑 밑에 묻어두었고 가신(假身)53불을 불전에 모셔왔는데 1917년 봄에 12불상을 도난 당하여 그 후로는 41불상만이 남아 있다고 전한다.

　고성군 안창면 해안에는 53불과 노춘의 전설에 얽힌 유적과 명소들의 이름이 다수 남아있으니 동해안 고성해변에 널려있는 불암, 선암, 현종암(懸鍾岩), 견암 등이 그것이며 또 고성에서 유점사로 가는 연도에도 보현동, 성문동, 이태암(尼台岩), 환희현, 개잔령 등의 고적과 지명들이 지금도 다수 남아있어 이 전설을 뒷받침해 주고 있다.

② 명연담(鳴淵潭 - 울소)의 애화(哀話)

　내금강 만폭동 계곡을 찾아들면 장안사에서 그다지 멀지 않은 곳에 장방형의 큰 바위 한개와 또 그 후면에 좀 작은 바위 3개가 나란히 놓여있는 수심 깊은 연못에 서너길 되어보이는 아름다운 수련폭포가 걸려있는 절경을 볼 수 있고, 또 그 곳에서

전설속의 삼불암

 수 백미터쯤 계곡따라 더 올라가면 영선교 다리를 지나서 북쪽으로 높이가 6미터쯤 되는 3각형으로 된 큰바위가 서있는데 그바위 앞정면에는 큰불상 3체가 조각되어 있고 양쪽 옆면과 후면에는 작은 불상 63체가 새겨져 있는 것을 볼 수 있다. 이 두 군데의 경관은 그 옛날 한무리 승려들의 추태어린 싸움판이 빚어놓은 인세무상의 애화를 전해주고 있다.
 지금으로부터 5백수십년 전 내금강 표훈사에 뇌화라는 마음씨 나쁜 주지 간승(奸僧)이 있었다. 그는 당대의 명승 뇌옹조사(懶翁祖師)와 연척인 것을 기화로 매사에 몹시 거칠고 불량한 작태가 많았다.
 그러나 그 밑에 차석으로 있던 금동거사는 학식과 덕망을 겸비한 명승으로서 그 명성이 주지 뇌화를 능가하여 많은 승려들이 모두 그를 경모해 마지 않았다. 주지인 뇌화는 그러한 금동거사를 시기질투하여 그를 없애려고 마음먹고 있던 차에 그때마침 뇌옹조사께서 현재의 삼불암(三佛岩)의 석문(石門)의 앞뒷면에 3대불과 62소불을 조각할 것을 뇌화주지에게 명하였다.

간교한 뇌화주지는 이때다 생각하고 재빨리 숙련된 조각사를 고용하여 그 조각사에게는 62소불(小佛)의 조각을 맡기고, 금동거사에게는 3대불(三大佛)의 조각을 명하고는 만약 정해진 기일 안에 조각을 완성하지 못할 때는 누구든지 불벌에 의하여 그 아래 연못(명연담)에 투신 자살할 것을 서약케 하였다. 전후사정을 감안할 때 뇌화주지의 간계때문에 도저히 죽음을 면할 길이 없음을 안 금동거사는 불자로서 생사를 초월한 영원속에서 살겠다는 대오각심으로 정성을 다하고 심혈을 기울여 삼존대불을 완성하였다. 그러나 약속한 기일을 넘기고 말았기 때문에 간승주지로부터 서약대로 투신 자살할 것을 선고받고 대오해탈의 마음으로 조용히 연못에 투신하고 말았다.

그때 갑자기 천둥번개가 치면서 한 차례 폭풍우가 쏟아지더니 그 연못 속에서 난데없는 장방사각형의 큰 바위가 솟아올랐다. 금동거사의 시신이 바위로 변해 버린 것이었다.

그동안 금동거사의 처는 남편의 심중을 헤아려 슬픔과 안타까움으로 나날을 보내다가 남편이 투신하자 자신도 남편을 따라갈 것을 결심하고 집을 막 나서는데 때마침 외금강 신계사에서 수업 중이던 두 아들이 갑자기 나타났다. 두 아들은 다같이 꿈에 구름을 타고 천상으로 올라가는 아버지를 보았는데 어디를 가시냐고 물어 보았더니 아버지가 구름 속에 펼쳐진 문서를 보라고 일러주기에 그것을 바라보니 거기에는 '불타의 정토로 돌아간다'라 씌어져 있었다. 이상한 꿈이었기에 수업 중이지만 아버지 일이 걱정되어 집으로 돌아오는 길이었다.

같이 만난 세 모자는 억울하게 낙명한 불운한 남편과 아버지의 뒤를 따라 갈 것을 결심하고 그 연못에 투신하니 하늘도 이에 감동하였던지 또다시 천둥번개가 치면서 폭풍우로 변하더니 먼저간 금동거사의 시암(屍岩)뒤에 다시 3개의 작은 시암이 솟아올라 부모와 두 아들의 4개 시암이 못 한가운데에 자리하게 되었다. 이 못 속으로 떨어지는 폭포 소리도 슬피운다 하여 이 연못을 명연담(鳴淵潭 - 울소)이라 불러 내금강 명소의 하나가 되었으며 명연담의 승경을 바라보면 누구나 인생무상의 무량한 감개에 젖어들게 된다.

구리기둥에 의지하고 있는 보덕굴암

③ 관음보살과 보덕굴의 비화(秘話)

지금으로부터 1,000여년 전에 표훈사의 건너편에 솟아있는 송라봉 밑에 자리잡은 송라암(松羅庵)에 당시 혈기왕성한 청년승 회정(懷正)이 천일기도의 수도를 계속하고 있었다. 천일기도도 끝나갈 무렵 어느날 새벽녘 꿈에 법기보살이 나타나 말하기를 "양구군 해안면 방부동에 몰골처사라 하는 사람이 있으니 바로 그곳을 찾아가서 그분의 가르침을 받으면 반드시 득도하리라"하였다.

회정청년은 즉시 방부동으로 몰골처사를 찾아갔다가 그의 딸 절세미인 보덕(寶德)을 만나게 되어 아름다운 보덕에게 연정을 품게되고, 마음씨 좋은 보덕낭자가 성질 사나운 그 아버지와 사이를 고맙게 주선하여 주는 호감도 곁들여 보이자 더욱 보덕에게 반하여 자신이 천일기도 중인 수도승의 몸임도 잊고 보덕을 열렬히 짝사랑하게 되었다.

어느날 회정은 그녀에 대한 연정을 참다못해 아름다운 보덕을 덥석 끌어안았다. 으스러질 듯 안기던 그녀는 갑자기 간 곳 없이 사라지고 그 자리에 보덕을 닮은 화석

만이 남아있었다. 꿈인지 생시인지조차 분간할 수 없는 환상 속에 빠진 회정은 미칠 듯이 보덕을 찾아 금강산 여러 곳을 헤매다가 내금강 원화동에 이르렀을 때 그리던 그녀가 한 바위확 세두분(洗頭盆) 물에서 머리를 감고 있는 모습이 눈에 띄었다.

  회정은 정신없이 그곳으로 달려갔으나 그녀는 다시 날아가듯 사라지고 보이지 않았다. 비탄에 빠진 회정은 만폭동 계곡의 이곳저곳을 정신없이 찾아 헤맨 끝에 법기봉 아래 영아지(影娥池) 수면에 비친 보덕낭자를 다시 발견하게 되었다.

  그러나 그것은 바로 앞에 솟은 법기봉 중턱에 나타난 관음보살의 화신이었다.

  이에 비로소 회정을 사랑하는 보덕이 관음보살의 화신이며 자신의 수업을 시험하기 위하여 관음보살이 미녀 보덕의 모습으로 현신한 것임을 깨닫게 되어 이로부터 더욱 발분하여 수도에만 정진하게 되었다.

  법기봉 중턱 천길단애 위에 절을 지어 수도하던 곳이 바로 보덕의 이름을 딴 보덕굴(普德窟) 암자이며 회정은 이곳에서 불도를 크게 닦아 후에 숭앙받는 고승 선사로 대성하였으며, 병화에 타버린 내금강 장안사를 고려 제6대 성종 때 재건하는 큰 업적을 성취하였다 한다. 명연담(울소), 법기봉, 보덕굴, 영아지, 세두분 등의 이름은 모두 이 전설에 연유한 유서깊은 이름들이다.

④ 천선대와 우의선녀(羽衣仙女)

옛날 옛적에 금강산 기슭에 살고있는 마음씨 착한 젊은 나무꾼이 어느날 나무를 하러 금강산 산림 깊숙이 들어갔다가 사냥꾼에게 쫓겨 도망치는 위급한 사슴 한 마리를 숨겨서 살려주었다. 사슴은 그 은혜에 보답하기 위하여 나무꾼이 장가들 수 있는 길을 비밀리에 총각에게 가르쳐 주었다.

  매일 깊은 밤이 되면 금강산에서도 경치가 제일 좋다는 천선대 아래의 계곡절경의 맑은 영지 연못에 천상에서 목욕하러 내려오는 한 무리의 선녀(仙女) 중에서 못가에 벗어 놓은 우의(羽衣)를 한벌만 몰래 감추어 두었다가 우의가 없어 하늘로 올라가지 못한 그 어여쁜 선녀를 아내로 삼으라고 일러주었다. 그러면서 신신당부하기를 그 선녀와 혼인하여 살면서 아이 셋을 낳을 때까지는 절대로 우의를 선녀에게 내주어서는 안된다고 거듭 당부하고 사슴은 떠나갔다.

  나무꾼은 매우 기뻐하며 사슴이 일러준 대로 다음날 깊은 밤에 그곳에 이르러보니 과연 3명의 어여쁜 선녀들이 하늘에서 내려와 우의를 거리낌없이 벗어 나뭇가지에 걸어놓고 연못에서 희희낙락 즐겁게 목욕을 하고 있었다.

　나무꾼은 틈을 보아 우의 한 벌을 몰래 감추었더니 드디어 한 선녀만이 우의를 잃고 천상으로 올라가지 못해 비탄에 빠져 울고 있었다.

　그때 나무꾼이 가까이 다가가서 그 선녀를 위로하고 달래어 자기 집으로 데려가서 혼인하여 부부가 되었다. 부부가 된 후 부부간에는 서로 금실이 좋아 평화롭고 행복한 나날이 이어졌으며 어느덧 두 아이를 낳고보니 너무나도 즐거워서 그만 사슴의 당부를 저버리고 아내가 조르는 대로 아내를 믿고 어느날 자랑삼아 감추어 두었던 그 우의를 아내에게 내보였다. 아내는 우의를 보고 날뛰듯 좋아하며 입어보더니 갑자기 선녀로 변하여 두 아이를 양쪽 팔에 끼고 남편만 남겨둔 채 훨훨 날아 천상으로 올라가 버렸다.

　자신의 실수로 아름다운 아내와 사랑하는 두 아이를 한꺼번에 잃어버린 나무꾼은 회한과 비탄으로 슬픔에 잠겨있는데 다시 사슴이 찾아와서 또다시 일러준 대로 영지못을 찾아가, 선녀들이 위험을 느껴 내려오지 않고 밤이 되면 영지못의 물만 퍼올려가는 두레박 속에 재빨리 몸을 숨겨서 하늘로 올라가 그 선녀를 다시 만나 두 아이들과 함께 천상월궁(天上月宮)에서 전과 같이 부부로 행복하게 살았다한다.

　이 우의선녀의 전설은 외금강 만물상 천선대의 선경에 알맞는 소박하고 아름다운 전설이다.

⑤ 명승(名僧) 서산대사와 달승(達僧) 사명당

　지금으로부터 400여년 전 평안도 묘향산 보현사에는 사명당(四溟堂)이란 걸승이 있었다.

　사명당은 언제나 도술에 있어서는 자기가 조선 제일이라고 뽐내고 있었다. 그런데 금강산에 서산대사(西山大師)라는 호걸풍의 명승이 있다는 소문을 전해들은 사명당은 그를 한번 만나 도술로 이겨서 제자로 만들어야겠다는 생각으로 어느날 홀로 표현히 묘향산을 떠나 서산대사를 만나보기 위하여 금강산으로 향하였다.

　서산대사는 이를 미리 알고 어느날 갑자기 제자 한 사람을 불러 "오늘 묘향산에서 한 진객이 찾아 오고 있으니 네가 도중까지 마중을 나가보라"라고 부탁을 하였다. 그러자 그 제자가 매우 당혹하여 묻기를 "한번도 만나본 적이 없으니 마중을 나간들 어떻게 알아보겠습니까." 대사가 다시 말하기를 "그 사람은 시냇물을 역류(逆流)

시키면서 오고 있으니 곧 알 수 있을 것이다."라고 말했다.

기묘한 일도 다 있구나 여겨졌지만 아무튼 제자는 큰 스님이 시키는 대로 계곡을 따라 나있는 산길따라 마중을 나갔다.

얼마쯤 가다 살펴보니 알 수 없는 일이었다. 계천 시냇물이 거꾸로 역류하고 있지 않은가. 그리고 곧 한 스님이 오고있음을 알아볼 수 있었다. 이분이다 알아보고 그 스님에게 다가가 "마중나왔습니다"라고 넌지시 인사를 하였다.

사명당이 생각해보니 아무 소식도 없이 일부러 남몰래 잠행(潛行)하는 여행인데, 하물며 오늘 이곳에 오고있음을 아무도 알 턱이 없을 터인데, 또 이곳은 언제나 많은 수도승들이 드나드는데 나를 사명당으로 알아보다니 과연 서산대사란 자는 보통인물이 아니로구나, 시냇물을 일부러 역류시키면서 걸어와서 만나 문답하는 순간부터 기를 꺾으려 하였는데 이렇게 되고 보니 도리어 자기가 먼저 당하는 형편이었다. 그러나 사명당은 속마음의 놀라움을 감추고 태연히 아무렇지 않다는 태도를 지어 "수고가 많았소, 고맙소"라고 인사를 나누어 도리어 마중나올 것을 미리 알고 있었다는 듯이 유연하고 태연하게 마중나온 그 제자와 같이 장안사로 향했다.

장안사 근처의 만폭강과 황천강의 합류지점에서 황용담에 이르는 계류를 지금도 역류강이라 이름지어 부르는 것은 이 전설에 연유한 것이라 한다.

이윽고 사명당이 장안사에 도착하여 서산대사의 모습을 발견하자 먼저 날아가는 참새 한 마리를 날쌔게 잡아들고 서산대사 앞에 내밀며 "이 새가 살았는가 죽었는가"라고 물어보았다. 그때 마침 서산대사는 사명당을 맞이하기 위하여 문턱밖에 한 발을 내딛고 있던 찰나였다. 서산대사는 발을 멈추고 그 자리에 서서 "나는 지금 나가는가, 들어가는가"라고 반문하여 또 당하였다.

사명당은 비로소 파안대소하면서 초대면 인사를 청하였다.

방에 들어가 자리에 앉자 서산대사는 큰 물그릇 속에서 몇마리의 물고기를 잡아 사명당 앞에 늘어놓더니 "우리들은 승려이기 때문에 물고기는 먹어서 안되지만 먹었다 다시 살려놓는다면 하등의 지장이 없겠지요"라고 말하고는 서산대사는 살아있는 물고기를 먹기 시작하였다. 사명당도 뒤질세라 "그러면 소승도 먹어 보겠습니다"라고 서로 같이 먹었다.

잠시 후에 서산대사는 먹었던 물고기를 토해내서 다시 물그릇 속에서 헤엄칠 수 있게 살려냈다. 사명당도 지지 않으려고 따라서 물고기를 토해냈지만 그 물고기는

사명대사　　　　　　　　　　　　　　　서산대사

다시 살아나지 않았다.
　다음은 계란을 쌓아올리는 시합이었다. 사명당은 지상에서 위로 계란을 쌓아올려 갔다. 그러나 서산대사는 공중에서부터 아래로 계란을 쌓아 내려왔다. 그 신묘한 기술은 사람의 짓이 아니었다. 그러다보니 점심때가 되었다. "좋지 않은 국수지만 많이 드시지요"하며 내놓은 국수란 쇠로 된 바늘을 한 그릇씩 담은 바늘국수였다. 서산대사는 거침없이 바늘국수를 한그릇 맛있게 다먹었다. 그러나 사명당은 도저히 먹을 수가 없었다.
　여기서 드디어 명승과 달승의 도술의 우열이 판가름남으로써 사명당은 조선 제일의 도술명승의 자리를 서산대사에게 양보하고 그 제자가 되어 가르침을 받아 사사(師事)하게 되었다는 두 분 스님의 일화가 이렇게 전설화되어 전해 내려오고 있다.
　그후 서산대사와 사명당은 다같이 임진왜란때 승병대장으로서 많은 전공을 세워 호국불교의 본보기가 된 명승으로 이름나 있다.

금강산의 시문서화(詩文書畫)

　금강산의 경치가 너무나도 아름다워 예로부터 요산요수(樂山樂水) 자연을 즐기는 천하의 시인묵객들이 금강산을 찾아들어 그 빼어난 절경에 경탄하고 감동하여 모두 타고난 재능과 슬기를 다하여 시가(詩歌)와 기행문과 또는 서예와 산수 풍경화 등 많은 명작들이 전해 내려오고 있으니, 선현들의 대표적 작품을 통하여 그들의 눈과 마음에 비친 보다 정서적이고 시적(詩的)이며 자연예술적인 측면에서 금강산의 절경들을 다시 음미하고 살펴보기로 한다.

1. 시가(詩歌)

　금강산의 절경을 노래한 시가 작품 중에는 수많은 국문시가와 한문시들이 전해오고 있다. 금강산을 노래한 가장 오랜 국문시가로서는 우리나라 삼국시대(6세기말)에 창작된 향가 '혜성가(彗星歌, 웅천사 지음)'와 고려 말(14세기 초)에 안축(호 근재)이 지은 당시 유행했던 경기체가로 된 '관동별곡(關東別曲)'을 들 수 있다. 그러나 조선 16세기에 정철(鄭澈, 호 松江 1,536~1,593년)이 지은 가사 '관동별곡'이 금강산을 노래한 우리나라 대표적인 국문시가 작품으로 더욱 유명하다.
　송강의 관동별곡은 세계적 명승지로 이름 높은 금강산을 중심으로 한 관동일대의 아름다운 경치를 자랑스럽게 노래한 국문시가이며 금강산 탐승의 노정에 따라 내금강 만폭동으로부터 해금강 동해바다의 해돋이에 이르기까지 금강산 일대의 아름다운 절경을 순차적으로 펼쳐보인 기행시의 형태를 갖추고 있다.

　"행장을 다 떨치고 석경에 막대 짚어

백천동 곁에 두고 만폭동 들어가니
은 같은 무지개, 옥 같은 용의 초리
섯돌며 뿜는 소리 십리에 잦았으니
들을 제는 우뢰러니 보니난 눈이로다.
금강대 맨 웃층에 선학이 새끼치니
춘풍 옥저소리에 첫잠을 깨돗던지"
이렇게 금강산 만폭동의 아름다운 경치로부터 시작하여
어화 조화옹이 헌사로 헌시할사
날거던 뛰지마나 섯거던 솟지마나
부용을 꽂아난 듯 백옥을 묶었난 듯
동명을 박차난 듯 북극을 괴완난 듯
높을시고 망고대 외로울사 혈망봉
하늘에 추밀어 무삼말삼 사로리라
천만 겁이 지나도록 굽힐 줄을 모라난다
어와 너여이고 너 같안 이 또 있난가

개심대 고쳐올라 중향성 바라보며
만이천봉을 역력히 헤여하니
봉마다 매쳐있고 끝마다 서린기운
맑거던 깨끝치 말거나 깨끝커든 맑지나 마나
저기운 흩어 인걸을 만들고져
형용도 그지없고 체세도 하도 할샤

　이렇듯 내금강 정양사 진혈대에서 바라보이는 망고대, 혈망봉의 절승경개와 개심대에 올라 중향성을 바라보는 절경 등을 생동감있게 시적 화폭으로 아름답게 형상화하고 있다.
　이밖에도 17세기 말부터 출현한 잡가와 서민들이 노래한 국문시가들이 전해 오고 있으며 이 시기의 잡가와 가사는 금강산의 절경을 매우 활달하고 자유분방하게 표현하고 있는 것이 특징이라 한다.

금강산을 읊은 한문시로서는 신라 말기(9세기)의 최치원(崔致遠, 호 孤雲)으로부터 고려시대 후반기(13세기)의 전치유, 그리고 고려말(14세기) 이제현(李齊賢, 호 益齊) 등의 금강산시가 전해오고 있다.

    구룡폭포
천길 흰 비단필이 내리드리운 듯하고
만섬 진주알이 쏟아지는 듯하여라
        (원문생략)   최치원

    금강산
풀도 나무도 적게 난 번대머리에
구름과 노을을 반쯤 말아 어깨에 걸쳤도다
우뚝한 금강산아 너만이 홀로 밝고 깨끗해
살찐 산의 비대한 양을 비웃는 듯하구나
                전치유

    보덕굴
차가운 바람은 바위서리에 풍기고
골짜기에 담긴 물은 깊고 푸르구나
지팽이에 의지하여 벼랑을 바라보니
나는 듯한 처마는 구름을 탄 듯 하여라
                이제현

조선조 시기에 이르러서는 금강산을 탐승하는 많은 선비들에 의하여 한문시는 더욱 많이 창작되어 전해온다.

15세기 김시습(金時習, 호 梅月堂), 16세기 양사언(楊士彦, 호 蓬萊), 이이(李珥, 호 栗谷), 이경석(李景奭, 호 白軒), 송시열(宋時烈, 호 尤庵), 김병연(金炳淵, 호 김삿갓) 등이 금강산 한문시인으로 유명하며 그 대표적 작품들을 소개한다.

조선시대 초기의 명유시인(名儒詩人) 매월당 김시습(金時習)은 금강산의 그 빼

어난 절경에 감탄하여 오직 아연할 뿐이어서
"산에 올라서는 웃기만 했고,
물에 임해서는 울기만 했노라."
　登山而笑, 臨水而哭
라고한 처절한 시 한 수를 남겨 전한다.

산 위에 산이 있으니 하늘이 땅에서 나온 것이
물가에 또 물이 흐르니 하늘이 물 속에 있네
창망한 이내 몸이 아득한 공허 속에 있으니
나는 연하인(山水人)도 아니고 신선도 아니네
　山上有山天出地
　水邊流水水中天
　蒼茫身在空虛裏
　不是煙霞不是仙
　　　　　양봉래(楊蓬萊)

이 시는 금강산의 비경이 가도가도 산이요 물인데 청정절묘한 금강산의 선경에 도취되어 황홀한 정감에서 금강산을 떠나지 못하고 배회하는 심정을 잘 나타낸 시라 한다.

양봉래(楊蓬萊)의 이름은 사언(士彥), 별호는 원화(元化)라 하였는데 글씨를 잘 써 이조의 4대명필의 하나로 손꼽으며 금강산의 승경에 반해 오래도록 금강산 선경 속에서 거류하면서 금강산 곳곳에 많은 필적과 아울러 전설적인 일화를 남긴 바 있어 속칭 금강산 신선으로 통하는 인물이었다 한다.

하늘엔 백학이 나르고 그 아래 보루(寶樓)있는데
명월이 천지를 비추니 청량한 물기운 거치누나
푸른바다 그리며 은하수 물줄기는 폭포되어 떨어지고
흰구름 다시 돌아가니 옥같은 산용이 나타나는구나
봄철 도리(桃李)는 모두 주옥 같은 꽃을 피웠는데

천년 노송은 그 머리 오래도록 검었구나
자하주(신선주) 잔 가득이 마시고 한번 취해보니
이 세상 어드고 의지할 곳 없어 수심이 간간이 일어나는구나

  九霄笙鶴下珠樓
  萬里空明灝氣收
  靑海水從銀韓落
  白雲天入玉山浮
  長春桃李皆瓊蘂
  千歲喬松盡黑頭
  滿酌紫霞留一醉
  世間無地起間愁
      양봉래

하늘이 높고 땅이 낮은 것은 솔개나는 저 밖인데
옛날이 가고 지금이 오는 것이 낙조지는 저쪽의 일이네
마음껏 술취해서 옥피리 불어보니
고을사람들 아마도 신선이 논다 하오리

  天高地下飛鳶外
  古往今來落照邊
  大醉更敎吹玉笛
  邑人應喚是神仙
     주세붕(周世鵬, 호 愼齋)

이이(李珥, 호 栗谷)는 조선조 명종·선조 연간(1536~1584)에 문인정치가로 이름난 학자시인이며 일찍이 금강산에 들어가 그 품속에서 반년간이나 머물면서 금강산의 절승경개를 보고 느낀 시정으로 풍악행(楓嶽行)이란 제하에 300여 수의 장편시를 남겼으나 그 중 몇수를 소개한다.

일만하고도 이천봉
눈에 가득 청정세계인데
아지랑이 바람에 밀려나니
뾰족한 봉우리 청공에 솟았네
　　一萬二千峰
　　極目皆淸淨
　　浮嵐散長風
　　空冗據靑空

기이한 그 형상
어찌 다 기록하리
눈으로 보고도 입으로 말하기 어려워
만의 하나나 적어보네
　　奇形與異狀
　　記之終難悉
　　眼着口難言
　　漏萬譏掛一

머리 돌려 희게 빛나는 영마루 쳐다보니
열두 폭포수 비단을 드리웠네
발을 돌려 옛길 찾아드니
가는 곳마다 마음 흐뭇하구나
　　擧頭白嶺面
　　十二天神垂
　　回尋舊時路
　　到處皆可怡

발연 절벽을 대해보니
하늘의 조화로 갈고 닦았는데

한줄기 무지개 길게 뿜은 것은
그 밑의 맑고 푸른 연못 때문이라네

 鉢淵對絶壁
 天工所磨削
 一條噴張虹
 其底澄潭碧

조선 인조(仁祖)때 (17세기 중기)의 명재상 시인 이경석(李景奭) 호 백헌(白軒)의 금강산 시.

일평생 영동(금상산) 경치를 꿈으로만 그리며
홍진세상에서 어느덧 백두옹이 되었다오
이제야 참으로 좋은 경치 찾게되니
나의 오늘 이 길이 꿈속이 아닌가 두렵소

 夢想平生在嶺東
 紅塵空作白頭翁
 如今始得尋眞境
 還恐玆竹是夢中

한번 오기도 요행인데 두번기약 다시 있으리
오늘의 이 좋은 경치 뒷날엔 마음만 괴롭힐 것이
돌아가서 꿈을 꾸어도 이 길은 잊지 않으리
잠드는 그때마다 다시 찾아들게 되리라

 一來猶幸再何期
 勝景空勞別後思
 歸夢未應迷此路
 睡時還是更遊時

송시열 초상

이내 여생을 명산에서 살지 못해 한인 것이
걸음마다 뒤돌아보며 느릿느릿 간다
떠나는 날 동구에서 물소리 멀리 들려오니
유수도 다정한 것을 오늘사 알겠구나

  仙山恨未寄餘生
  步步回頭緩緩行
  谷口溪聲相送遠
  始知流水亦多情

17세기 후반 조선 효종(孝宗)때의 학자 송시열(宋時烈, 호 尤庵)의 금강산을 노래한 시.

산과 구름이 함께 희니
구름인지 산인지 그 모습 알 수 없네

구름은 돌아가고 산 홀로 서있으니
일만 이천 봉이구나
 山與雲俱白
 雲山不辨容
 雲歸山獨立
 一萬二千峰

산 중 해는 한나절이 되었는데
아침 이슬에 신발이 젖었구나
옛절에 이르러 보니 스님은 절에 없고
뜰에는 흰구름만이 가득하더라
 山中日午正
 草露濕芒履
 古寺無居僧
 白雲滿庭戶

신기한 봉우리 1만하고도 2천인데
바닷구름 날아가니 산봉들이 더욱 아름답구나
소시쩍엔 병에 싸여 못오고 늙어서 지금 구경하니
나혼자만이 이 산을 두고 백년 생애를 허송했구나
 一萬奇峰又二千
 海雲飛盡天嬋娟
 小時多病今來老
 孤負名山此白年

 저 유명한 천재 방랑시인 김삿갓(金笠, 이름 炳淵 1807~1863년)도 금강산을 보기전에는 금강산이 좋다하니 금강산에 가서 멋진 시를 한번 써보려고 평소에 시재를 아껴왔는데 막상 금강산에 이르러보니 그 빼어난 절경이 너무나도 아름답고 황홀하여 시가 쓰여지지 않았다는 기막힌 사연을 담은 자백시 한 수를 남기고서도 금강산

금강산의 시문서화 75

이 좋아 그 후 평생에 열번도 더 금강산을 찾아들어 수많은 금강산 명시와 일화를 남겼다.

그 대표적인 명시 몇수를 소개한다.

입금강산(入金剛山)
글 쫓다 백발되니 칼도 이미 다 무뎌
천지는 무궁해도 사나이 한(恨) 서려있다
장안의 좋은 술 한말도 더 들이키고
가을날 다 낡은 삿갓 쓰고 금강산 찾아왔네
　　書爲白髮劒斜陽
　　天地無窮一恨長
　　痛飮長安紅一斗
　　秋風簑笠入金剛

이렇게 김삿갓이 금강산을 찾아 들어가는데 옥류동(玉流洞) 어귀에 이르러 심산유곡에서 흘러내리는 맑은 계류보고 우선 시 한수

나는 청산을 향하여 가는데
녹수야 너는 어이 내려오는고
　　我向青山去
　　綠水爾何來

우뚝 우뚝 뾰족뾰족 하도 기이하여
사람도, 신선도, 귀신도, 부처님도 모두 놀라누나
내 평생 금강산을 아껴서 시를 쓰려 하였는데
막상 금강산에 와서보니 내 어찌 감히 시를 지으리오
　　矗矗尖尖怪怪奇
　　人仙神佛共堪疑
　　平生詩爲金剛惜

及到金剛不敢詩

소나무 소나무 잣나무 잣나무
바위 바위 돌아 드니
물물 산산 가는 곳 마다
천하에 기이한지고
　松松柏柏岩岩廻
　水水山山處處奇

이 짧은 시는 금강산을 표현하는데 있어 두말할 나위없이 절묘한 명시로 손꼽히고 있다. 금강산을 가보지 않은 사람들도 이 시 한편에서 금강산의 모습을 화안히 상상하고 조감할 수 있기 때문이다.

금강산(태산)이 있고 나서 북녘하늘 없어라
동해바다 앞두니 동녘땅 다했어라
다리아래 이르니 동서남북 금강산길
지팡이 머리끝에 아! 1만2천봉
　泰山在後天無北
　大海當前地盡東
　橋下東西南北路
　杖頭一萬二千峰

우뚝 우뚝 치솟고 쭉쭉솟은 금강산
하늘 높이 치솟은 산봉우리 1만2천인데
마침내 평지에 내려와서 다시 바라보니
사흘밤을 청천하늘에서 잣더라
　矗矗金剛山
　高峰萬二千
　遂來平地望

三夜宿靑天

푸르고 푸른 길따라 구름속으로 들어가니
저앞에 누대 있어 시객의 지팡이 멈추게 만드누나
흰눈처럼 뿜어 날리는 폭포수는 용의 조화냐
산봉우리 천봉인데 깎아 꽂침은 칼쓰는 신령님의 조화이더랴
선경의 흰새는 몇천년 늙은 학인데
산골짝 푸른 나무는 삼백길 큰소나무로고
스님은 봄잠에 겨운 길손의 곤함을 알지 못하고
무심타 날로치는 종 바삐 두들기누나
    綠靑碧路入雲中
    樓使能詩客住筇
    龍造化吞飛雪瀑
    劒精神削揷天峰
    仙禽白幾千年鶴
    澗樹靑三白丈松
    僧不知吾春垂惱
    忽無心打日邊鍾

강호에 떠돌이 또 가을 만났으니
시벗과 짝을 맺어 금강산 절에서 만났다
이웃동네 사람들도 모두와서 물그림매 더 짙고
옛절의 스님들도 모두가니 흰구름만 떴어라
삼생의 소원이던 금강산 선유놀이 조금 푸니
술을 드세나 온갖근심 모두 사라지네
맑은 정감 헤아려잡아 감나무 잎에 시를 쓰고
누운채 서쪽 뜰에 빗소리 깊음을 듣는다
    江湖浪跡又逢秋
    約伴詩朋會寺樓

小洞人來流水暗
古龕僧去白雲浮
薄遊少答三生願
豪飮能消萬種愁
擬把淸懷書栭葉
臥聽西園雨聲幽

정조때 문인인 박제가(朴齊家, 호 楚亭)의 금강산 시

지팡이 옮겨서 하루에 한봉우리씩 오른다 해도
무려 백년의 3분의 1이 걸려야 한바퀴 돌게 된다네
  移筇一日一峰頭
  百歲三分始一週

소개하고 싶은 선현들의 금강산 시가 더 많이 있으나 다하지 못하고 다음 탐승 코스 현장 기술에서 보다 실감나게 소개하기로 한다.

2. 북녘의 금강산 노래

아름다운 금강산이 지금 북녘에서는 어떻게 읊어지고 있을까.

"아침해가 뜨는 나라 산좋고 물맑아
금강산이 솟았으니 천하의 절승일세.
로동당의 밝은 햇빛 이 강산에 넘치어
일만이천봉 봉마다 무지개가 비꼈네"
만수대 예술단의 노래집에 들어있는 가사 일절

      금강산타령(일부)
천하명산 어드멘고 절승경개 구경갈제
동해끼고 솟은산이 일만이천 봉우리라

구름인양 솟아있어 금강산이 분명쿠나

만폭동 구경하고 명경대에 다리쉬여
망군대로 올라가니 바다위에 어린꿈이
오고가는 구름뿐이라(……)

비로봉이 장엄쿠나 만악천봉이 절하는 듯
머리 숙여 굽어보니 구만장천에 걸린폭포
은하수를 기울인 듯 날아내려 삼천척은
이를두고 이름인가
해금강 총석정에 죽장놓고 앉았으니
창파에 나는 백구 쌍거쌍래 번거롭다
봉래 방장 영주산을 구름밖에 솟았구나

　　　　금강산타령 2
1. 산도 좋고 골도 깊다.
   그늘마다 머루 다래
   줄줄이 쌍쌍 줄줄이 쌍쌍
   열렸구나 피었네 열렸구나 피었네
　　　　(후렴)
   에헤야 에루아 산이로구나
   이산 저산 다버리고 강원도 금강산이로구나

2. 비로봉에 달을 보니
   안개속에 솟아온다
   무지개 쌍쌍 무지개 쌍쌍
   손질하며 날 부르네 손질하며 날 부르네
　　　　(후렴)

　　　　　금강산 아리랑
　　　　　（전렴）
아리랑 아리랑 아라리요
아리 아리랑 고개로 나를 넘겨나 주소
강원도 금강산 일만이천봉 팔만구암자
법당 뒤에다가 산재불공을 말구
아닌 밤중에 가신손님 네가 괄세를 말라
　　　　　（후렴）
아리랑 아리랑 아라리요
아리 아리랑 고개로 나를 넘겨나 주소

　　　　　금강산 도라지
도라지 도라지 도라지
강원도 금강산의 백도라지
한두 뿌리만 캐여도
대바구니에 스리슬슬 다 넘누나
에헤요 에헤요 에헤요
어야라 난다 지화자자 좋네
네가 내간장 스리슬슬 다 녹인다

3. 금강산의 명문(名文)

예부터 명산 금강산을 소개한 기행문이나 저술들이 다수 있었으나 명문을 후세에 남겨서 전해오는 탐승기의 작가로서는
　14세기 고려 후기 가정 이곡(稼亭 李穀)의「동유기(東遊記)」
　15세기 조선초기 추강 남효온(秋江 南孝温)의「금강산기(金剛山記)」
　16세기 조선조전기 송강 정철(松江 鄭澈)의「관동별곡(關東別曲)」, 이이(栗谷 李珥)의「풍악행(楓嶽行)」
　17세기 조선 중기 백헌 이경석(白軒 李景奭)의「풍악록(楓嶽錄)」,

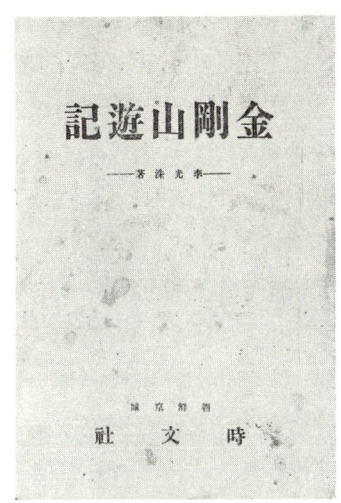

이광수 저술의 「금강산유기」

17세기말 조선 중기 농암 김창협(農巖, 金昌協)의 「동유기(東遊記)」.
18세기초 조선 후기 법종 허정의 「유금강록(遊金剛錄)」.
19세기 중엽 조선 말기 송람 전홍관의 「금벽록」.
19세기 후기 조선 말기 어당 이상수(李象秀)의 「동행산수기(東行山水記)」.
20세기 육당 최남선(六堂 崔南善)의 「금강예찬(金剛禮讚)」, 춘원 이광수(春園 李光洙)의 「금강산 유기(金剛山遊記)」, 정비석(鄭飛石)의 「산정무한(山情無恨)」 등이 유명하다.

옛사람들의 금강산 탐승기는 대개 내금강, 외금강, 해금강의 탐승길과 아름다운 명소들을 자세히 소개하고 금강산의 절경들을 생동감있게 묘사하고 있다. 그러므로 이 기행문들은 해당시기의 탐승노정과 명소들의 이름, 연혁을 밝히는데 귀중한 역사적 자료가 되고 있다.

최남선의 「금강산 예찬」에서 일절을 적어보면,

금강산은 조선인에게 있어서는 풍경가려(風景佳麗)한 지문적(地文的) 현상일 뿐만 아닙니다.
실상 조선심(朝鮮心)의 물적표상, 조선 정신의 구체적 표상으로 조선인의 생활

문화 내지 역사에 장구(長久)코 긴밀한 관계를 가지는 성적(聖的) 존재입니다. 옛날에 생명의 본원(本源) 영혼의 귀지처(歸止處)로까지 생각되고 근세까지도 허다한 예언자의 전당(殿堂)이 된 곳입니다. 이렇게 국민정신 민족정신의 최고대상이 된 금강산은 자연히 가장 융숭한 예수(禮數)와 경건한 귀의(歸依)를 조선인에게 받았었습니다.

4. 금강산 명서(名書 — 名筆)

예부터 금강산을 찾아든 탐승객들이 자기 이름 3자나 또는 소망(所望)의 말들을 바위에 새겨서 천하명산에 오래도록 남기고 싶은 심정에서였던지 금강산 도처의 너럭바위나 또는 우뚝선 바위 벽에 각자(刻字)하여 새겨놓은 수많은 고금(古今)의 크고 작은 온갖 형태 여러모양의 필적들을 볼 수 있거니와 금강산 여러곳 중에서도 내금강 만폭동 계곡과 외금강 옥류동 계곡이 더욱 심하다.

그중에는 예부터 당대의 명필들이 남겨놓은 유명한 대자필적(大字筆蹟)도 있다. 그 대표적인 명필로서는 특히 조선 4대명필 중의 하나로 손꼽으며 금강산 신선(神仙)으로 통하는 16세기 양봉래의 필적인 만폭동계곡 원화동 입구의 광대한 암반위에 큰 글씨로 새겨진 (蓬萊楓嶽 元化洞天 '봉래풍악 원화동천')의 8대자가 명필 걸작으로 유명하다.

그후 17세기말에 대표적 금강산 탐승기를 쓴 농암 김창협은 이 8대자에 대하여 그가 쓴「동유기(東遊記)」에서 말하기를 "용이 잡아채는 듯 사자가 할퀴는 듯 글씨가 풍악의 기세와 더불어 웅대함을 다투고 있다" 이렇게 금강산에 어울리는 그 웅대한 필치를 극찬하고 있다.

또 근세의 명필로 이름난 해강 김규진(海岡 金圭鎭)의 구룡폭포 앞의 산복(山腹) 대암벽(大岩壁)에 새겨진 초대각자(超大刻字) 彌勒佛 (미륵불)의 종서 3대자와 아울러 만폭동 진주담 명승위의 큰 암반에 새겨진 天下奇絶 法起菩薩 (천하기절 법기보살)의 2행 종서 대자등이 가장 유명하다.

금강산의 시문서화 83

우리나라 3대 명폭중에서도 으뜸폭포 구룡연의 대각자(미륵불)

5. 금강산 명화(名畵)

예부터 유명 무명의 많은 화가들이 금강산을 찾아들어 천하명승의 경치를 제각기 타고난 재능과 슬기를 다하여 정성껏 그려서 그들의 화폭에 담았다.

15세기 조선 초기 화가 배련(裵連)의 금강산도(金剛山圖), 16세기 이정(李禎 호 懶翁)이 장안사 벽에 그린 산수도(山水圖) 등 많은 금강산 풍경화들이 있었다고 전하나 이 금강산도들은 현재 실물이 전하고 있지 않다.

그러나 현재까지 그림이 전해오는 유명한 금강산 산수화로는 18세기 이후의 화가들에 의한 작품들이다.

18세기초 겸재 정선(謙齋 鄭 敾)의 금강전도(金剛全圖, 국보 127호, 호암미술관 소장)가 가장 우수한 대작으로 손꼽히며 같은 시기의 기암 최북(箕庵 崔 北)의 금강산도(金剛山圖, 개인소장), 금강산 표훈사.

18세기 중엽, 서암 김유성(書巖 金有聲)의 금강산도(金剛山圖, 일본 靑具寺 소장)

18세기 후기, 복헌 김응환(復軒 金應煥)의 금강전도(金剛全圖, 개인소장) 고송 김인문(古松 金寅文)의 단발령망금강도(斷髮嶺望金剛圖, 개인소장)

18세기 말, 단원 김홍도(檀園 金弘道)의 금강산도(金剛山圖)

20세기초, 소림 조석진(小琳 趙錫晋)의 구룡연(九龍淵)과 벽파담(碧波潭)

20세기초, 심전 안중식(心田 安中植)의 명경대(明鏡台)와 옥류동(玉流洞)

20세기 관재 이도영(貫齋 李道榮)의 외선담(外船潭) 등이 금강산도 중의 걸작으로 이름나 있다.

조선시대 진경산수(眞景山水)의 가장 중요한 소재는 금강산이었다. 더욱이 당시의 문인묵객들은 거의 모두가 한번쯤 금강산을 다녀와야만 하는것 처럼 여길 정도였음을 당시 문집들을 통하여 알 수 있다.

이러한 금강산 유람의 유행은 이루 헤아리기 어려울 정도로 수많은 금강산 시화(詩畵)를 남겼는데, 특히 화가로서 금강산화첩(金剛山畵帖)을 꾸민 이는 18세기초, 진재 김윤겸(眞宰 金允謙)의 금강산화첩(金剛山畵帖), 18세기 후기 단원 김홍도의 금강산사군첩(金剛山四郡帖), 18세기 말 표암 강세황(豹庵 姜世晃)의 금강산화첩(金剛山畵帖), 19세기초 지우재, 정수영(之又齋 鄭遂榮)의 해산첩(海山帖) 등이 유명하다.

위 금강산 그림들에는 기암절벽으로 이루어진 봉우리들, 물안개를 일으키며 장쾌하게 떨어지는 폭포수, 맑고 푸른 물을 담뿍 담고있는 담소, 절벽 바위틈에 뿌리박고 사나운 비바람을 맞으면서도 억세게 자라는 소나무들로 절승경개를 이룬 금강산

금강산의 시문서화 85

국보제127호인 정선의 금강산전도

절묘한 명소들의 아름다운 풍체가 부드러운 담채화로 재치있게 묘사되어 있다. 더욱이 시기의 화풍은 선명하고 간결한 한국화 고유의 화법으로 표현하여 진경산수의 친근감을 잘 나타내고 있다.

그리고 19세기~20세기에 걸쳐서 일본(日本)의 유명 화가들, 히라후꾸(平福百穗), 다까지마(高島北海), 야마우찌(山內多門), 하시모도(橋本關雪), 고무로(小室翠雲), 다까기(高木背水), 가또(加藤松) 등 화백들이 금강산을 소재로 많은 산수화를 그려서 금강산을 일본에 널리 소개 하였다고 전한다.

말년에 금강산을 찾아본 일본의 어떤 화가는 이런 말을 남기고 있다.

"자기는 일본화의 산수화를 그릴 때 마음껏 기발한 바위산을 그려보고 싶어도 이러한 절묘한 암산은 있을 수 없으니 실재하지도 않은 산수의 절경을 너무 과장된 상상으로 그렸다가는 사람들의 웃음거리가 될 것으로 생각하고 양심상 주저하여 마음껏 붓을 놀리지 못하였는데, 지금 금강산을 목격하고 보니 오직 아연자실할 뿐 무슨 주저할 것이 있었던가.

절묘한 기암괴석과 준봉들이 눈앞에 전개되어 모두가 기괴절묘할 뿐이어서 입이 벌어진 채 담을 수조차 없으니 이러한 절경이 있는 줄 일찍 알았던들 좀더 마음껏 대담하게 그렸을 것을 아니 아무리 대담하게 그렸다 해도 오히려 이 진경(眞景)의 절묘함을 따를 수는 없었을 터인데, 이제 와서 후회한들 무슨 소용이 있겠는가"라고 크게 탄식하였다 한다.

그동안 북녘에서는 금강산풍경 그림의 많은 걸작들이 나왔을 것으로 여겨지며, 앞으로 금강산길이 열리게 되는 날이면, 남쪽의 그많은 한국산수화 대가들이 몰려가 더욱 많은 금강산 진수산경의 명작들이 쏟아져 나올 것으로 기대해 본다.

근세에 뛰어난 진경산수화가로 소정 변관식의 많은 금강산 그림은 힘이 넘치는 필치로 산과 신선 같은 인물이 우리를 선경으로 바로 끌어들이고 있다.

힘이 넘치는 소정 변관식의 외금강 삼선암

제 2 장
금강산 탐승코스

금강산은 1만2천을 헤아린다는 수많은 봉우리들이 천태만상의 기암괴석으로 이루어져 있고, 수십 수백의 계곡들이 이르는 곳 마다에 수정 같은 맑은 물이 흘러 내리면서 폭포와 담소와 급류와 심연을 이루고 있어 끝없이 펼쳐지는 괴기웅장한 산악미와 함께 수려한 계곡미를 자랑하고 있다.

그뿐 아니라 더욱 해금강의 절경을 끼고 있어 바다의 아름다움도 같이 지니고 있고 또 특유한 기후 풍토로 말미암아 다양한 동식물의 서식 낙원지로서 철따라 날씨따라 변화무쌍하고 무궁무진한 산수를 펼쳐 나가고 있다.

이러한 산수명승의 빼어난 특징들로 하여 금강산은 예부터 우리민족의 숭앙과 사랑을 받아 왔으며, 더욱 세계적으로 널리 알려진 명산으로 이름나 있다.

금강산의 수많은 봉만(峰巒)과 계곡들의 명승은 크게 외금강, 내금강, 해금강으로 구분하며 편의상 다시 그 탐승 코스를 세분하여 외금강구역 10코스, 내금강구역 5코스 해금강구역 3코스 등 모두 18코스로 나누어 설명하기로 한다.

1. 외금강(外金剛) 탐승 코스

외금강은 금강산의 최고 주봉을 이루고 있는 비로봉(1,639m)을 중심으로 하여 북쪽으로 옥녀봉(1,424m), 상등봉(1,227m), 온정령(858m), 오봉산(1,264m), 선창산(1,226m) 등을 연결하는 주능선과, 남쪽으로 월출봉(1,574m), 일출봉(1,552m), 안무재령(1,275m), 차일봉(1,528m), 백마봉(1,510m), 외무재령(1,197m), 호룡봉(1,403m)으로 이어지는 주능선이 남북으로 길게 뻗은 중앙 종주산맥 동쪽 지역으로서 동해안 해금강과의 사이에 펼쳐진 넓은 명승구역을 말한다.

외금강에는 한하계 계곡, 옥류동 계곡, 동석동 계곡, 발연동 계곡, 천불동 계곡, 송림동 계곡, 효운동 계곡, 만경동 계곡 등 많은 계곡과 만물상, 관음연봉, 채하봉, 집선봉, 세존봉, 은선대, 칠보대, 미륵봉 등 많은 명산 준봉들이 천태만상으로 분등중첩(奔騰重疊)하고 변화무쌍하여 수많은 절경과 명승을 일구어 놓았으니 그 신비한 절승의 경관미는 형상조화의 극치라 하였다.

병풍을 둘러 친 듯한 집선 연봉

외금강 경관의 특색은 수많은 명승이 천태만상으로 기발하면서도 산세가 매우 웅위장엄(雄偉莊嚴)하여 영산의 드높은 기상이 넘쳐 흐르는 남성적 장관미에 있다 하겠다.

온정동은 외금강 탐승의 관문일 뿐만 아니라 금강산 전체 탐승의 중심기지로 되어 있다. 동해안의 장전만(長箭滿)가에 위치한 고성군 소재지로부터 남쪽으로 8킬로미터 거리에 온정동이 자리잡고 있다.

온정동은 이곳에 온천이 있는것으로 하여 생긴 이름이며, 그 주위를 살펴보면 북쪽에 대자봉(362m), 바리봉(658m), 매바위봉(255m), 서쪽에 하관음봉(458m), 남쪽 문필봉(337m), 닭알바위산(213m) 등 기암준봉들에게 북, 서, 남쪽이 모두 중중첩첩으로 마치 병풍처럼 둘러싸여 있고, 서북쪽 한하계에서 흘러내리는 온정천 맑은 시냇물이 시내 한복판으로 흐르고 있으며 시냇가와 그 주위에는 흥겹게 늘어진 소나무, 잣나무들의 노송림과 어울리어 산수의 자연환경이 빼어나 그것만으로도 매우 아름다운 승경지를 이루고 있다.

더구나 시내 한복판에 방사능을 약하게 띤 '라돈천'이 37도~44도 정도의 알맞는 온도를 유지하는 온정온천이 있어 온정동은 온천 휴양지로서 예부터 유명하며, 더욱이 지금은 금강산 혁명사적관, 근로자들의 휴양소, 각급 호텔여관, 유원지관리소, 유원지상점, 편의봉사시설 등 각종 관광휴양 시설들이 금강산의 자연풍경에 알맞게 곳곳에 세워져 있어 온정동은 명실공히 금강산 탐승의 중심적 기지가 되고 있다.

외금강 코스는 다음과 같이 10개 코스로 나누어진다.

1) 한하계-만물상 코스
2) 옥류동-구룡연-비로봉 코스
3) 동석동, 세존봉, 채하봉 코스
4) 발연소 계곡 코스
5) 수정봉, 바리봉 코스
6) 천불천 계곡 코스
7) 선창계 계곡 코스
8) 송림동, 성문동 계곡 코스
9) 효운동-칠보대 코스
10) 만경동-미륵봉코스

최근의 온정동

한하계 - 만물상 코스

한하계, 만상계, 만물상

　만물상 코스는 구룡연 코스와 더불어 외금강 탐승의 주요 주간코스이며 여기에다 내금강 만폭동(萬瀑洞) 코스를 합하여 금강산의 대표적 삼대 탐승 코스로 손꼽는다.

　만물상 코스는 금강산 여러 절경중에서도 깎아지른 충암절벽과 온갖 형상을 나타내는 기암괴석들로 특이한 경치를 보여주는 만물상을 비롯하여 한하계, 만상계 등 명승지역들을 안고있다.

　금강산 탐승의 기지 온정동에서 온정령으로 통하는 도로를 따라 올라가면 한하계, 만상계와 그 주변의 이름난 곳들을 보면서 만상정(萬相亭)에 이르러 오른쪽으로 꺾어 만물상 입구에 들어서게 된다.

① 한하계(寒霞溪)

　세지봉과 잇달린 문주봉, 수정봉 줄기와 관음연봉 줄기 사이에 이루어진 계곡을 한하계라고 한다.

　한하계는 금강산 여러 계곡들 중에서도 골안의 폭이 가장 넓고 환히 트인 곳으로 그 이름과같이 찬 안개가 낀 골안에는 맑고 시원한 온정천의 풍부한 계천물이 바위와 부딪치며 어울려 흐르고 계곡 우측에는 수려한 수정봉과 문주봉이 솟아있고 좌측에는 기세차고 장엄한 관음연봉들이 높이 솟아있는데 양쪽 산록에는 온갖 활엽수 잡목들이 울창한 수림을 이루고 있어 심산유곡의 유적(幽寂)한 풍취를 풍겨준다.

　관음연봉(觀音連峰)은 금강산 남북 주능상에 있는 상등봉(1,227m)에서 동쪽으로 온정동을 향하여 길게 동주하여 만상계 및 한하계와 옥류동 계곡을 갈라놓은 큰 가지능으로서 그 길이가 10여 킬로미터에 달하며 또 능선상에는 수백 수천의 준봉기

한하계-만물상 코스 95

◉ 산행코스
온정동──── 육화암──── 만상정 ──── 삼선암 ──── 천선대 ──── 망양대
▶ 거리 약 10km(왕복 20km), 약 8시간

암들이 중첩하여 수려장엄한 장관을 이루고 있다.

　이 관음봉의 유래를 살펴보면 관음연봉의 동쪽 말단이 되는 한하계 입구의 근처 암봉상에 관음상을 닮은 큰 바위가 버티고 솟아 정좌하고 있기 때문에 부르게된 이름이며, 이 거대한 관음좌상은 천불동의 천신암과 더불어 금강산중의 쌍벽을 이루는 천연조각으로서 금강산의 대표적 명조암(名彫岩)으로 이름나 있다.

　또 이 근처에는 그 모양에 따라 곰바위, 대포바위, 개바위, 거북바위, 개구리바위 등 다수의 기암괴석들이 널려 있다.

　온정동에서 육화암까지의 약 6킬로미터 구간의 계곡을 한하계라 부르며 도중에 볼 만한 곳으로서는 온정동에서 출발하여 약 2킬로미터 지점에 문주담 맑은 소가 있고, 또 문주담에서 2.5킬로미터 지점에 좌측으로 관음폭포(觀音瀑布)가 높이 걸려 있다.

　이 폭포는 관음연봉의 높은 산복 중턱에서 낙하하는 높이 37미터, 너비 4미터의 폭포로서 심산협곡에 걸려있어 가까이 접근하기 어려워 오히려 멀리서 바라보는 것이 좋다.

　수량은 많지 않으나 그 형상이 여체를 닮은 기괴한 모양을 하고 있다 하여 예부터 일명 음폭(陰瀑)이라 불려오기도 한다.

　폭포 밑에는 자그마한 소가 있고 물속에는 산천어가 놀고있어 더욱 신선하다. 온정동에서 6킬로미터 지점인 육화암 평평한 지대에는 휴식터가 마련되어 있고 북쪽 언덕진 전망대 바위위에 '六花岩(육화암)'이라는 글자가 새겨져 있다. 그러나 육화암은 이 바위 자체를 가리키는 것이 아니고 건너편 상관음봉 줄기의 바위벽이 마치 여섯모로 된 흰 눈꽃으로 보이기 때문에 붙여진 이름이다.

　눈꽃바위의 길이는 100여 미터나 되어 마치 병풍을 둘러친 것 같고 모양이 모가 난데다 바위색이 흰빛이여서 달빛이 비쳤을때는 6모 흰눈꽃처럼 보인다는 것이다. 육화암 서쪽 맞은편에는 부처모양의 상관음바위가 보이고, 우측 문주봉 중턱에는 마치 쭈그리고 앉은 범모양의 범바위가 있다.

② 만상계(萬相溪)

　육화암에서 상류쪽 계곡을 만상계라 부르며 만상계에 접어들면 좌측 상관음봉 절벽밑에 힘센 무사모양의 높이 10여 미터의 '장수바위'가 보이고 이곳에서 경사지고

설중 관음연봉과 관음폭포

굽이진 길을 따라 오르면 계곡이 차츰 높아지면서 계곡 양쪽에 험준하고 수려한 산봉들이 더욱 가까이 다가온다.

오른쪽 세지봉(1,041m) 줄기에는 여러가지 물형으로 된 기암괴석들이 수없이 연이어 있어 만물상 경관의 시작을 알려준다. 그중에서도 동자바위, 촛대바위, 낙타바위, 망아지바위, 말바위들이 기묘한 모양을 하고있어 유명하다.

육화암에서 약 2킬로미터 지점의 만물상 남쪽 입구에 만상정(萬相亭)이 자리잡고 있다. 만상정은 아름다운 자연풍취 속에 둘러싸인 휴식각으로서 만물상 탐승의 관문이 되고 있으며 만상정 옆에는 시원하고 물맛이 좋아 그물을 마시면 무병장수한다는 샘물 "만상천(萬相泉)"이 있다.

그리고 만상정 부근을 '네거리'라고 부르는 것은 이곳에서 길이 온정동, 만물상, 온정령으로 통하고 또 개울건너 상등봉으로 가는 갈림길 네거리의 교통요지가 되기 때문이다.
 만상정에서 서북방향으로 2킬로미터쯤 오르면 온정령(溫井嶺·857m) 마루에 이르게 되며, 온정령은 고성군과 금강군, 그리고 외금강과 내금강을 연결하는 고개로서 자연 명승지로도 손꼽히는 곳이다. 온정령 산길은 백여섯 굽이나 되는 가파른 고갯길이지만 오를수록 전망이 트이면서 가슴이 시원해지는 이름난 산길이다.
 그리고 온정령의 동서쪽 원시림 지대는 금강산의 식물상을 대표하는 하나의 자연식물원을 이루고 있으며 봄, 여름, 가을 할것 없이 아름다운 꽃들이 피고 지고 가을 단풍이 붉게 불타 오르는 온정령 고갯길은 참으로 아름다운 영마루 길이며 겨울철 눈쌓인 설령(雪嶺)길도 장관이다.

③ 만물상(萬物相)

 만상정 뒤쪽 높고 높은 벼랑 사이로 금강제일승(金剛第一勝)인 만물상으로 들어가는 길이 있다. 그 입구는 마치 문짝과 지붕이 없는 대문과 같아 이것을 만물상대문이라고도 한다. 이곳에서 우측 산능선을 올려다 보면 "무사바위"가 마치 만물상을 지켜선 수문장같이 서있고 또 곧 왼쪽에 하늘을 찌를 듯이 삼선암 세 봉우리가 높이 솟아 늘어서 있다.
 삼선암으로 오르는 왼쪽 급한 벼랑길을 오르면 정성대가 나온다. 정성대에 올라서면 서남쪽으로 상등봉(上登峰·1227m)의 산줄기들과 계곡들이 시원하게 바라다 보이고 동북쪽으로는 오봉산(五峰山·1264m)과 세지봉 줄기에 촘촘히 늘어선 만물상 기암괴석들의 일대장관을 보게 된다.
 정성대에서 눈앞에 다가선 삼선암은 더욱 거창하여 보는 사람들을 위압하는 듯하다. 삼선암은 키순으로 정연한 배열을 지어 서 있으며 키가 큰 상선암은 그 높이가 75미터나 되는 암봉이다. 그 건너편에 바위 하나가 벼랑 위에 외따로 솟아 있는데 이것이 독선암(獨仙岩)이다.
 이 바위는 옛날에 네 신선이 금강산에 내려와서 장기를 두었는데 그중 한 신선이 훈수를 너무 많이 하다가 미움을 받고 밀려나서 외로이 떨어져 있게 되었다는 전설이 깃들어 있다.
 또 삼선암 서북쪽에 둥그런 돌 하나를 머리에 이고선 봉우리 같은 바위 하나가 우뚝 솟아 있는데 그 얼굴 모양이 험상궂다 하여 귀면암(鬼面岩)이라 부르는데 귀면

만물상의 입구 삼선암

암은 그 험상궂은 얼굴로 위엄을 과시하며 마치 수문장처럼 부동의 자세로 만물상의 정기를 지키고 서있다.

　삼선암과 귀면암 등 기암괴석으로 이루어진 그 거대한 암봉들의 바위 틈새에도 소나무, 잣나무, 단풍나무, 산벚나무, 진달래 등 각종 식물들이 뿌리를 내리고 서로 어울리어 멋지게 자라서 봄이면 꽃을 피우고 가을이면 단풍 지면서 돌산을 아름답게 치장하고 있어 비경의 운치를 한결 더해 주고 있다.

이곳을 전에는 구만물상이라 불렀는데 이곳에서 북쪽 협곡으로 툭 트인 하늘을 암봉들 사이로 올려다 보면 자백색(紫白色)으로 찬연히 빛나는 천녀(天女), 우의(羽衣), 천진(天眞), 세지(勢至) 등 만물상 연봉들의 신비롭고 황홀한 선경들이 펼쳐져 보임으로 만물상입구에서 부터 벅찬 감동으로 마음을 사로잡는다.

구만물상의 비경을 감상하고 나서 다시 천녀봉 줄기와 세지봉 줄기 사이에 흐르는 천선계 협곡을 따라 오르면 오른쪽 세지봉 줄기에 곰, 독수리 등 여러가지 모양의 기암괴석들이 보이고, 왼쪽에는 7층으로 된 거대한 칠층암이 있으며 좀더 오르면 오른쪽에 절부암(切斧岩)이라는 기묘한 바위가 있다. 골짝 암반길을 따라 절부암을 지나면 급히 경사진 오르막길로 접어들게 되는데 여기서 잠깐 멈추어서서 동쪽 세지봉 줄기를 바라보면 이름지어 붙일 만한 기묘한 바위들이 수없이 많아 오리, 두더지, 병아리, 닭, 토끼 등 사람이 뜻을 두는데 따라 각종 모양으로 변하는 기묘한 바위들이 연이어 나타나 그 신기함을 이루 다 말할수 없을 지경이다.

다시 발걸음을 옮기면 한참만에 경사도 70, 80도나 되는 급한 오르막이 앞을 막는다. 여기가 만물상의 '안사자목'이다. 그 정점이 안심대(安心台)인데 아래 위가 모두 절벽 벼랑바위여서 정신이 아찔할 지경이지만 벼랑턱이 마치 말안장같이 생겼음으로 몇사람이 앉아서 쉴 만하다.

이곳에 올라서면 마음이 놓인다 하여 안심대라고 하였다. 안심대에서 잠시 숨을 돌리며 주위 만물상을 살펴보면 여기에는 사람들이 이름지어 부를수 있는 모든 물체들을 거의다 찾아볼수 있다. 그러므로 옛날 사람들은 만물상을 두고 하느님이 만물을 창조할때 먼저 시험삼아 초잡아본 표본이라는 뜻에서 만물초(萬物草)라고 불렀다. 만물상은 천하명승 금강산 절경 중에서도 으뜸가는 기기묘묘한 바위의 집결체로서 절묘하기 이를 데 없는 비경이라 하였다. 그래서 옛날에 이곳을 찾았던 어느 한 사람은 만물상의 절경을 보고 "바위가 날카롭고 가파르기 그지없다. 올라갈수록 기괴한 봉우리와 놀란 바위가 무리로 사람에게 대든다. 경쾌한 놈은 날 듯하고 뾰족한 놈은 꺾일 듯하고 빽빽이 선 놈은 서로 친밀한 듯하고 살찐 놈은 둔한 것같고 여윈 놈은 민첩한 것같은 그 천태만상을 이루 형언할 수 없다."고 한탄하였다.

굽어보면 골안마다 소나무, 잣나무, 단풍나무들이 듬성듬성 서있고 그 사이사이에

만물상의 수문장 귀면암

온갖 활엽수들이 섞여 자라면서 봄철에는 온갖 꽃이 만발하고 가을에는 온산을 붉게 물들이는 오색 단풍속에 흰바위들이 우뚝우뚝 솟아 빛나 말할수 없이 아름다운 화폭을 펼쳐준다. 여기에 흰구름과 안개라도 서로 엉키고 설켜 돌아갈 때면 그 경관 풍취가 더욱 신기하고 절묘하여 황홀하다.

안심대에서 오른쪽으로 계단을 내려가면 망양대(望洋台)로 가는 갈림길이 있고, 왼쪽으로 계속 절벽길을 기어오르면 깎아지른 듯한 바위벽이 나타나고 그 바위 벽 틈사이로 맑은 물이 졸졸 스며나와 옹달샘을 이루었는데 이 샘물을 한번 마시면 지팡이를 짚고왔던 사람도 기운이 솟아나서 지팡이마저 잊어버리고 간다는 망장천(忘杖泉)이다.

만장천의 시원한 물을 한껏 마시고 기운을 차려 왼쪽으로 난 가파른 벼랑길을 안전난간을 붙잡고 조마조마 기어 오르면 '천일문(하늘문)' 또는 '만물상금강문'이라고 하는 자연석문이 있다. 전에는 이 돌문을 중묘문(衆妙門) 또는 극락문(極樂門)이라고도 불렀다.

천일문은 이름 그대로 하늘에 오르는 첫째가는 문으로서 금강산 자연돌문 중에서 제일 높은 지점에 있으며 높이는 두어 길 되지만 너비는 겨우 사람 하나 통할 만하다. 석문 서쪽 벽에는 金剛第一關(금강제일관)이라는 글자가 새겨져 있다.

하늘문을 지나 왼쪽으로 꺾이든 벼랑진 길로 굽이 돌아 마루턱을 넘어 오른쪽에 설치되어 있는 두 개의 쇠사다리를 오르면 네 개의 기둥바위가 둘러선 천선대(969m)에 오르게 된다. 맨앞의 기둥바위에 '天仙台(천선대)'라는 글자가 새겨져 있다. 천선대는 옛날에 금강산의 경치가 하도 좋아 하늘에서 선녀들이 내려와 놀았다는 전설로 더욱 유명하며, 만물상 입구 만상정에서 천선대까지의 거리는 1.5킬로미터정도가 된다.

만물상 연봉 중의 천주봉 줄기가 남쪽으로 뻗어 내려오다가 뚝 멈추어 서면서 그 끝 아래는 천길 낭떠러지 벼랑을 이루고 만물상 한복판의 높은 곳에 자리잡고 있는 천선대에서 만물상을 굽어보면 돌 바위로 조각된 천만가지 세상만물의 모형들이 이곳에 꽉 들어차 호화찬란한 만화경을 이루었는데 천태만상의 돌바위 만물상이 마치 요지경 속을 들여다보는 듯 한눈에 안겨온다.

신비하고 성령(聖靈)스러운 선경은 말로 형언할 수 없는 황홀한 감동을 안겨준다. 이곳이 바로 금강제일승 만물상의 중심 승경이며 진만물상 또는 신만물상이라고 부르는 곳이다.

천선대에서 북쪽을 바라보면 천녀, 우의, 천진, 세지, 무애(無涯) 등 만물상 연봉들이 마치 병풍을 둘러친 듯 호위하고 둘러서 있는데 우뚝우뚝, 뾰족뾰족, 쫑긋쫑긋, 겹겹으로 중첩된 천태만상의 기암괴석들이 알몸을 하얗게 드러내고 층층으로 하늘 높이 솟아올라 제각기 아름다운 자태를 서로 경연하고 있는 것 같아 생동감이 넘쳐 흐른다. 신기절묘한 그 경이로운 천하의 기관에 감동되면 너무나도 황홀하여 오히려 현기증이 날 지경이다.

때마침 밀려오는 운무가 만물상 중허리를 감돌아 떠돌 때면 구름안개가 움직일 때마다 구름 위에 뜬 천태만상의 봉우리들이 숨바꼭질하듯 신비로운 만화경을 펼쳐준다. 이곳을 본 어떤 사람이 말하기를 "어떤 것은 아름차고, 어떤 것은 억세고, 어떤 것은 무섭고, 어떤 것은 귀엽고, 어떤 것은 괴벽하고, 어떤 것은 싹싹하고, 어떤 것은 간드러지고, 어떤 것은 얌전하고 모두가 기괴하고 절묘하기 기상천외라 할밖에 무슨 말을 할 수 있겠는가."

천선대에서 만물상을 굽어보면 돌 바위로 조각된 천만가지 세상만물의 모형들이

천선대 입구 칠층암

이곳에 꽉 들어차 호화찬란한 만화경을 이루었는데 천태만상의 돌바위 만물상이 마치 요지경 속을 들여다보는 듯 한눈에 안겨온다.

신비하고 성령(聖靈)스러운 선경은 말로 형언할 수 없는 황홀한 감동을 안겨준다. 이곳이 바로 금강제일승 만물상의 중심 승경이며 진만물상 또는 신만물상이라고 부르는 곳이다.

천선대에서 북쪽을 바라보면 천녀, 우의, 천진, 세지, 무애(無涯) 등 만물상 연봉들이 마치 병풍을 둘러친 듯 호위하고 둘러서 있는데 우뚝우뚝, 뾰족뾰족, 쫑긋쫑긋, 겹겹으로 중첩된 천태만상의 기암괴석들이 알몸을 하얗게 드러내고 층층으로 하늘 높이 솟아올라 제각기 아름다운 자태를 서로 경연하고 있는 것 같아 생동감이 넘쳐 흐른다. 신기절묘한 그 경이로운 천하의 기관에 감동되면 너무나도 황홀하여 오히려 현기증이 날 지경이다.

때마침 밀려오는 운무가 만물상 중허리를 감돌아 떠돌 때면 구름안개가 움직일 때마다 구름 위에 뜬 천태만상의 봉우리들이 숨바꼭질하듯 신비로운 만화경을 펼쳐준다. 이곳을 본 어떤 사람이 말하기를 "어떤 것은 아름차고, 어떤 것은 억세고, 어떤 것은 무섭고, 어떤 것은 귀엽고, 어떤 것은 괴벽하고, 어떤 것은 싹싹하고, 어떤 것은 간드러지고, 어떤 것은 얌전하고 모두가 기괴하고 절묘하기 기상천외라 할밖에 무슨 말을 할 수 있겠는가."

그러므로 이처럼 만물상의 전모를 빠짐없이 살펴보려면 운무(雲霧)가 만물상 암봉들을 감돌아주는 때를 기다려야 한다. 안개 구름이 만물상을 감싸고 돌면 그저 바위들의 연속으로만 보이던 수많은 크고 작은 봉우리들이 휘감기는 안개 구름으로 하여 입체조각처럼 뚜렷이 솟아나 각양 각색의 형상을 아낌없이 드러내줄 뿐만 아니라, 뭇 봉우리들이 스쳐가는 운무를 타고 살아났다 사라지는 형상을 되풀이하는 생동감 넘치는 변화무쌍한 자연조화의 극치를 보여주니 오직 감탄할 뿐이다.

그리고 천선대에서 바라볼 수 있는 원경의 조망도 천하장관이어서 서쪽으로 만상골 건너편 관음연봉 너머로 망견되는 비로봉의 위용을 비롯하여 상등봉, 옥녀봉, 세존봉, 집선봉, 채하봉, 장군봉, 월출봉 등 외금강 일대의 수많은 준봉과 절경들이 마치 만화경처럼 발 아래 펼쳐지고 있을 뿐만 아니라 그 너머로 외금강 산줄기가 그 산자락을 동해에 잠겨서 일구어 놓은 해금강의 기승스런 절경들을 전망할 수 있으며, 또 그 너머 동해바다의 창파 넘실거리는 망망대해를 일방무제 거침없이 시원하게 조망할 수 있어 더욱 장관이다.

물상의 경관은 잘 다듬어진 예술 조각품처럼 오밀조밀 매우 섬세하면서도 그 전체적 구조가 매우 대담기발하고 웅장하여 남성적 산악미를 자랑하고 있다.

만물상 명칭은 만물연봉의 수많은 기암괴석들이 제각기 천태만상으로 만물조화의 극치를 이루고 있음에 연유한다 하겠으나 좀더 깊이 살펴보면 화엄경에 말하기를 "금강(金剛)은 천상 칠보 중의 하나요 지상에서는 만물로 나타난다"하였으니 만물은 금강본체의 진수란 뜻이 됨으로 만물상은 금강산의 제일승이 될 수밖에 없다.

천선대 서북쪽 대밑 중턱에는 둥그스름한 두 개의 돌확이 바위 뒤에 패여져 있다. 이것은 천녀화장호(天女化粧壺) 또는 천녀세두분(天女洗頭盆)이라고 하는 자연조화로 이루어진 돌확으로서 옛날에 선녀들이 하늘에서 내려와 얼굴 치장을 하던 화장호라 하며 돌확의 생김새가 기묘한데다 깨끗한 천연수가 고여있어 더욱 신기하다.

만물상 중심부의 기암

　천선대 밑 안심대에서 계단을 내려 오른쪽으로 갈라진 길로 접어들면 주봉대가 나오고 이곳에서 천선대와 천선계곡의 절경을 전망하고 다시 계단으로 된 협곡길을 한참 오르면 동해가 바라다 보이는 천해관에 이르게 되며 조금만 더 가면 세지봉(1041m) 말기에 있는 망양대의 제일 전망대에 오르게 된다. 천선대에서 이곳까지는 약 0.5킬로미터의 거리이다.

　망양대에서는 동남 방향으로 뻗은 세지봉 줄기에 있는 자연이 창조해낸 큰 조각전시장처럼 기묘한 모양의 암석들이 맨살을 드러낸 채 입체적으로 아름답게 배치되어 있는 유적한 신비경을 볼 수 있으며 또 아름다운 경관을 나타내고 있는 거쳐온 천선대와 천선계곡의 절경을 되돌아볼 수 있으며, 더욱 여기서는 만경창파를 이룬 푸른 동해바다 조망의 장관이 일품이다.

　이곳을 예전에는 오만물상(奧萬物相)이라 하였으며, 제일전망대에서 세지봉 능선을 따라 동쪽으로 얼마쯤 가면 천불동에서 올라오는 등산길과 마주치게 되는데 여기서 더 나아가면 오른쪽 세지계로 내려가는 갈림길에 들어서게 되고, 또 좀더 나가 동쪽 언덕진 능선에 오르면 제2전망대가 나온다.

이곳에서 육화암으로 내려가는 계곡을 세지계라 하며 계곡으로 내려서면 험준한 기암절벽이 계곡 양편으로 겹겹이 둘러서 있는데 마치 칼날 같은 기암들이 바위숲을 이루고 있다.

세지계는 경사도가 매우 급하고 물이 많지 못하여 이름있는 폭포나 소는 없으나, 다만 비가 온 뒤에는 볼 만한 계절폭포가 몇 군데 나타나고 도중은 잡목수림이 울밀하다.

만물상 탐승 후에 망양대에서 만상정 방면으로 되돌아가는 것이 보통이나 망양대에서 세지계를 거쳐서 육화암으로 내려가는 것도 괜찮을 것이다.

두 코스가 모두 온정동에서 출발하여 당일 코스로서 적당하다.

만불상 넓은 구역 안에는 천태만상의 수많은 준봉기암과 벽계수석(碧溪水石)들이 신기절묘하게 자연배치 되어있어 산수절경치고 없는 것이 없다. 그것은 우리나라 모든 산수의 정수를 이곳에 빠짐없이 모두 모아 놓은것 같고, 또 그 많은 명승의 이름들이 전국 방방곡곡에 널리 퍼져나가 우리나라 모든 산수의 족보와 뿌리가 이 곳 만물상에서 연유한 것을 알 수 있다.

④ 한하계 – 만물상 코스의 노정

왕복 약 20킬로미터의 거리이며 도보로 약 8시간 소요됨으로 하루 왕복 코스로서 적합하다. 단, 온정동에서 만상정까지의 8킬로미터 구간은 도로가 나 있으므로 차편을 이용하면 더욱 시간을 단축할 수 있다.

끝으로 선인들의 만물상을 노래한 시 몇편을 적어본다.

　　일만형상 제각기 다르니
　　구경하기 한이 없구나
　　구경하다 도중폐지 어이하리
　　최고봉까지 올라 가세나.
　　　萬相各異態
　　　貪翫忘移足
　　　不可癈半途

我欲窮其高

　　　　　　　　　　이율곡(李栗谷)

한봉 두봉 셋 넷봉
다섯봉 여섯봉 일곱 여덟봉
갑자기 천봉 만봉이 나타나더니
구만리 높고 넓은 하늘아래 모두 산봉우리 뿐이더라
　一峰二峰三四峰
　五峰六峰七八峰
　須臾更作千萬峰
　九萬長天都是峰
　　　　　　　　　김병연(김삿갓)

1만송이 연꽃이 피여
이슬에 씻은 얼굴을 드러낸 것 같고,
1천자루 창을 꽂아
서리어린 날끝을 세운 것 같다.
　　　　　　박세당(조선중엽 실학시인)

봉우리는 놀랜 듯이 땅에서 빠져나와
눈을 부릅떠 서로 겨루어 보며
바윗돌을 노한양으로 물러나서
하늘을 날아가려 한다.
　　　　　　　　이상수(조선중엽)

옥류동 – 구룡연 – 비로봉 코스

신계동, 옥류동, 구룡동, 상팔담, 아홉소골, 비로봉

　옥류동 – 구룡연 코스는 만물상 코스와 함께 외금강 2대코스 중의 하나일 뿐만 아니라 여기에다 내금강 만폭동 코스를 합하여 금강산 탐승의 3대주간코스 중의 하나로 손꼽는다.
　이 코스는 세존봉의 서북쪽 주위를 싸고도는 긴 계곡에 이루어진 명승지로서 옥류담, 연주담, 무봉폭포, 비봉폭포, 구룡연, 구룡폭포, 상팔담 등 유명한 폭포와 소들이 집중되어 있는 곳이며 금강산 중에서도 으뜸가는 계곡미를 자랑하는 명승지이다.
　신계천의 하류 신계사(神溪寺)터가 있는 아래 계곡으로부터 탐승의 편의상 신계동, 옥류동, 구룡동, 상팔담, 아홉소골(九潭谷), 비로봉으로 나누어 볼 수 있으며, 현재 이 명승구역은 근로자들과 외국 관광객들의 탐승과 유람의 기본 노정의 하나로 되고 있다.

① 신계동(神溪洞)
　온정동에서 서쪽으로 금강산 중심부를 향하여 하관음봉과 문필봉 사이의 신계사터로 질러가는 약간 가파른 고개길을 넘으면 집선봉, 세존봉, 채하봉 등 외금강, 준봉들의 수려한 모습들이 바라다보인다. 이 고개를 '원호고개'라 하며 예전에는 불교식으로 극락고개(極樂峴 높이 약 300m)라고 불렀던 고개다.
　극락고개를 숨가쁘게 넘으면 온정동에서 2킬로미터 지점에 신계사터가 있다. 그러나 이 고개를 넘지 않고 온정동에서 문필봉의 남쪽으로 돌아 도로를 따라 '술기넘이고개'를 넘는 우회도로를 거치게 되면 약 6킬로미터의 거리가 된다.
　신라 법흥왕 6년에 보운조사(普雲祖師)의 개산으로 전하는 신계사는 유점사, 장안사, 표훈사와 더불어 금강산 4대사찰 중의 하나로 이름나 있었으며 경내에 있는

옥류동-구룡연-비로봉 코스 109

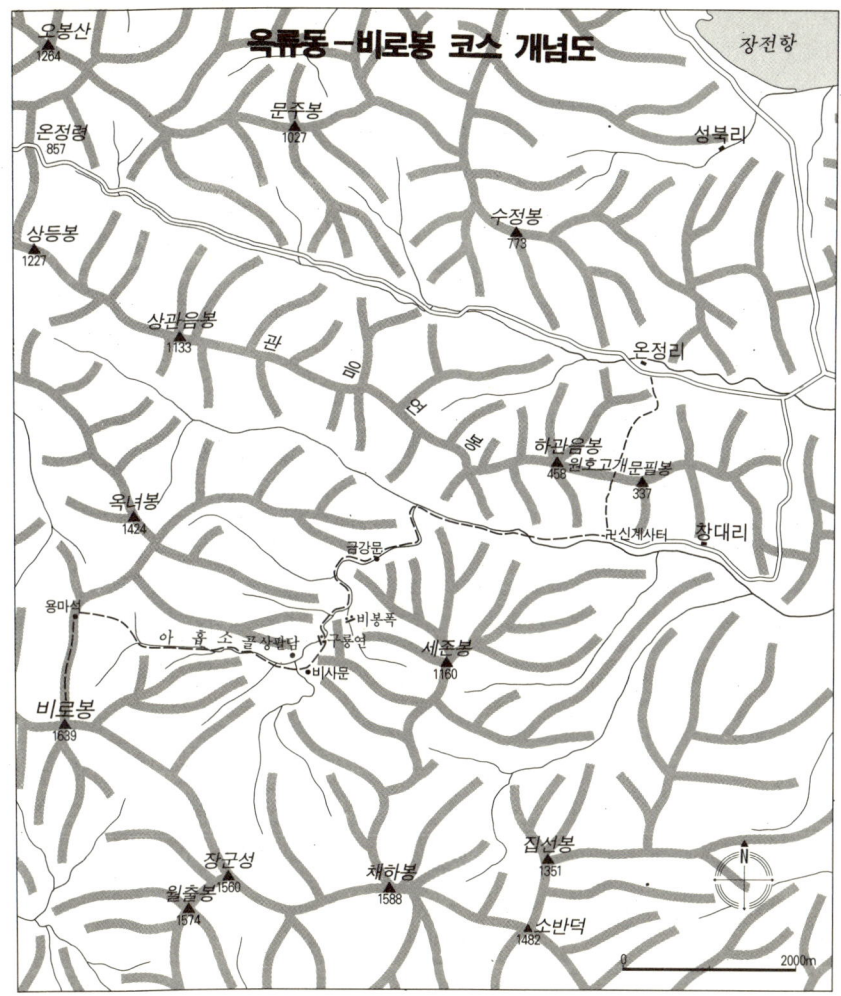

◉ 산행코스
- 온정동 —— 신계사터 —— 옥류동 —— 구룡연 —— 비사문 —— 아홉소골 —— 용마석 —— 비로봉 ▶ 거리 약 16km, 약 9시간 소요
- 온정동 —— 구룡연 —— 상팔담 ▶ 거리 9km, 약 5시간 소요
- 구룡연 —— 아홉소골 —— 비로봉 ▶ 거리 8km, 약 5시간 소요

신라시대 건립의 3층석탑은 금강산 삼대고탑(三大古塔) 중의 하나로 알려져 있다. 신계동 입구의 '창터솔밭'을 비롯하여 사찰 주변에는 울창한 노송 송림과 옥류동에서 흘러내리는 신계천 맑은 시냇물과 그리고 문필봉, 관음연봉, 세존봉과 집선봉 줄기 등 사방으로 둘러싼 준봉수만(峻峰秀巒)의 높고 기묘한 산봉우리들이 잘 어울리어 별천지의 아름다운 선경을 이루고 있다.

그러나 역사 깊은 신계사는 6·25 전란 때 아깝게도 소실되어 지금은 터만 남아 있다.

신계천 하류 신계사터 입구로부터 옥류동 입구인 금강문까지의 구간을 신계동이라 부른다.

신계사터에서 신계천 계곡을 따라 오르다가 나즈막한 배소고개(船潭峴)에 이르면 그 생김새가 마치 배처럼 생긴 크고 푸른 소 선담(船潭-배소)이 나온다.

선담은 물이 맑고 아늑한 골 안에 자리잡고 있을 뿐만 아니라 소 옆에는 넓은 반석이 깔려 있어 예로부터 좋은 목욕터로 이용되고 있다. 선담 부근에는 남쪽으로 세존봉 중턱에 드리워져 있는 세개의 폭포를 볼 수 있는데 그 중 가운데 것은 얼핏 보아서는 잘 나타나지 않고 두 개처럼 보이기 때문에 이 폭포들을 부부폭포 또는 형제폭포라고 부른다.

회상대 휴식터를 지나 신계다리를 건너면 일엄대 표식비가 정중히 세워져 있다. 여기서 한참을 가면 왼쪽에 옥류동 계곡으로 들어가는 길이 있고 그 우측 서북방향으로 꼿꼿이 들어간 좁은 골짜기가 한눈에 안겨온다. 이 계곡이 가는골이다. 전에는 이 계곡을 군선협계곡(群仙峽溪谷)이라고도 불렀다.

가는골은 옥녀봉 줄기와 상등봉, 관음연봉 줄기 사이에 이루어진 협곡으로서 높은 중앙 능선을 넘어서 서쪽으로 멀리 내금강 구성동(九成洞)의 가는골과 서로 잇닿아 있는 금강산에서 가장 길고도 깊은 계곡의 하나다.

옛날에는 가는골 말기 고원에 삼성암(三聖庵)이라는 작은 암자가 있었는데 바로 이 암자를 거쳐서 구성동으로 빠지는 등산길이 있었다.

가는골을 바라보면서 숲이 우거진 완만한 산길을 걸어가면 양 옆이 온통 산죽밭으로 되어있다.

좀더 오르면 세존봉과 옥녀봉, 그리고 관음연봉 자락의 기암절벽들이 갑자기 다가서면서 사방이 막혀 마치 큰 독 안에라도 든 것같이 다만 푸른 하늘만 쳐다보일 뿐이

옥류동 입구에 자리잡고 있던 옛 신계사의 모습

다. 앙지교 구름다리를 건너 개울가 등성이에 휴식하기 좋은 약간 경사진 크고 넓은 암반이 있고 바위에는 仰止台(앙지대)라는 글자가 새겨져 있다.

앙지대에서 오른쪽으로 언덕진 길을 따라 얼마쯤 가노라면 '금수다리'가 나오고 철다리를 건너서 가면 멀지않은 옥녀봉 줄기 언덕진 곳에 개구리바위가 보이고 작은 굽이를 돌면 길 왼쪽에 삼록수라는 맑고 시원한 샘물이 있다.

은실같이 흐르는 맑고 깨끗한 삼록수를 마음껏 마시고 또 오르면 만경다리를 건너게 되는데, 구름다리를 건너면서 개울을 내려다 보면 직경 7,8미터쯤 됨직한 작은 담수 하나가 있는데 고요하고 새파란 물빛이 유달리 아름답기 그지 없다. 너무나도 아름다운 물빛에 홀려서 발길을 멈추고 보노라면 불현듯 내려가서 그 새파란 물빛깔이 천에 옮는가 옷깃을 담가보고 싶을 정도로 이곳 물은 물빛 그 자체가 마치 보석처럼 아름답다. 또 이곳은 전망이 매우 좋아 성벽암(城壁岩), 토끼바위 등 기암괴석으로 이루어진 소위 사선동(四仙洞)의 절경이 펼쳐진다.

만경다리를 건너면 왼쪽에 옥황상제바위와 그 오른쪽에 자라바위가 보이고, 이윽고 금강문에 이르게 된다. 금강문은 거대한 바위들이 길을 가로막은 한가운데에 ㄱ자 모양의 맞구멍이 상하로 뚫려있고 돌계단으로 된 층층대를 따라 빠지게 되어 있다. 금강문으로 들어서는 왼쪽 벽에는 金剛門(금강문)이란 글자와 함께 玉龍關(옥룡관)이라고 쓴 글자가 새겨져 있는데 이것은 옥류동, 구룡연으로 가는 길목이라는 뜻이라 한다.

일명 칠선암(七仙岩)이라고도 부르는 이 옥류동 금강문은 천선대의 천일문, 만폭동의 원화문(元化門), 구룡연 윗쪽의 비사문(毘沙門), 수정봉의 수정문과 더불어 자연석문으로 된 5대금강문(五大金剛門) 중의 하나이다.

② 옥류동(玉流洞)

옥류동 입구의 금강문을 지나면 막혔던 계곡이 툭 트여 크게 열리는데 금문교 다리를 건너서 가파른 계단을 한참 오르다보면 계곡 건너 옥녀봉 줄기의 소나무 숲속을 헤치고 내닫는 기관차 모양의 기관차바위가 보이고 또 한굽이를 돌아가면 유달리 눈부시게 희고 큰 바위들이 널려있는 가운데 맑고 푸른 백석담(白石潭)소가 있고 다시 굽이진 길로 꺾어들면 마치 한 폭의 그림과 같이 아름다운 옥류동의 절경이 눈앞에 펼쳐진다.

옥류동 입구에 들어서면 길은 왼쪽 수십길되는 바위벽 밑으로 나 있는데 길 왼쪽 자연바위에는 玉流洞(옥류동) 九龍淵(구룡연)이라는 글자가 새겨져 있어 누구나 이곳이 구룡연 골짜기의 절경인 옥류동이라는 것을 바로 알 수 있다. 옥류동 절경에 어울리는 종서 여섯 큰 글자는 명필 양봉래의 웅건한 필적이라 전한다. 그리고 바위 자락이나 암벽 같은 데에 옛 탐승자들의 이름이나 글귀 등의 오래된 각자들이 많이 보이는데 그것은 이곳이 예부터 천하의 명승지로 널리 알려져 있었기 때문이다.

옥류동 절경을 살펴보면 좌측으로 세존, 채하, 비봉 등의 준봉과, 우측으로 애만(崖巒), 옥녀, 무봉, 천화(天花) 등의 연봉들이 깎아지른 톱니처럼 하늘 높이 솟아 있어 장관을 이루었는데, 그 아래 깊은 계곡에는 거대한 암반 위를 구슬 같은 맑은 물줄기가 분류하여 폭포와 짙푸른 담소와 심연을 이루어 무봉폭포, 연주담(連珠

옥류동 입구의 금강문

潭), 비봉폭포, 수렴폭포(垂簾瀑) 등 이름 그대로 깨끗하고, 아름답고, 다양하고, 신기한 비경을 이루어 금강 제일의 계곡미를 아낌없이 빚어 놓았으니 이 옥류동 절경은 구룡연, 비봉폭, 상팔담과 더불어 구룡연 계곡의 사절(四絶) 승경으로 손꼽는다.

오른쪽으로는 청정계류가 흐르는 옥류동 계곡 한가운데 놓인 반반하고 크고 넓은 무대바위는 옛날에는 수많은 시인묵객과 화가들이 옥류동 절경을 읊고 그림 그리던 곳으로 유명하였으나, 지금은 금강산 선녀들이 노래하고 춤추는 무대바위로 이름나 있다.

무대바위를 지나면 옥류다리가 나오고 철다리 위에서 바라보면 그 아래 옥류폭포와 옥류담이 한눈에 안겨온다.

옥류담은 6백여 제곱미터의 넓이를 가진 큰 소로서 금강산의 수많은 소들 중에서도 제일 큰 소이며 물의 깊이는 5, 6미터나 된다. 그리고 옥류폭포는 길이가 50미터나 되는 장폭으로서 마치 옥류담에서 흰 무지개가 하늘 높이 절벽에 걸려 있는 것 같은 백옥같이 아름다운 폭포다.

옥류폭포로부터 동남쪽으로 하늘에 피어난 흰 꽃송이처럼 아름답게 높이 솟아있는 천화대와 서북쪽으로 늠름하고 아름다운 옥녀봉을 바라보면서 오르면 옥류동의 절경들이 연이어 펼쳐진다.

옥류교 철다리를 지나서 한참 가면 왼쪽 계곡에 아담한 연주담이 나타난다. 연주담은 이름 그대로 두 개의 파란 구슬을 연달아 꿰어놓은 듯하다. 그 옛날 선녀들이 흘리고 갔다는 두 알의 구슬이 이제는 못이 되어 구슬처럼 파란물이 고이고 고였다가는 다시 넘쳐 흐른다. 위의 작은 소는 너비가 6미터에 길이 10미터, 깊이는 6미터 가량 되고, 아래 큰 소는 너비 9미터에 길이 30미터 그리고 깊이 9미터 정도다.

연주담 위에는 연주폭포(連珠瀑)가 마치 비단천을 펼쳐놓은 것같이 가지런하게 걸려있다. 연주담에서 조금만 올라가면 세존봉의 높은 중턱에서 돌계단처럼 층층으로 된 한 장의 바위벽을 타고 내리는 긴 폭포가 나타난다. 폭포수가 돌개바람에 휘날려 뽀얀 물안개로 변하여 하늘 높이 피어오르는데, 그 모양이 마치 봉황새가 나래를 펴고 하늘로 날아오르는 것 같다하여 비봉폭포(飛鳳瀑)라고 부른다.

폭포의 맞은 편에 아담하게 꾸며진 전망대 휴식터에서 바라보면 마치 흰 무지개가 허공에 매달린 것 같은 장관을 이룬다. 139미터의 높이에서 떨어지는 물은 바위벽면의 생김새에 따라 수렴폭, 직류폭, 누운폭, 활폭 등 여러가지 형태로 연이어 바뀌어지면서 흰구름 떠도는 푸른 하늘 아래 천길 절벽에서 구슬같이 맑은 물줄기가 봉황담(鳳凰潭)으로 떨어져 내리게 되니, 영롱한 오색무지개로 수놓은 그 아름다움은 황홀하고 매혹적인 천하의 장관을 이룬다.

비봉폭포는 같은 옥류동 계곡의 구룡폭포와 성문동 계곡의 십이폭포, 구성동계곡의 옥영폭포와 더불어 금강산 사대명폭(四大名瀑) 중의 하나로 이름나 있다.

봉황담에서 오른쪽으로 눈을 돌리면 또 하나의 푸른 소가 있고 그 위로는 길이 20여 미터의 물량이 많은 누운폭포가 비스듬히 걸려 있는데, 폭포수가 턱진 바위에 부딪쳐서 거품을 일구고 튕기는 물방울을 사방에 휘뿌리며 몇번이나 크게 휘감고 떨어

봉황이
춤추는
듯한
무봉폭포

지는 모양이 마치 봉황새가 춤을 추는 듯하다 하여 무봉폭포라 부른다.

　비봉폭포와 무봉폭포가 서로 대조적으로 잘 어울려 아름답고 신기한데, 두 폭포 사이에 우뚝 솟은 기둥바위 꼭대기에는 나래를 펴고 날아갈 듯 앉아있는 봉황새 형상에 흡사한 봉황바위가 있어 더욱 신기하다. 이 봉황바위는 보는 장소에 따라 사람이 앉아 책을 읽는 것 같은 모양의 독서바위나, 토끼가 앉아 있는 듯한 토끼바위로도 변한다.

　그리고 비봉폭포의 왼쪽 산능선을 바라보면 비온 뒤에 장관을 이루는 계절폭포가 드러나 걸려있다. 그 위로 하늘에 핀 흰 꽃송이 마냥 신기한 뭇 봉우리들이 얼기설기 솟아있는 천화대가 바라다 보인다. 그 아래에는 둥실한 열매같은 모양의 열매봉이 있고, 천화대 줄기 마루에는 두사람이 나란히 서서 아름다운 경관에 취하여 내려다 보고 있는 듯한 부부바위가 보인다.

수천만년 물에 씻기어 거울처럼 닦아지고 백옥같이 깔려 있는데, 그 위를 수정보다도 맑은 구슬같은 물이 물결을 이루며 미끄러져 내리면서 수많은 폭포를 이루고 벽담으로 쏟아지는 옥류동의 절경이야말로 물과 돌이 조화되어 빛나는 기묘하고 아름다우면서도 화려하고 그윽한 천하의 비경이라 아니할 수 없다. 더욱이 골 안은 갖가지 꽃과, 열매와, 짙은 녹음과, 붉은 단풍들이 철따라 그 모습을 바꾸어 아름다운 경치를 더욱 돋구어 준다.

육당 최남선의 옥류동 예찬을 적어보면

(전략) "우리가 상상할 수 있는 일체의 미적요소, 미적조건, 미적요구를 말끔 제출하십시오. 그리하여 이 모든 것의 완전한 조화상태를 설상하여 보십시오. 그런데 그것이 물적으로 또 경치적으로 성립된다 하면 그것이 어찌 되는지를 알려하거든, 나는 옥류동을 보시라 하겠습니다."

③ 구룡동

옥류동 비봉폭포 전망대 왼쪽으로 병풍처럼 둘러선 세존봉의 돌버랑을 바라보면서 한참 오르면 두 계곡에서 내려오는 물줄기가 합쳐서 격랑을 일으키며 도도히 흐르는 곳에 구룡동 입구인 구룡교가 걸려있고 다리를 건너면 오른편 서북방향으로 뚫린 골짜기에서 가느다란 은실과 같이 곱게 흘러내리는 은사류(銀糸流)라는 아름다운 계류가 엿보인다.

은사류를 건너다 보면서 좀더 가면 오른쪽으로 또 하나의 구름다리 연담교가 허공에 걸려있다. 연담교 이름의 뜻은 구룡연과 상팔담을 연결하는 다리라는 뜻을 담고 있다 한다.

연담교를 건너지 않고 그냥 곧바로 올라가면 우측 협곡에 높이 10여 미터쯤 되어 보이는 나지막하지만 비단결처럼 아름다운 주렴폭포(珠簾瀑)가 보인다. 이 폭포를 일명 운금포라고도 부른다.

주렴폭포를 지나서 올라가면 갑자기 하늘이 열리면서 전면에 아담하게 자리한 구룡연 전망대 구룡각(九龍閣)이 보이는데 천지를 진동하는 우렁찬 물소리가 들려온

겸재 정선의 구룡폭.
폭포와 담이
뛰어나다.

다. 구룡각에 오르면 웅대하고 장쾌한 비폭의 전모가 한눈에 안겨온다. 이것이 천하명승 금강산에서도 으뜸가는 절경으로 이름난 구룡폭포(九龍瀑)이다.

구룡폭포는 예전에는 일명 중향폭포(衆香瀑)라고도 하였으며 금강산의 주봉 비로봉과 옥녀봉 사이에서 발원한 신계천 상류의 물줄기가 동쪽을 향하여 내려오다 팔담의 절경을 이루고 다시 넘쳐 흘러 거대한 암벽에서 곧바로 아래로 쏟아 떨어져 비폭의 장관을 이루니 금강산 제일의 최대 폭포일 뿐만 아니라 설악산 대승폭포(大勝瀑)와 대흥산 박연폭포(朴淵瀑)와 더불어 우리나라 3대폭포 중에서도 으뜸가는 큰 폭포로 손꼽는다.

깎아지른 폭포절벽의 높이는 1백미터 이상이고 폭포 물줄기의 높이는 74미터이며 너비가 4미터인데 수량도 많아 동양에서도 손꼽히는 크고 아름다운 명폭의 하나다.

하나의 큰 통바위가 패여 말안장처럼 생긴 74미터 높은 벼랑 위에서 수정같이 맑은 물이 태고적부터 쉬임없이 떨어지는 도도한 폭포수의 힘찬 물줄기가 마치 절구통같이 둥그렇게 뚫린 돌확 심연으로 들어갔다가 다시 솟아나와 기세차게 내리닫는데 이 심연소가 옛날 유점사 늪에서 오십삼불에게 쫓겨난 아홉마리의 용이 살았다는 전설이 담긴 구룡연(九龍淵)이다.

몇 억겁을 두고 쉬임없이 떨어지는 구룡폭포의 힘찬 물줄기가 파놓은 이 돌확심연에는 서슬 푸른 성난 물결이 소용돌이치고 있어 보는 사람으로 하여금 간담을 서늘케 하며 연못의 깊이는 무려 13미터나 되니 천하의 장관이 아닐 수 없다.

구룡폭포는 천지를 진동하는 우렁찬 물소리와 함께 물보라에 서리는 영롱한 무지개로 하여 더욱 신비롭고 장엄하기 이를 데 없으며 그 주변의 웅대한 자연경관이 구룡폭포의 장관미를 더욱 돋구어 주고 있다.

오랜 세월 동안 물로 씻기어 반들반들한 구룡연 암반 위에는 예부터 여기저기에 글자들이 많이 새겨져 있고 그 중에는 九龍淵(구룡연)이라 새겨진 각자가 두드러지게 보인다.

그리고 구룡연 우측의 거대한 단애 암벽에는 근세의 명필 김규진(호 海岡)의 웅대한 필적으로 석자의 거대한 종서각자가 새겨져 있는데 그 전장 길이가 19미터나 되며 글자너비가 3,6미터로서 우리나라 역사상 가장 큰 조각대자로 알려져 있다. 종서 3자 중 맨 아래 글자인 佛(불)자의 마지막 내려긋기 1획의 길이가 13미터나 되니 그 글자의 거대함을 짐작할 수 있으며 13미터나 되는 길이는 구룡연 연못의 돌확 물깊이를 표시한 것이라 전한다.

육당 최남선의 금강예찬(金剛禮讚) 중에서 구룡연에 대한 한 토막 기술을 들어보자.

'귀는 터질 대로 먹어버리고 눈은 뜬 대로 멀어버리고 얼을 멀쩡한 대로 빠져버리고, 어느 틈엔지 폭포가 그만 나에게 와서 들씌워지고 내가 그만 폭포 속으로 쑥 들어가 버립니다'라고 하였으며

어떤 서양의 유명 등산가는 옥류동을 둘러보고 나서 말하기를 "금강산은 옥류동 하나만으로도 세계적 명산이다"라고 외쳤다고 한다.

다음에 김삿갓의 옥류동 시와 이율곡의 구룡연시를 적어본다.

옥류동-구룡연-비로봉 코스 119

옥류동 계곡

폭포수는 은 절구통같이 봄절벽을 찧고
구름은 옥으로 만든 자로 청산을 재도다.
달빛은 희고 눈빛도 희며 천지가 모두 희고
산도 깊고 물도 깊고 나그네 근심 또한 깊도다
 水作銀杵春絶壁
 雲爲玉尺度靑山
 月白雪白天地白
 山深水深客愁深
    김삿갓(金笠)

구룡연 구경하려는데
스님의 말씀이 길 험하다네
만약 도중에 소나기라도 만나면
순식간에 죽을 고비 된다네
 欲見九龍淵
 僧言路險惡
 若遇驟雨來
 死生在頃刻
    이율곡(李栗谷)

④ 상팔담(上八潭)

 구룡폭포를 바라보는 사람마다 저 뒤에는 또 무엇이 있을까 하는 호기심을 가지게 되므로 이 마음을 헤아려 개척해 놓은 것이 구정봉으로 오르는 구룡대 코스이다.

 구룡연에서 구정봉으로 가려면 다시 연담교까지 내려와서 다리를 건너야 한다. 여기는 곧 은사류 계곡과 구룡동 계곡이 합쳐지는 곳이며 합수골 암반 위에 淵潭橋(연담교)라는 글자가 새겨져 있다.

 이곳에서 좌측으로 구정봉으로 오르는 갈림길이 나 있으며 매우 경사가 급하여 가파르고 험난하므로 예전에는 매우 어려운 난코스였으나, 지금은 이곳에 안전시설이

상팔담

되어있어 누구나 안전사다리 14개를 기어오르면 상팔담 전망대인 구룡대에 오르게 된다. 그 거리는 불과 7백여 미터밖에 안되지만 길이 너무나도 가팔라서 지금도 튼튼한 심장을 가지지 않고서는 기어오르기를 주저하는 곳이다.

구룡대 전망대에서 바라보면 구정봉 바위산이 하늘을 찌를 듯 위엄있게 높이 솟아

정면에 버티고 서있는데 그 아래 급경사진 바위산 자락에는 활처럼 구부러진 깊은 협곡이 펼쳐져 있고 절벽 사이로 아찔하게 내려다 보이는 계곡 밑바닥에는 새파란 수정같은 물을 담은 크고작은 푸른 소들이 마치 푸른 구슬을 꿰어놓은 염주알처럼 층층으로 이어져 빛나고 있다.

이 크고작은 소들 중에서 큰것 여덟개를 팔담이라 하며 구룡동 윗골에 있다 하여 상팔담이라 부른다.

옛날에 금강산 8선녀의 목욕터였다는 유서 깊은 설화가 담긴 상팔담은 깊은 계곡 바닥에 깔려 이어진 8담 깊은 돌확 심연들을 굽이쳐 흐르는 청옥같이 푸르고 맑은 물줄기의 비경과는 대조적으로 계곡 양쪽의 벼랑 위로는 바위틈에 뿌리를 박고 자라난 소나무, 잣나무, 단풍나무들이 녹색, 초록색, 황록색, 홍색 등으로 뒤섞인 성긴 숲을 이루고 있어 산과 물이 서로 잘 어울리어 한 폭의 그림같이 아름답다. 더욱이 상팔담 골짜기에 구름과 안개라도 감도는 때면 마치 하늘나라 같은 신비롭고 아름다운 환상적 선경을 이룬다.

구룡대 높고높은 전망대에서 천길 낭떠러지 절벽 아래 계곡에 펼쳐진 맑고 푸른 비취색 벽담으로 이어지는 상팔담의 엄숙하고 신비로운 비경을 떨리는 가슴으로 내려다 보노라면 자연이 꾸며놓은 위대한 장관 앞에서 왜소한 인간들은 심신이 오싹 떨려오는 외경감으로 누구나 자신의 마음 속에 정화를 느끼게 한다. 그러나 구룡대에서는 상팔담 중 맨 위의 것은 보이지 않는다. 상팔담의 전모와 사방의 전망을 더 속시원히 내려다 보려면 좀더 올라가야 한다.

구룡대에서 구정봉 말기를 향하여 약 1백미터쯤 올라가면 절벽진 큰 바위에 턱이져 있는데 이곳이 구룡동 전망대의 으뜸인 비룡대이다.

비룡대를 턱걸이 바위 또는 괘이암(掛頤岩)이라고도 불렀는데 그것은 거기에 올라서면 너무도 위태롭고 아찔하여 도저히 서거나 앉을 수는 없고 오직 엎드려서 턱만 내놓고 아래를 굽어본다 하여 붙여진 이름이다.

비룡대에서는 상팔담의 전모가 한눈에 보일 뿐만 아니라 구룡폭포와 구룡각이 한눈에 안겨오고, 서남쪽으로는 비로봉에서 내리는 아홉소골의 굽이진 골짜기가 보이고 남쪽으로는 자연석문인 비사문의 바위가, 동남쪽으로는 세존봉의 천화대와 칼날같이 보이는 여러 줄기들이, 동쪽 아래로는 옥류동이, 북쪽으로는 옥녀봉과 관음연봉이 한눈에 안겨와 천하의 장관을 이룬다.

옥류동-구룡연-비로봉 코스 123

봉황이 나는 모습을 연상케 하는 비봉폭포

원래 온정동~신계사(터)~옥류동~구룡연 코스는 온정동을 기지로 하여 옥류동을 거쳐서 구룡연까지 올랐다가 다시 그길로 되돌아가는 하루 왕복코스로서 왕복거리가 약 16킬로미터이고 왕복 소요시간은 약 8시간 정도 걸린다. 그러나 구룡연에서 구룡대에 올라 상팔담까지 둘러보게 되면 9시간 이상 소요된다.

그리고 구룡연에서 비사문, 아홉소골(九潭谷)을 거쳐서 비로봉으로 오를 경우에는 비로봉 숙박소(산장)에서 1박 하게되므로 1박2일 코스가 되며, 비로봉 정상에서는 지나온 동쪽 옥류동 코스 외에도 남쪽으로 은사다리, 금사다리를 거쳐서 내금강 만폭동~장안사(터)로 하산하는 코스와 동남쪽으로 장군성과 안무재(內霧在嶺)를 거쳐서 남쪽 외금강 효운동~유점사(터)로 하산하는 코스와 또는 서북쪽으로 용마석을 거쳐서 구성동 계곡으로 하산할 수 있어 대표적으로 4개방면 비로봉 코스가 유명하다.

⑤ 아홉소골

구룡연 위쪽 상팔담 감로계를 지나서 신계천 최상류 계곡을 아홉소골(九潭谷)이라 부른다.

아홉소골은 비로봉과 옥녀봉에서 발원한 여러 계류가 합쳐서 상팔담 절경을 이루었다가 다시 흘러내려 구룡폭포 절경의 장관을 이룬다.

구룡연 계곡에서 금강산 최고봉 비로봉으로 오르려면 반드시 아홉소골을 거쳐야 하므로 험한 협곡의 지형상 일단 세존봉 서쪽 끝으로 올라가서 비사문을 지나 다시 서북쪽으로 내려가 상팔담의 상류인 아홉소골과 용마석을 거쳐서 비로봉으로 오르게 되어있다.

따라서 구룡연 구룡각에서 좌측으로 경사진 계곡을 따라 세존봉을 향하여 남쪽으로 오르다가 갈림길에서 왼쪽으로 난 가파른 길은 세존봉 정상으로 오르는 길이고, 우측길을 따라 한참 오르면 자연돌문인 비사문이 나타난다.

구룡연에서 비사문까지의 5백미터 구간은 경사가 매우 급하여 쇠사다리에 의지하여야 하는 이름난 험로로 알려져 있으며 전체적으로 이 코스는 난코스로 이름나 있다. 그러나 지나온 수많은 폭포와 벽담과 급류와 심연이 염주알처럼 이어지는 옥류동 계곡의 아름다운 절경을 위쪽에서 다시 한눈에 내려다보며 갈 수 있어 스릴을 느낄 수 있는 장쾌하고 신바람나는 코스이다.

비사돌문 위에 우뚝 솟아있는 비사바위(毘沙岩)는 평평한 장방형의 판돌을 차근차근 쌓아 놓은 것 같은 기묘한 형태를 하고 있으며 멀리서도 잘 보인다.
　원래 비사(毘沙)란 불법을 지키는 선신으로서 비사문천왕(毘沙門天王) 신을 말한 것이니 비사문은 금강산 비로성봉을 지키는 불문(佛門)이라는 뜻일 것이다.
　비사문에서 아홉소골, 용마석(龍馬石)과 비로봉에서 약 2킬로미터 지점의 신라 최후의 비운의 왕자 마의태자 능을 거쳐서 비로봉으로 오르는 구곡양장 같은 꼬불꼬불한 구담곡 빽빽한 밀림길은 비로봉까지 오르는데 구룡연에서 약 7킬로미터의 거리이며 3시간 정도가 걸리는 한적하고 약간 지루한 코스이다. 그러나 이 코스는 외금강 온정동에서 출발하여 옥류동, 구룡연, 상팔담의 절경을 두루 거쳐서 금강산 최고 주봉인 비로봉(1,639m)으로 올라 금강산 1만2천봉의 장엄한 전망을 하고나서 비로봉 숙박소(산장)에서 일박하고, 다음날은 내금강 만폭동의 절경을 탐승하며 장안사(터)로 하산하는 내·외금강을 연결하는 가장 단거리 첩경 코스일 뿐만 아니라 내·외금강의 진수절경을 두루 탐승할 수 있는 금강산 탐승의 가장 대표적 명승 코스다.
　한편 이 코스를 역행하여 내금강 탐승기지의 내강동에서 출발하여 만폭동 여러 경치를 두루 탐승하고 은사다리 금사다리를 거쳐서 비로봉으로 올라 비로봉 숙박소(산장)에서 일박하고 외금강 아홉소골과 옥류동을 거쳐서 온정동으로 하산하면 같은 지역을 탐승할 수 있는 역코스가 된다.

⑥ 비로봉(毘盧峰·1,639m)

　금강산의 중심부에 위치하여 1만2천봉의 맹주로서 금강산의 최고 주봉을 이루고 있는 비로봉으로 오르는 길은 동쪽 외금강 방면에서 오르는 4개코스와 서쪽 내금강 방면에서 오르는 4개코스가 있으므로 따라서 동서남북 사방에서 모두 8개코스로 오를 수 있는 등산길이 나 있다.
　그러나 그중에서도 외금강의 옥류동과 구룡연 계곡의 절경을 탐승하고, 아홉소골을 거쳐서 용마석으로 오르는 동쪽코스와 내금강 만폭동 절경을 탐승하고 은사다리, 금사다리를 거쳐서 비로고대로 오르는 남쪽 코스의 이 두코스가 등산로에 안전시설이 되어있는 비로봉으로 오르는 단거리 코스일 뿐만 아니라 도중경치도 가장 빼어난 대표적 탐승코스이며 더욱이 내·외금강을 연결하는 최단거리 첩경코스로서 탐승객들이 가장 많이 이용하는 유명코스이다.

그밖에 외금강 방면에서 오르는 코스로서는 동석동이나 발연동(鉢淵洞)에서 집선봉과 채하봉 능선을 거쳐서 장군성으로 오르는 동쪽코스와 유점사 터에서 효운동과 안무재령을 거쳐서 역시 장군성으로 오르는 동남쪽코스와, 또 한하계 상류의 만상정에서 상등봉과 삼성암터를 거쳐서 용마석으로 오르는 동북쪽코스가 있다.

그리고 내금강 방면에서는 만폭동 상류의 묘길상(妙吉祥)에서 삼선교, 안무재골을 지나 안무재령을 거쳐서 장군성으로 오르는 동남쪽 코스와 만폭동 상류의 마하연(摩河衍)터에서 설옥동(가엽동)과 수미암터와 영랑봉을 거쳐서 비로고대로 오르는 남서쪽 변두리코스와 또 금강천 상류의 신풍리 쑥밭(蓬田) 마을에서 구성동 계곡을 거쳐서 비로고대로 오르는 서북코스 등이 있다.

비로봉은 동남사면은 모두 뼈만 남은 톱날같이 깎아지른 삭골의 암봉들이 난립하여 다투는 형상이지만 서북사면은 육산으로 부드러운 수림을 이루고 있어 그 경관이 매우 대조적이다.

비로봉 꼭대기에 오르면 동쪽 정상에서 서북사면으로 내리며 이루어진 융기 준평원이 마치 방목지를 연상케하는 평탄한 완경사 고원을 이루고 있으니, 이곳을 비로고대(毘盧高台)라 부른다. 비로고대는 그 둘레가 약 4킬로미터 가량 되는데 마치 날카로운 바위의 준봉 높은 끝에다 큰 쟁반을 기울여 올려놓은 것처럼 비로봉 정상에서부터 서북방향으로 비스듬히 펼쳐져 있다.

비로고대 넓은 벌판에는 갖가지 나무들이 얽혀 발들여 놓을 틈도 없다. 흙보다 돌이 많고 봉 끝마다 바위로 덮여있는 금강산의 가장 높은 최고봉의 정상이 오히려 바위가 아니라 흙에 뿌리박은 밀림지대임을 보여주는 것은 실로 신기함에 경탄할 만하다.

구름도 쉬어 넘는다는 비로봉이고 보니 산이 너무 높아 강한 풍설을 이기지 못하여 비로고대의 나무들은 한결같이 눕고 기고 엎드려 마치 문어발같이 땅으로만 기어서 자라며 특이한 고산 왜수림(矮樹林) 지대를 이루고 있다.

평지에서는 그렇게도 키돋음을 하며 자라는 키큰잣나무, 소나무, 전나무, 자작나무들도 여기서는 땅바닥에 바싹 엎드려 있어 그 이름도 누운잣나무, 누운소나무, 누운전나무, 누운향나무 등 모두 누운나무로 변하고 있다.

누운나무들은 대체로 키가 1,2미터 정도로 가지런하며 바람을 막아 서로 얽히어

구름이 희롱하는 비로봉

붙어 끼고 있기 때문에 마치 푹신한 융단을 깔아놓은 듯하여 험준한 바위산과 거친 계곡만을 보고 올라온 탐승객들에게는 매우 신기하고 새롭고 부드럽고 풍성한 정취를 풍기어 준다.

  누운나무들과 함께 진달래, 산철쭉, 만병초 등이 떨기떨기 섞여서 빨간꽃, 노랑꽃을 피워 푸른 주단에 꽃수를 놓아주고 솜다리, 곰취, 쥐손이풀, 각시꽃 등 각종 고산식물들이 자라고 있어 비로고대는 고산 자연식물원을 이루고 있다. 비로봉 숙박소(산장)는 비로고대의 서남쪽 왜수림지대에 자리잡고 있으며 탐승객을 위하여 많은 편의를 제공해 주고 있다.

  비로고대 왜수림지대의 호젓한 오솔길을 따라 둥글둥글한 큰 바위들이 모여있는 불쑥 높아진 곳에 이르게 되면 여러 바위들 한가운데에 배처럼 생긴 좀더 큰 바위가 놓여져 있다. 이 바위를 배바위 전망대라 부르며 해발 1,639미터 금강산 최고봉 비로봉의 정상인 것이다.
　비로봉 정상 전망대에서는 금강산 전체의 수많은 봉우리들과 수많은 계곡들, 그리고 동해바다까지 한눈에 내려다 볼 수 있어 참으로 장쾌하기 이를 데 없다.
　동남쪽으로는 장군성, 월출봉, 일출봉, 차일봉, 백마봉이 바라다 보이고 북쪽으로는 옥녀봉, 상등봉, 오봉산 등 금강산 등줄기가 길게 뻗어있다. 등줄기의 동·서양쪽으로 펼쳐진 내·외금강의 준봉들과 계곡들이 모두 손을 뻗치면 닿을 것만 같다.
　동북쪽 외금강의 하늘 높이 깎아지른 기암괴석의 준봉경치가 장엄하고, 동남쪽 외금강 일대는 울창한 수림의 바다를 이루어 은근하고, 남서쪽 내금강 일대는 부드러운 계곡경치로 수려하며, 고개를 돌려 동쪽을 바라보면 발아래 온갖 절경과 기관들이 물결치는 그 너머로 해금강과 장전항이 가까이 부감되고 해안선을 따라 저멀리 총석정(叢石亭)이 바닷가에 잠겨 있어 보인다.
　앞을 조망하면 툭 트인 동해바다의 쪽빛 푸른 파도가 끝없이 이어져 장쾌한 경지요, 서쪽을 바라보면 왜수림 푸른주단으로 감싼 금강의 제2봉 영랑봉이 비로고대의 서남쪽 단애에 우뚝 알몸선골(仙骨)을 자랑하며 위세를 떨치며 솟아있고, 다시 동·서·남·북 사방으로 고개를 돌려보면 마치 군웅이 할거하듯 제각기 그 괴기와 위세를 자랑하는 천태만상의 만이천봉과 수많은 계곡들이 펼쳐놓은 천봉만학들이 일대 만화경을 이루고 바로 발 아래에서 천파 만파의 산파(山波)가 춤을 추는 듯 생동감 넘치는 장관을 이룬다.
　비로봉에서의 전망은 계절, 일기, 시기에 따라 색다른 모습으로 나타난다.
　봄철에는 온갖 꽃으로 수놓아 꽃향기로 아롱진 산빛 절경이 아름답고, 여름철엔 짙은 녹음 속에 파묻힌 빽빽한 계곡들이 수려하고, 가을철에는 산과 계곡이 온통 붉게 물들어 홍염으로 불타오르는 오색 단풍의 바다가 찬란하니, 이처럼 계절따라 바꾸어지는 경치가 모두 변화있고 다양하고 운치있어 더욱 황홀하다.
　더욱이 동해바다에서 운무가 파도처럼 밀려와 갑자기 산허리를 감싸돌며 피어오르면 수많은 봉우리들이 구름파도에 밀려 사라졌다가는 다시 나타나 마치 파도치는 바다 속에 잠겼다 나타나는 섬모습처럼 시시각각으로 변화무쌍한 환상적 신비경이 펼쳐진다. 그럴 때면 자신도 구름타고 하늘에 오른 것 같은 상쾌한 흥분에 가슴 설레이며 우화등선(羽化登仙) 꿈 속에서 신선되어 선경을 헤매는 것 같은 환상에 사로잡혀진다.

비로봉 정상에서 바라보는 아침 일출과 석양 낙조의 장관 또한 빼놓을 수 없는 금강산 절경 중의 하나다.

아침 동틀 무렵 비로봉 전망대에 오르면 끝없이 펼쳐진 동녘 하늘 끝 몽롱한 동해의 회색빛 안개구름 바다에서 태고적 원색의 붉은 태양이 타는 듯 이글거리며 불쑥 솟아오르는 탄생의 장엄한 경관도 좋거니와, 그 아침 태양의 화사한 빛이 점차 사방으로 부챗살처럼 퍼지면서 아침안개 속에 잠들어 있던 금강산의 모습이 밝게 떠오르면 마침내 잠에서 깨어난 외금강의 뭇 봉우리들이 아침햇살을 받아 반사적으로 흰 이마를 빛내면서 그 수려하고 영묘장엄한 자태를 아낌없이 드러내는 광경은 장쾌하기 이를 데 없다.

또 석양 해질 무렵 금강산 등줄기의 동쪽 외금강의 산과 계곡에는 이미 어둑어둑 땅거미가 깔렸는데 서쪽 내금강 쪽은 붉은 낙조가 서녘 산머리에 걸려 달아오른 진홍빛 극광을 토하며 엷은 구름 사이로 부챗살 같은 찬란한 빛깔을 발사하면 은사다리 금사다리는 말할 것도 없고 올망졸망한 내금강의 수많은 바위 봉우리들이 모두 구슬알이 맺힌 듯 반짝이는 보석이 되어 황금빛으로 유난히도 빛난다.

이와같이 비로봉에서의 전망은 실로 그 다양함과 영묘함과 웅대함과 장쾌함으로 천하의 장관을 이루어, 보는 사람으로 하여금 오직 감동과 감탄과 가슴 벅찬 전율적 황홀감에 도취케 한다.

이 지구상에서 둘도 없는 보석처럼 빛나는 아름다운 선경이요, 영묘한 영산, 웅위장엄한 성산인 금강산을 이 땅에 점지하여 주신 조물주께 깊이 감사를 드릴 뿐이다. 누구나 이 천하의 절경에 올라보면 자신이 금강산이 존재하는 이땅에 태어난 긍지와 행복을 가슴 뿌듯이 느끼며, 또 자신이 이렇게 금강의 위대한 승경을 찾게된 데 대한 행운을 두고두고 잊을 수 없는 생애 최대의 영광과 기쁨으로 감동받게 될 것이다.

우리나라 현대문학의 개척자 춘원 이광수(春園 李光洙)의 비로봉 예찬을 들어보면 다음과 같다.

"아아 아무리 하여도 비로봉의 절경을 글로 그릴 수는 없습니다. 아마 그림으로 그릴 수도 없을 것이외다. 몽상 외의 광경을 당하니 다만 경이와 탄미의 소리가 나올 뿐이라, 내 붓은 아직 이것을 그릴 공부가 차지 못하였습니다. 다만 볼 만하고 남에도 말할 만하지 아니하니 내가 할 말은,

비로봉 대자연을 사람아 묻지 마소.
눈도 미처 못보거니 입이 능히 말할손가
비로봉 알려 하옵거든 가보소서 하노라."
　　　　「금강산유기」에서

　선인들의 비로봉 시 몇수를 적어본다

지팡이 끌면서 높은 봉우리 올라서니
사방에서 거센바람 부러오누나
청천 하늘은 머리 위의 모자요
동해 푸른 바다는 손바닥 안의 술잔이네
　曳杖陟崔嵬
　長風四面來
　靑天頭上帽
　碧海掌中盃
　　　　　　이율곡(李栗谷)

비로봉 높은 봉우리를 꿈 속에 올라가니
부상(동해)의 아침 해가 파도에 비쳐
붉은 것이 선녀있어 학을 타고 구름 위로 날아가다가
월궁의 계수나무 아래로 나를 맞아드리네
　夢上毘盧第一峰
　扶桑旭日射波紅
　女仙賀鶴凌雲去
　邀我蟾宮桂影中
　　　　　　유희경(劉希慶, 호 村隱)

금강산 꿈에 가보고 깨어서는 의심했다네
선풍이 달을 불어 달이 천천히 산에 올라오는
것을 금강산 구경 어떠냐고 그대여 묻지를 마소
뒷날 내가 가보아야 그때사 알게 되겠네.

    夢見蓬萊覺後疑
    仙風吹月上遲遲
    請君莫問山中事
    他日身經始自知

               홍석주(洪奭周, 호 淵泉)

동석동, 세존봉, 채하봉 코스

동석동, 세채동, 세존봉, 선하동, 집선봉, 채하봉

이 코스의 명승구역은 외금강의 중앙부에 위치하고 있으며,
세존봉과 집선봉 사이에 이루어진 동석동 계곡과 세존봉과 채하봉 사이의 세채동 계곡, 그리고 집선봉과 채하봉 사이의 선하동(仙霞洞) 계곡에 펼쳐진 명승들을 탐승할 수 있다.

이 구역의 특징은 마치 깎아지른 칼끝을 모아 세운 듯 높고 아찔하게 솟아있는 집선봉 연봉들과 웅장한 세존봉과 매혹적인 채하봉을 비롯하여 동석동, 세채동, 선하동 계곡들에 이루어진 폭포와 소 및 기암괴석 등 다양한 산악미와 아울러 계곡미를 동시에 감상할 수 있는 데 있다.

① 동석동

온정동에서 신계사터로 가는 갈림길에서 신계천을 건너 새로 닦은 도로를 따라 한참 올라가면 우측으로 법기암(法起庵)터가 있고 이곳을 지나 왼편으로 하늘을 찌를 듯한 집선봉과 오른편으로 아슬아슬한 절벽을 이룬 세존봉을 바라보면서 올라가면 도로가 밋밋한 산등성이로 뻗어있다.

이곳을 영춘대(迎春台)라 부르며 그리 높지는 않으나 양쪽이 모두 급한 비탈이어서 앞뒤의 전망이 좋은 곳이다. 높은 산으로 둘러막힌 이곳은 금강산에서 봄철이 가장 먼저 찾아온다고 하여 영춘대로 불리운다.

동석동 흔들바위(動石)는 영춘대에서 세존봉쪽으로 소로길따라 한참 오르내리며 가다가 개울가의 큰반석 위로 나서면 나온다.

동석(흔들바위) 크기는 사람 키보다 높고 무게는 수십톤 됨직하나 바위 한쪽 끝에 작은돌을 받침대로 하여 지렛대를 쓰면 한사람의 힘으로도 능히 바위를 흔들 수

동석동, 세존봉, 채하봉 코스 133

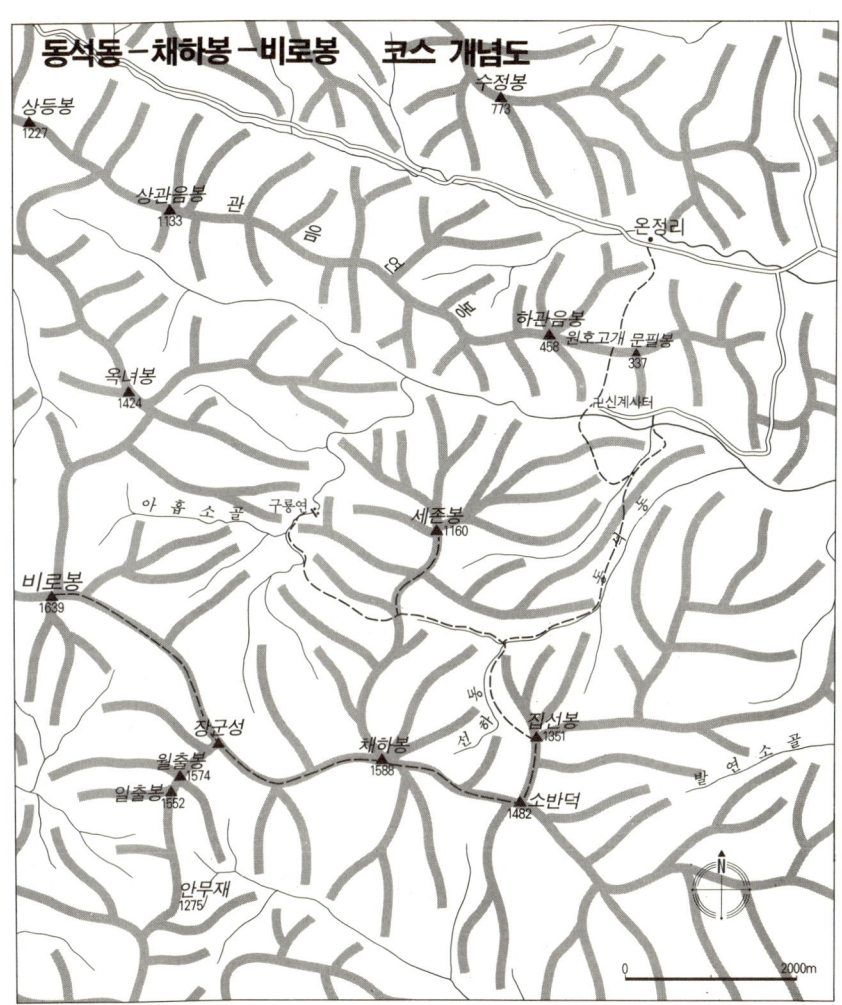

◉ 산행코스

온정동—— 신계사터—— 동석동—— 집선봉—— 채하봉——장군성——
비로봉

▲ 8~10시간 소요

온정동-채하봉-비로봉 18km

가 있다.

　동석동 계곡이 유명해진 것은 동석 때문이 아니라 그곳 경치가 특출하게 아름답기 때문이다. 해발 350미터 정도밖에 안되는 낮은 곳이지만 동석동에서는 멀리 동해바다가 보이고 또 바로 눈앞에 천 수백미터의 높이를 가진 채하봉, 집선봉의 수많은 봉우리들이 장관을 이루고 있으며 계곡물은 맑고 시원하여 청정계류를 이루어 백옥같이 푸르다.

　동석동 경치는 특히 가을 단풍철이 으뜸이라 하며 넓은 반석 주위에는 각종 수목들이 오색 단풍으로 붉게 물들어 절경을 이룬다. 또 이곳은 4백여년 전에 이른바 금강산의 신선 양봉래가 수도하던 곳으로도 유명하다.

　희고 큰바위들이 무더기로 깔려있는 동석동 계곡을 얼마쯤 올라가노라면 그 생김새가 반달모양의 반달굴과 반달소 등이 있고 산기슭 계곡을 더욱 올라가면 세채계와 선하계의 물이 합치는 합수목에 이르게 된다.

② 세채동(世彩洞)

　세채동은 동석동 끝이 되는 합수목에서 우측으로 난 세채계곡을 따라 가다가 세존봉 정상으로 오르는 구간을 일컫는다. 세채계는 세존봉과 채하봉 사이에 이루어진 계곡으로서 여기에도 덕수폭포, 덕청소, 목란담 등 몇개의 명소들이 있다.

　세채계곡을 따라 올라가면 한참만에 덕수폭포와 덕창소가 있고, 큼직큼직한 계곡바위들을 넘어 얼마를 더 가면 마치 피어난 목련꽃같이 생긴 소 하나가 나오는데 이 소를 목란담이라 부른다. 소 옆에는 하얗게 피어난 청순한 목련꽃(산목련꽃)이 떨기를 이루었고 그 그윽한 향기가 온 골 안에 가득차 향기롭다.

　여기서 좀더 올라가면 세채계 상류는 좌측 채하봉 쪽으로 들어가서 길은 계곡을 버리고 등마루로 올라서 세존봉과 채하봉 줄기 사이의 굽이진 길을 좌우로 꼬불꼬불 올라가노라면 채하봉 중턱에 크나큰 채하폭포(彩霞瀑布)가 걸려있고 오른쪽은 세존봉 뒤의 통바위들이 무섭게 절벽을 이루고 왼쪽에는 채하봉의 깎아지른 기암단애들이 덤비듯 다가온다. 이 길을 오르면서 동석동과 선하계곡을 바라보면 온정령 길목에서 한하계와 관음연봉과 만물상을 내다보는 것보다도 훨씬 더 장엄하고 기막힌 경치를 감상할 수 있다.

　드디어 세존봉 정상을 코 앞에 둔 잘루목에 올라서면 그 북쪽으로 아홉소골과 구

희고 큰바위 무더기의 동석계

룡연 계곡의 빽빽한 숲바다와 멀리 옥녀봉, 장군봉, 비로봉 등의 웅장한 모습이 바라다 보인다.

잘루목에선 세존봉 정상으로 오르는 길과 북쪽으로 구룡연으로 내려가는 길이 나 있으며 이 길은 동석동과 선하동 방면에서 구룡연으로 이어지는 유일한 길목이다.

③ 세존봉(世尊峰 1,160m)

세존봉은 구룡연 구역과 선하동 구역 사이에 높이 솟은 뭇 봉우리들로 이루어지고 있는데 그중 제일 높은 봉우리의 높이는 1,160미터이다.

세존봉은 주위에 둘러싼 옥녀봉, 집선봉, 채하봉 등 여러 봉우리들에 비하여 높지

않지만 외금강 중심부에 자리잡고 있어 좋은 전망대로 이름나 있으며, 비로봉 전망대를 비롯하여 천선대, 채하봉, 백마봉 전망대와 더불어 금강산 5대전망대 중의 하나로 손꼽는다.

세존봉 전망대에 올라서서 사방을 둘러보면 상등봉, 관음연봉, 옥녀봉, 집선봉, 채하봉, 장군봉, 비로봉 등 외금강의 뭇 준봉들의 수려한 모습이 손금보듯 한눈에 안겨온다. 특히 남강하류의 고성평야와 푸른 동해바다가 아름다운 한폭의 그림처럼 바라보인다.

세존봉은 외금강 전망대로서 유명할 뿐만 아니라 산 자체가 갖는 천태만상의 기암괴석들과 마치 하늘에 핀 흰 꽃 모양을 한 봉말기의 신비로운 천화대를 비롯하여 동석동 계곡 쪽에 이루어진 깎아지른 돌벼랑과 기암괴석들, 그리고 구룡계 쪽의 비봉폭포의 장관 등 수많은 이름난 명승을 간직하고 있는 외금강에서도 손꼽히는 명승지이다.

세존봉 말기 일대는 늘 세찬 바람이 부는 곳이어서 소나무, 전나무, 잣나무 등 각종 수목들이 크게 자라지 못하고 누운 상태로 가지를 뻗치고 있어 식물경관도 특이한 양상을 보여주고 있다.

세존봉 정상으로 오르는 길은 전술한 바와 같이 구룡연과 세채동이 만나는 세존봉 잘루목에서 오르는 코스와 또는 이와 반대로 동석동에서 안전사다리를 거쳐서 오르는 길이 나 있다.

④ 선하동(仙霞洞)

선하동은 집선봉과 채하봉 사이를 흘러 내리는 선하계에 펼쳐지는 명승구간을 말한다. 동석골의 상류 세채계와 선하계가 합수하는 목에 선하계에서 기세 좋게 떨어지는 합수폭포라 하는 누운폭포가 있는데, 이곳은 트여있어 경관이 매우 수려하다.

계곡을 따라 올라가면 개울바닥은 온통 하나의 큰 반석으로 되어 있는데 갑자기 앞이 막히면서 두 개로 이어진 연주폭포와 연주담이 있고, 연주폭포에서 좀더 올라가면 급경사로 된 넓은 반석 위를 쏟아져 내리는 그 길이가 20여 미터나 되는 백련폭포가 있다. 폭포 옆에는 옛날에 거북이가 물을 마시러 폭포에 왔다가 경치가 너무 좋아 줄곧 폭포의 경치를 바라보다가 그만 돌로 굳어졌다는 전설이 깃든 '거북바위'가 있고 폭포 아래에는 삼각형의 소가 있다.

세존봉 서북부

　백련폭포 위에도 개울바닥에는 미끈한 반석이 연달아 깔려 있으며 한참만에 또 하나의 폭포가 나타나는데 이 폭포는 하늘의 신선을 부르는 것 같은 소리가 난다고 하여 환선폭포(喚仙瀑布)라 부르며, 폭포 밑에 소가 없는 것이 특징이다. 그러나 이곳은 골 안이 다시 넓어져서 좋은 휴식터로 이용되며 머리 위에 채하봉과 집선봉이 더욱 가까이 다가들고 있어 경치가 더욱 아름다워진다.
　환선폭포 휴식터에서 남쪽을 보면 채하봉 중턱 절벽, 험하고 높은 바위 벼랑에서 쏟아져 내리는 높이 35여미터 정도의 채하폭포가 보이는데 이 폭포는 세존봉에서 바라보면 더욱 장관이다. 다시 환선폭포에서 가파른 산길을 좀더 올라가면 선하계의 마지막 폭포인 선하폭포가 있다. 양쪽의 기암절벽을 이룬 가운데 약 30미터 높이에서 떨어지는 선하폭포는 참으로 아름답다.

선하폭포에서 매우 급한 급경사 길을 기어 오르다 보면 우측 골짜기에 천리마바위가 보이고 얼마 더 오르면 집선봉과 채하봉 능선 줄기가 서로 잇닿아 있는 등성이에 오르게 된다. 이곳에서 우측으로 서쪽 채하봉 길과 좌측으로 동쪽 집선봉 길의 갈림길이 있다.

⑤ 집선봉(集仙峰 1,351m)

집선봉의 봉마루는 선하계곡을 다 올라서 채하봉과 집선봉의 갈림길에서 왼쪽(동쪽)으로 길을 잡아 오르게 된다.

별도로 동남쪽 바리소골(鉢淵溪谷)에서 소반덕(1,482m)을 거쳐서 오르는 길이 있으며 도중에 집선봉 갈림길에서 합치게 된다.

정상에 오르면 남, 서, 북 외금강의 넓은 영역이 한눈에 굽어보이고 동쪽으로 동해의 푸른 바다가 손에 닿을 듯이 가깝게 보인다.

신계천과 동석계를 사이에 끼고 삼각지대를 이루는 집선, 세존, 관음의 삼대연봉 중에서도 남쪽의 집선연봉은 하늘을 찌를 듯 깎아지른 톱날 같은 봉우리 일곱이 연이어져 있어 금강산의 대표적 경관의 하나인 기암괴봉들이 장관이고, 서북쪽 중앙에 위치한 세존봉은 거창한 가슴절벽과 돌출한 암봉으로 장중한 남성적 위세를 자랑하고, 동북쪽 관음연봉은 봉마다 선이 부드럽고 여성적이며 탐스럽고 장중수려하여 제각기 특징적인 경관을 지니고 있어 매우 대조적이다.

칼날같이 날카로운 집선봉 동북 7연봉은 예전에는 클라이머들의 암벽등반의 좋은 대상이 되었던 곳이며, 또 그 옛날에 하늘에서 선녀들이 내려와서 놀았다는 전설이 깃든 선경으로서 영선대, 강선대, 승선대 등의 기봉명만(奇峰名巒)의 명소가 있다.

특히 삼각추 같은 북쪽 통바위 벼랑과 아름다운 동석동 계곡을 사이에 두고 세존봉의 깎아지는 절벽을 굽어보는 광경은 다른 곳에서는 보기 드문 장관이다.

⑥ 채하봉(彩霞峰 1,588m)

채하봉은 금강의 최고봉 비로봉과 영랑봉(永郎峯·1,601m) 다음으로 금강산 제3의 고봉으로서 그 위세를 떨치며 비로봉 동벽에서 동쪽으로 힘차게 뻗어나간 장군성-장군봉-채하봉-집선봉으로 이어지는 외금강 중앙가지 능선의 중간 위쪽 높

연주담

은 고대 위에 위치하고 있다.

 예전에는 이 중앙가지 능선을 경계로 하여 옥류동, 한하계, 천불동 등 북부 지구만을 외금강이라 하고 송림동, 효운동, 만경동 등 남부지역을 신금강으로 구분하여 부르기도 했다. 능선 북쪽의 동석동, 선하계와 남쪽 발연계, 소반덕에서 오르는 길이 집선봉과 채하봉 줄기 등성이에서 이어지는 갈림길에서 서쪽으로 중앙능선을 따라 채하봉을 향하여 오르다 보면 채하봉 남쪽 비탈면에 흡사 거북선같이 생긴 거북선바위가 있는데, 이곳은 동해바다가 잘 보이는 전망대로서 유명하다.

우측으로 톱날같이 깎아지른 육선봉(六仙峰)의 기암괴봉들을 거쳐서 오르다 보면 성문동 십이폭포의 수원을 이루는 개울 상류의 샘터에 이르게 된다. 이 샘물은 차고 맑아 물맛이 좋기로 유명하며 예전에는 샘터 근처 해발 1,400미터의 고대 위에 석조건물에 온돌로 되어 있고, 10여명 정도의 인원을 간신히 수용할 수 있는 작은 무인산장이 있었다.

샘터에서 급경사진 능선길을 따라 서쪽으로 오르면 잣나무, 자작나무, 누운향나무를 비롯하여 고산지대의 무성한 수림길이 이어지고 계속 서쪽으로 오르다 보면 고원풍경이 이채로운 채하고대(彩霞高台)에 이르게 되는데, 이곳은 전망대로서 좋은 곳이며 남쪽 비탈면에는 푸른 잣나무 숲이 끝없이 펼쳐져 있고 그 너머로 남쪽 송림동, 은선대 구역 일대의 울창하고 풍성한 수림과 그 위에 알몸을 드러내고 높이 솟아있는 바위산들의 경치가 절경이다.

금강산 어디서 바라보아도 풍채 좋고 장중한 느낌을 주는 금강산 제3고봉, 채하봉을 지나서 장군봉으로 이어지는 높은 고대능선 길목에는 전나무, 잣나무 등 송백 수목들이 늘어서 있는데 그 나무 가지들이 모두 동남쪽으로만 쏠려 퍼지고 있는 괴이한 모습은 이곳이 높은 고지대여서 견디기 어려운 서북풍의 위세 때문일 것이다. 해발 1,580여 미터나 되는 채하봉 고대에서 바라보는 조망은 참으로 장관이고 장쾌하기 이를 데 없다.

동북쪽으로 기암삭골이 노출하여 천태만상을 이루는 동북부 외금강 일대의 절경을 바라볼 수 있으며 남쪽으로는 푸른 수해가 끝없이 펼쳐진 송림동 계곡 너머로 칠보대, 은선대를 비롯하여 미륵, 백마 연봉들의 백골 암봉들이 푸른 수림바다 위에 알몸을 드러내고 높이 솟아 춤추듯 둥실 떠있어 산천경개를 더욱 돋구어 일대 경관을 이루고 있을 뿐만 아니라 특히 동쪽으로 툭 트인 동해바다의 창파를 시원스럽게 조망할 수 있어 이곳은 금강산에서도 손꼽히는 이름난 전망대이다.

채하봉을 지나 장군봉으로 이어져가는 길목, 높고 넓다란 등성이에는 고산 식물의 진기한 각종 야생화초들이 군락을 이루어 빨갛고 파랑에 하얀 자색의 청순하고 정겨운 꽃밭을 꾸며서 화사한 원색의 비경을 이루고 있다. 장군봉은 정상이 수십길이나 되는 장대한 절벽으로 이루어져 있는데 그 절벽 가운데에 마치 튼튼히 쌓아올린 포대 위에서 장수 하나가 머리를 쳐들어 내밀고 전장을 둘러 보는 것 같다고 하여 장군봉이라 부른다.

동석동, 세존봉, 채하봉 코스 141

집선봉

　장군봉과 잇닿아 서쪽에 솟아있는 장군성은 하얀 돌을 다듬어서 차곡차곡 성벽을 쌓아올린 것 같아 마치 성벽의 보루처럼 바위벽으로 거세고 높이 까마득하게 솟아 있다.
　옆으로 돌아 비스듬히 비탈진 등성이로 되어있는 장군성 정상에 오르면 전망대로서도 훌륭하게 저 멀리 동해의 창파와 그 안에 펼쳐진 내·외금강의 여러 계곡과 봉우리들이 장쾌하게 한눈에 안겨온다. 비로봉 정상의 동벽 아래에 자리하고 있는 장군성은 외금강 높은지대 교통의 요지이기도 하여 이곳에서 우측(북쪽)으로 비로봉 동벽을 돌아 비로봉으로 오를 수 있으며, 좌측(남쪽)으로 월출봉과 일출봉을 거쳐서 약 3킬로미터 거리의 안무재령(內霧在嶺·1,275m) 고개마루에 이르게 된다.

이와같이 비로봉으로 오르는 동쪽 채하봉 능선 코스와 동남쪽 안무재령 코스가 모두 비로봉 동벽과 장군성 사이에 잇달린 등마루의 잘루목을 거치게 된다. 따라서 비로봉의 동쪽 목이 되는 장군성 등마루의 잘루목은 금강산 높은 고산지대 교통의 요지로서 내·외금강을 연결하는 삼거리 갈림길목이다.

금강산 탐승코스는 대부분 계곡코스가 주로 되어 있으나 이 채하봉 코스만은 날카롭고 높은 능선 등행이 주간이 되는 능선코스로서 오르면서 좌우 전망이 계속 좋아 매우 장쾌하고 신바람나는 코스로 이름나 있다. 그러나 이 능선코스는 대체적으로 경사가 매우 급하고 산길이 험난하여 금강산 여러 등반코스 중에서는 난코스로 알려져 있다.

그리고 온정동에서 출발하여 이 코스로 하여 비로봉으로 오르는 등반거리는 약 18킬로미터에 이르고, 세존봉을 거치게 되면 24킬로미터가 넘는 장거리 코스이므로 등행시간도 8~10시간을 요하기 때문에 산행에 경험이 있는 건각의 산악인이 아니면 오르기 힘든 난코스이다. 비로봉에 오르면 비로봉 숙박소(산장)가 있어 이용할 수 있다.

동석동, 세존봉, 채하봉 코스 143

세존봉 정상

발연소 계곡 코스

영신동, 발연동

발연소 구역은 집선봉의 동쪽면에 이루어진 영신, 발연 두 계곡과 그 안에 펼쳐진 바리소, 무지개 다리, 영신폭포 등 이름난 명승들이 집중되어 있는 외금강 명승구역 중의 하나다.

① 영신동

영신동은 집선봉의 동쪽 비탈면에 이루어진 계곡으로서 발연동 북쪽에 자리하고 있다.

온정동에서 신계천을 건너 동석동으로 가는 길과 반대방향으로 난 소로길을 따라가다가 숫돌고개를 넘어서 집선봉의 동쪽 비탈면까지 가면 영신동으로 들어가는 입구가 된다. 그리고 또 온정리에서 닭알바위산 동쪽 마을을 거쳐서 고개 하나를 넘은 다음 신계천 하류인 용계를 건너서 영신동 입구로 들어갈 수도 있다.

영신동은 그 입구에서 2킬로미터 구간에 폭포와 담소가 연이어 있어 골 안이 온통 생동하는 기세를 보이면서 독특한 계곡미를 나타내고 있다.

영신동 입구에서 집채 같은 큰 바위들이 겹싸여 있는 험난한 곳을 뚫고 기어오르면 영신동골 자연경관의 시작을 알리는 높이 약 10미터의 전주폭포가 있다.

바위와 물과 단애절벽과 폭포가 조화를 이루었는데 흐르는 물소리가 골안 초입에서 음악을 연주하는 듯하다 하여 이 폭포를 전주폭포, 담소를 전주담(前奏潭)이라고 한다.

전주폭포 위에는 약 30미터 깊이의 5단으로 된 누운폭포 '오단폭포'가 있고 폭포 앞에는 반석이 놓여있어 휴식터로 적당하다.

2단폭포 위에는 약 10미터 높이의 용연폭포가 있고 폭포 밑에는 8미터 깊이의 맑

발연동 계곡의 구름다리 홍예교

고 푸른 장방형 용연담이 있다.

용연담을 지나 얼마쯤 올라가면 길이 40미터쯤 되는 와폭인 등용폭포가 있다.

등용폭포를 지나면 비탈진 좁은 홈으로 약 25미터를 쏟아져 내리던 물이 마지막 5미터의 높이에서 비단필처럼 드리운 영신폭포가 나타난다.

이 영신폭포는 영신계곡의 다섯 폭포 가운데서 제일 위에 있는 폭포로서 주위 경치가 매우 아름다울 뿐만 아니라 전망도 좋은 곳이다.

② 발연동(鉢淵洞)

영신동 계곡의 남쪽에 위치한 발연동 역시 집선봉 동남쪽 비탈면에 이루어진 계곡으로서 독특한 풍치를 자랑하는 명소다. 영신동으로 들어가는 갈림길에서 동남쪽으로 고개 하나를 넘으면 발연동 입구에 들어서게 된다. 그리고 또 온정동에서 자동차도로를 따라 금천리를 거쳐서 발연동 입구로 들어갈 수도 있다.

발연동 입구에서 오른쪽 집선봉의 바위벼랑과 왼쪽 둥글고 밋밋한 흙산을 쳐다보면서 계곡을 따라 한참 오르면 그 모양이 둥글고 마치 바리처럼 생긴 바리소(鉢淵)가 있다.

바위벼랑을 오른쪽에 두고 계곡 바닥에 층을 이루면서 치달아오른 한장의 큰 반석위에 세 개의 소가 있는데 그 중 한가운데 있는 것이 바리소이다. 이 바리소를 중심으로 위에 있는 소를 윗소, 아래의 큰 소를 아랫소라고 한다. 개울 왼쪽에 약간 치우쳐서 수정같이 맑은 물을 담뿍 담고 넘쳐 흐르는 곳을 보면 볼수록 아름답고 그윽하다.

소의 크기는 긴 쪽이 11미터, 짧은 쪽이 9미터, 깊이는 2.25미터라 한다.

바리소가 예부터 유명해진 것은 그 소의 생김새 때문만이 아니다. 바리소는 그 모양이 기묘할 뿐만 아니라 그 주위의 자연경개가 또한 절경을 이루어 오른쪽에 우뚝 솟은 봉우리는 갖가지 기암을 층층으로 쌓아올린 듯 하고 바위틈에는 소나무가 군데군데 서있어 아름다운 소의 풍치를 한층 높여 주며, 또 바위벼랑과 소 사이의 경사진 반석 위에는 마치 보물단지 같은 모양의 돌확이 있어 기묘한 풍치를 이루고 있으며 바리소의 위와 아래에는 소를 연결해 주는 두 개의 누운폭포가 걸려있어 더욱 아름답다.

바리소에서 한참 올라가면 마치 무지개를 잡아 세운 듯한 무지개다리 홍예교가 계곡을 가로질러 세워져 있다. 예전에는 이 돌다리를 건너서 발연사로 들어갔다.

화강석을 잘 다듬어 아담하게 놓은 무지개다리는 소나무, 참나무, 단풍나무 등 숲속에 맑은 계천물이 흐르는 경치 좋은 곳에 자리잡고 있어 발연동,골 안의 풍치를 더욱 아름답게 돋구어 준다.

홍예교를 지나면 구유소라는 소가 있다. 동서로 길게 움푹 패인 곳에 푸른물을 담고 있는 것이 신통하게도 돌구유같다. 여기서 우측으로 언덕 위에 올라서면 평평한 골 안에 들어서게 되는데 이곳이 옛날 발연사(鉢淵寺)가 있었던 절터다. 동쪽에 발연암이 있고 그 바위벽에 鉢淵(발연)이라는 글자가 새겨져 있다.

발연사터로부터 남으로 효양고개를 넘어 송림사(松林寺) 골로 넘어가는 길과 또는 소반덕(잣나무밭)을 거쳐서 집선봉, 채하봉으로 오르는 갈림길이 있다.

발연사터에서 다시 계곡으로 내려서면 넓고 큰 연담못이 있고 그 위로 치달아 오른 해맑은 반석이 계곡바닥에 온통 깔려 있는데 그 반석 한가운데에 깊이 60미터나 되는 누운폭포가 걸려 있다. 금강산의 많고 많은 와폭 가운데 예부터 알려진 유명와폭이 달리는 폭포라는 뜻으로 차폭(馳瀑)이라고 부르는 이곳 발연동 누운폭포다.

그것은 모양도 특출하지만 그보다도 폭포물을 타고 미끄러져 내리는 미끄럼대 물놀이터로 하여 더욱 이름나 있다.

폭포수가 흘러내리는 홈골 바닥은 마치 인공적으로 미끄럼대를 만들어 놓은 듯 사람 하나 미끄러져 내릴 만한 너비로 패여있고 그 중간중간에는 동그란 돌확까지 끼어있어 더욱 좋다.

차폭을 지나면 다시 넓고 깨끗한 반석이 골 안에 깔려있고 그 위쪽에 또다시 약간 경사진 큰 반석이 있는데 폭포바위라 부르며 폭포바위 한가운데에 소위 금강산 신선 양봉래가 썼다는 瀑布岩(폭포암)이라는 글자가 새겨져 있다. 폭포바위를 지나 한참 올라가면 다시 넓고 긴 반석이 깔려있고, 바위 위에 桂樹鸞鳳(계수란봉)이라는 글자가 새겨져 있는데 오랜세월 물에 씻기고 깎여서 桂樹(계수) 두 글자는 명백하지만 鸞鳳(난봉) 두 글자는 희미하여 잘 보이지 않는다.

옛날에 환상적인 새인 난새와 봉황새가 계수나무에 앉은 모양을 하고 있다 하여 계수란봉 바위라고 부르게 되었다 한다.

그 바위 밑에는 계봉소라는 푸른 소가 상하로 두 개 있고 왼쪽으로 갈라져 들어가는 작은 골짜기 입구에는 발연굴이라는 자연석굴이 있다. 또 왼쪽으로 나지막한 봉우리 꼭대기에 마치 큰 새 한 마리가 앉은 듯한 기묘한 바위가 있는데 이 바위를 계수대라 한다.

계수란봉 바위를 지나 계곡 오른쪽으로 올라가면 하나의 부도(浮屠)가 있고 그 위로 계속 오르면 집선봉의 중턱 낮은 목이 나오고 여기서 동석동 상류 선하계곡과 통하는 길이 나있다.

이상의 영신동 계곡과 발연동 계곡의 탐승은 온정동에서 하루의 왕복코스로서 적당하며 두 계곡의 미려한 계곡미를 하루에 즐길 수 있는 코스이다.

수정봉, 바리봉 코스

수정봉, 바리봉

　수정봉 구역은 금강산의 그 많은 봉우리들 가운데서도 색다른 경관을 보여주는 수정봉과 바리봉 일대의 명승지로서 여기에는 수정문, 강선대, 금강굴을 비롯한 이름난 명소가 많다.

① 수정봉(水晶峰 773m)
　온정동에서 서북 방향으로 바라보이는 우뚝 솟은 바위산이 수정봉이다.
　수정봉의 북서쪽은 문주봉과 세지봉이, 동쪽으로는 바리봉, 대자봉, 매바위산(鷹岩山)이 잇닿아 있으며 북쪽에는 천불산이 마주 서있다. 금강산 중에서도 암질구성이 특수하여 화강암과 함께 수정들이 널리 깔려 있어 산 전체가 마치 수정처럼 반짝인다고 하여 수정봉이라 부르게된 것이다.
　수정봉으로 오르는 길은 한하계에 들어서서 조금 가다가 오른쪽으로 수정골 계곡으로 오르게 된다. 수정골에 들어서면 양쪽에는 노송숲과 참나무숲이 하늘을 덮고 울창하게 들어차 있으며, 오른쪽 능선을 따라 한참 오르면 깊은 골짜기 왼쪽으로 건너서게 되는데 바로 옆에 수정골 샘물이 솟아 흐른다. 맑고 시원한 샘물은 온정동 휴양각의 음료수로 이용되고 있다.
　샘터에서 한참 오르다보면 소나무 숲속에 비내린 뒤에 나타나는 높이 30미터쯤 되는 누운계절폭포가 있다. 계절폭포 위에는 시원한 물을 마시면서 마음껏 쉴 수 있는 넓은 반석이 깔려 있다. 여기서부터 한참을 더 오르면 길이가 1백여 미터나 되는 또 하나의 계절폭포가 있으며 세 계단으로 되어 있어 삼단계절폭이라고 부른다.
　삼단계절폭을 지나 경사도가 매우 심한 길을 따라 한참 오르면 동쪽 바리봉으로 오르는 길이 있다. 이곳에서 왼쪽 능선길을 따라 오르면서 자라 같은 모양의 자라바

수정봉, 바리봉 코스 149

화강암으로 된 통바위산, 바리봉

위, 비둘기 같은 모양의 비둘기바위, 또 잠자는 사람 모양의 선수암 등 기암괴석들을 비껴보면서 굽이굽이 돌아 오르면 서남 방향으로 높이 바라다 보이는 자연석문인 수정문에 이른다.

수정문은 2, 3미터 두께에 높이와 너비가 각각 10미터 가량되는 통바위 아치형으로 된 형태가 완전하고 거대한 자연석문으로서 금강산 여러 금강석문 중에서도 가장 크고 아름다운 이름난 석문이다. 수십길 되는 까마득한 바위벽에 설치한 쇠사슬을 붙잡고 30미터 가량 조심조심 기어 오르면 이 수정문에 들어서게 된다. 돌문에 들어서면 또다시 큰바위벽이 앞을 막아서는데, 서남쪽에 사람 하나 겨우 빠져나갈 수 있는 바위틈으로 오르게 된다.

수정문을 지나서도 깎아지른 바위 위로 오르면 앞이 확 트이면서 둥글넓적한 암상에 오르게 되는데, 여기가 바로 옛날 수정같이 맑고 보석처럼 아름다운 수정봉에 하늘의 선녀들이 내려와 놀던 곳이라는 전설이 깃든 강선대(降仙台)이다. 강선대에서 다시 쇠사슬을 잡고 구름다리를 건너면 수정봉 정상을 지척에 둔 수정봉 전망대에 오르게 된다.

사람 수십명은 앉을 만한 넓이의 동남쪽으로 약간 기울어진 바위 뒤에는 생김새가 서로 다른 크고작은 돌확이 패어져 있고 물이 담겨져 있다.

전망대에서는 동서남북 사방 어디를 바라보나 모두 절경인데 남쪽을 향해 서서 서쪽으로부터 동쪽으로 점차 눈길을 돌려보면 온정령에서 만상계, 한하계를 사이에 두고 뻗어내린 관음연봉이 한눈에 안겨오고 그 뒤로는 옥녀봉, 비로봉, 장군봉, 채하봉, 세존봉, 집선봉 등의 아찔한 산봉우리들이 바라보인다.

그리고 온정천을 가운데 두고 아담하게 꾸려진 온정리 마을이 아름답게 보이고 멀리 해금강쪽으로는 아늑한 고성평야와 파도치는 동해바다의 푸른 물결이 가물거린다. 뒤로 돌아서면 서북쪽으로는 오봉산, 선창산 등의 연봉들과 그 앞에 펼쳐진 봉우리들과 골짜기들이 내다보이고 북쪽으로는 천불산의 촛대봉과 함께 수많은 바위봉들이 솟아있고 멀리로는 삼도, 알섬이 만경창파 속에 떠있고 동북쪽 대 밑으로는 장전항의 아름다운 항만 풍경이 내려다 보인다.

② 바리봉(鉢峰 488m)

바리봉은 수정봉 동쪽에 있는 화강암으로 된 통바위산이다. 그 생김새가 마치 바리를 뒤엎어 놓은 것 같다고 하여 바리봉이라 부른다. 금강산 일만이천봉 모두가 뾰족뾰족하지만 이 바리봉만은 백정봉 구역 바리봉과 함께 둥글넓적한 봉우리로서 특이한 경치를 보여주고 있다.

바리봉에 오르려면 수정봉으로 오르는 갈림길에서 동북방향의 능선을 따라 1킬로미터쯤 가면된다. 갈림길에서 한참 가노라면 왼쪽에 금강굴이 나오는데 얼핏보면 스쳐지날 수 있을 정도로 굴입구는 작지만 허리를 굽혀 굴안에 들어서면 길이가 5미터에 너비가 8미터, 높이가 2.5미터 가량 되는 큰 석굴이며 수십명이 들어가 앉을 만큼 넓고 천정은 타원형으로 된 궁륭식이다. 그리고 굴의 맨 안쪽바닥 한가운데 금강수(金剛水)라는 맑은 샘물이 있다.

금강산 중에는 가엽굴(迦葉窟), 사자굴, 옥용굴, 선인굴 등 이름난 석굴들이 있어 바리봉 석굴을 합하여 금강오굴(金剛五窟)이라 손꼽으나, 그중에서도 바리봉 금강굴이 제일 큰 굴로 알려져 있다.

능선을 따라 오르면서 바위틈에 뿌리를 박고 자란 소나무들이 금강내기 세찬 바람에 시달려 기묘하게 자란 억센 노송들의 특이한 풍치를 감상하면서 바리봉 정상에 오르면 '鉢峰'이라고 새긴 글자가 눈에 뜨이며 봉마루는 평평하고 넓어 수천명이 앉고도 남을 만하다. 그리고 정상 넓은 바위 위에는 여기저기에 수십개가 넘는 각종 형태의 크고작은 돌확들이 패어있어 사람들을 놀라게 하며, 돌확에는 모두 물이 고여 있고 무당개구리와 도롱뇽들이 서식하고 있어 신비롭다.

바리봉에 오르면 항상 시원한 바람이 불고있어 무더운 한여름에도 더위를 모르며, 전망도 좋으나 특히 발아래 가까이 동해를 바라보는 전망은 일품이다.

수정봉과 바리봉을 탐승하는데 거리는 멀지 않으나 두 봉이 모두 경사가 급하고 길이 험난하며, 또 전망이 좋고 볼 것이 많아 왕복에 5, 6시간 소요된다. 왕복 하루 코스로서 여유가 있으나 바쁜사람은 반일 코스로 탐승할 수도 있다.

천불천 계곡 코스

천폭동, 천불동계곡

　천불천 계곡은 고성읍의 뒷산인 천불산(654m)과 문주봉, 세지봉 줄기 사이에 이루어진 천폭동 계곡과 세지봉, 오봉산 줄기 사이에 이루어진 천불동 계곡의 두 계곡으로 나누어진다.

　천불천 구역은 그 모양이 마치 절굿공이 형상을 한 돌기둥들이 수없이 솟아있고, 천불산과 천불천 계곡에 이루어져 있는 수많은 폭포와 담소와 그리고 기암괴석들의 경관이 빼어나 그 규모는 비록 웅장하지 않으나 특유한 산악미와 계곡미를 아울러 가지고 있는 것이 특징이다.

　천불천 구역은 선창계곡과 금강못과 함께 별금강(別金剛)으로 불리워지고 있다.

① 천폭동(千瀑洞)

　이름난 명승들이 집중되어 있는 천불천의 남쪽 갈래를 이단포골이라고도 부르며 다시 하류의 선암동과 상류의 천폭동으로 구분한다.

　선암동은 두줄폭포에서 시작하여 육선암 부근까지를 말하며, 이 구간은 폭포가 적고 기암괴석이 두드러지게 눈에 띄는 점에서 폭포와 소가 많은 상류의 천폭동과 구별된다.

　천폭동 계곡의 하류가 되는 선암동 계곡은 빽빽한 수림 속을 이단폭포골 맑은 계류가 굽이쳐 흘러내리면서 기암괴석 사이사이에 수많은 작은 소들을 만들어 놓았다.

　선암동은 경사진 반석 위에 두개의 물줄기가 미끄러 내리면서 만들어 놓은 두줄폭포(누운폭포)로부터 시작된다. 이곳에서 약 1킬로미터쯤 올라가면 선암동 골 안의 대표적 폭포의 하나인 이단폭포가 있다.

　울창한 수림의 아름다운 계곡 경치를 배경으로 하여 이루어진 이단폭포는 폭포벽

천불천 계곡 코스 153

신설 덮인 오봉산

의 중간에 타원형 돌확이 있어 위, 아래 두층으로 떨어지는데 폭포 길이는 위폭포가 15미터(누운폭포 7m, 곧은 폭포 8m), 아래폭포는 6미터(와폭 3m, 직류폭 3m)이고 돌확의 크기는 길이 5미터에, 폭이 3미터에다 깊이가 2.4미터가 된다. 폭포밑에는 길이 3미터나 되는 삼각담이 이루어져 있다.

이단폭포를 지나서 올라가노라면 범바위, 이리바위 등 많은 기암괴석들이 나타나고, 또 깊이 4미터에 너비 2미터, 높이 2.5미터나 되는 자연석굴 선인굴(仙人窟)과 그 아래에 길이 5미터, 너비 2미터의 작은 굴이 있다.

계곡을 따라 올라가면 수많은 기암 괴봉들이 우뚝우뚝 솟아있는데, 그중에서도 여섯 기암봉우리가 둘러 서있는 육선암(六仙岩)이 기이하고 유명하다.

천폭동은 육선암 위로부터의 이단폭포 계곡을 말하는데 이 계곡에는 수많은 폭포와 담소들이 잇달아 깔려있어 비경을 이룬다. 그중에서도 산주폭포, 연주폭포, 삼단폭포, 교향폭포, 비단폭포, 작은 이단폭포 등이 유명하며 계곡은 소나무, 잣나무, 단풍나무, 진달래 등 각종 수목들이 빽빽한 수림을 이루어 폭포 담소와 기암괴석들이 서로 잘 어울리어 아름다운 절경을 이루고 있다.

작은 이단폭포에서 더욱 올라가면 기묘한 바위들이 줄지어 서있는 군선바위(群仙岩)가 있고, 이곳에서부터 경사가 급한 능선길로 접어들면 비좁은 바위틈으로 된 자연석문이 있고, 돌문을 지나 약 50미터쯤 올라가면 세지계로 떨어지는 길과 합치게 되는데 그로부터 왼쪽에는 망양대의 제2전망대, 오른쪽으로는 제1전망대가 있다. 망양대의 제1전망대를 거쳐서 천선대로 나가자면 오른쪽으로 빠져 한참 오르면 된다.

천폭동 계곡(이단포계곡) 코스의 탐승에는 장전항에서 천폭동 계곡 상류까지 약 9킬로미터의 거리이며 왕복에 6시간 소요된다. 또 만물상의 망양대에서 이 계곡을 역코스로 하산하여 장전항으로 내려갈 경우에 거리는 11킬로미터이며 4시간 정도가 소요된다.

② 천불동(千佛洞) 계곡

천불천의 북쪽 본류인 삼단포골을 천불동이라 부르는 것은 천불산(654m)과 천불천에는 불상 모양을 한 바위들이 많다고 하여 옛날부터 이곳을 천개의 불상이 있는 산과 계곡이란 뜻으로 천불산(千佛山), 천불동이라고 이름지어 부르게 된 것이다.

천불천 하류에서 주험농장 마을을 지나 계곡을 건너면 북쪽으로는 가리산 일대의 기암괴석들과, 남쪽으로는 천불산의 울창한 수림 경치가 매우 수려하다.

 합수목에 이르러 왼쪽 계곡을 따라 들어가 4킬로미터쯤에서 첫째 고개를 넘어서면 계곡 바닥에 깔려있는 반석 위로 여덟개의 폭포와 여덟개의 담소가 꼬리를 물고 연달아 이어지는 팔폭팔담의 승경이 펼쳐지며, 그 위에는 또 우렁차게 쏟아지는 거대한 삼단폭포가 걸려있고, 이곳에서 다시 우측으로 두번째 고개를 넘으면 높이 50미터나 되보이는 백사폭포(白絲瀑)가 높은 바위절벽을 타고 마치 흰실을 드리우듯 하얀 물안개를 뿜으면서 직류로 쏟아진다.

 백사폭포 위로 다시 셋째 고개를 넘으면 높이 약 25미터 되는 오단폭포가 있고, 더 올라가면 높이 약 30미터 되는 천불폭포가 걸려 있다. 이와같이 천불동 계곡은 수많은 폭포와 담소들이 울창한 수림과 어울려 기발수려한 절경을 이루고 있다.

 천불동 계곡(삼단포계곡)의 탐승거리는 장전항에서 천불동 계곡 상류까지 약 10킬로미터이며 왕복 약 7시간 소요된다.

선창계 계곡 코스

금강못, 반석동, 원석동

 선창산(1,226m)과 오봉산 사이에 이루어진 선창천(주험천)은 동북쪽으로 흘러내리면서 폭포, 담소와 기암괴석 그리고 울창한 노송림이 잘 어울려 승경을 이룬 외금강 최북단의 명승지이며 하류를 반석동, 상류를 원석동으로 구분하여 부른다. 또 반석동 하류 근처에는 기이한 명승지 금강못이 있다.

① 금강못(金剛淵)
 고성읍(장전항) 북쪽 8킬로미터 지점에 있는 주험다리에서 서북방향으로 도로를 따라 1킬로미터쯤 가다가 길 왼쪽에 있는 높이 114미터의 나지막한 흙산의 서북쪽 비탈면을 따라 오르면 금강산 천지(天地)라고 하는 금강못이 자리하고 있다. 못의 생김새는 달걀 모양의 타원형으로서 그 너비는 동서가 52미터, 남북이 26미터이고 물의 깊이는 1미터 이상이다.
 사방이 암벽으로 둘러싸인 산꼭대기에, 그것도 사방이 모두 깎아지른 절벽과 경사진 암반 가운데 어떻게 이와같은 자연못이 생겼는지 신기하고 의아스럽다. 마치 맑은 물이 담겨진 암벽 속에 이루어진 호수를 산봉우리 위에 옮겨다 놓은 듯한 신비롭고 아름다운 호수의 경관은 다른 데서 볼 수 없는 희한한 명승이다.
 중중첩첩 호수를 둘러싼 암벽의 기암괴석 사이사이에 크고작은 소나무들이 여러 관목 사이에 끼어서 아름다운 풍경의 운치를 더욱 돋구어준다.
 금강못 동남쪽 능선을 따라 조금 나가면 동해 바다를 바라볼 수 있는 좋은 전망대가 있고 이 대 밑에는 선창천이 굽이굽이 흘러내리고 있다.

② 반석동(盤石洞)

　금강못에 들렀다가 다시 주험다리 목에서 선창천을 거슬러 올라가면 금강산에서도 특이한 계곡미가 펼쳐진다.

　선창천 하류로부터 수문소가 있는 곳까지의 계곡바닥은 온통 반석으로 되어 있다고 하여 반석동이라 부르며, 그 위로부터 선창폭포까지의 계곡에는 둥글둥글한 큰바위들이 골바닥에 깔려있어 원석동(円石洞)이라 부른다.

　선창천 계곡물은 흘러내리면서 절벽진 곳에서는 직류폭포가 되고, 좁고 패인 바위틈에서는 급류가 되고, 바닥이 우묵진 곳에서는 푸른 소가 되고, 반석이 경사진 곳에서는 누운 와폭이 되어 수림 속을 누비면서 기암과 괴석이 천태만상을 이룬 절벽과 어울리어 아름답고 다양한 계곡 풍경을 펼쳐놓고 있다.

　반석동 계곡을 오르다 보면 40, 50미터쯤 되어 보이는 깎아지른 높은 절벽의 기암괴봉들이 여러가지 형상을 하고 있어 백상암이라 부르는 절벽 명소가 있고, 더 오르면 육층으로된 자연석탑이 있고, 좀더 가면 수십명의 사람의 형상을 조각한 것과 같은 군상바위가 있고, 이어서 물개소, 용소, 붓끝바위, 무대바위, 섬소 등 다양한 명소들이 연달아 있다. 그 위에도 백옥같이 흰 바윗돌로 둘러싸인 4미터 길이의 돌확 속에 수정같이 맑고 푸른 물을 담고 넘쳐흐르는 백청담과 경사진 반석 위를 진주알처럼 미끄러져 내리는 와폭(누운폭포)과 맑고 푸른 담소들이 연이어 펼쳐진다.

　반석동 맨위쪽 가리산 비탈면 골짜기에 걸려있는 가리폭포는 폭포벽의 높이가 약 150미터나 되며 보통 때는 물이 적지만 여름철에는 장관을 이루는 2층계절폭포이다.

③ 원석동(圓石洞)

　가리폭포를 지나 원석동으로 접어들면 곰바위가 있고 계곡바닥에는 둥글둥글한 바위들이 쭉 깔려 있으며 골 안으로 올라 갈수록 둥근바위들은 커지고 많아져서 나중에는 집채 만한 거암들이 가득찬다.

　높이가 15미터나 되는 거암절벽 사이에 길이가 25미터, 물 깊이가 4미터나 되는 수문소(水門沼)는 골 안의 명소이며, 소 위에는 함선바위, 군견바위 등 기암들과 작은 폭포와 소들이 깔려 있는데 반석 위에 누운폭포로서 길이 30미터나 되는 아름다운 은실폭포가 절경을 이룬다. 그 모양이 흡사 구룡폭포를 좀 작게 만들어 옮겨다 놓은 것 같은 선창폭포는 2단으로 되어 높이가 25미터나 되며 폭포 아래 선창연과 함께 선창 계곡의 명폭 중의 하나로 유명하다.

선창폭포 위로 계곡을 따라 더 오르면 계곡은 더욱 깊어져 고요하고 수려하며 단애절벽 오른쪽에는 1백미터 높이의 계절폭포가, 왼쪽에는 넓은 바위절벽에서 구슬을 뿜은 듯 내리는 분주폭포가 걸려있다.

여기서 가파른 절벽을 타고 올라가면 선창계곡에서 가장 크고 장엄한 경관을 이루는 높이 40미터, 너비 2미터의 금주폭포와 물깊이가 17미터나 되는 수심 깊은 금주소가 있으며, 이 부근은 깎아지른 절벽이 계곡 양쪽에 높이 솟아있고 그 위로는 약 2킬로미터 구간에 30, 40미터의 곧게 선 바위들이 우뚝우뚝 솟아 있는데 모두 서릿발 같은 흰바위들이 창끝을 세운 듯, 수정기둥을 세운듯 일대장관을 이루고 있다. 더욱이 안개와 구름이 서릴 때면 바위들은 구름 위에 솟아난 조각품처럼 아름답고, 주위의 울창한 원시림과 함께 비경을 이루어 금강산에 또 하나의 절묘한 경치를 보여주고 있다.

선창계 계곡의 탐승거리는 약 12킬로미터이며 왕복 8시간 정도가 소요된다.

선인들이 즐겨그리는 금강산(민화)

송림동, 성문동 계곡 코스

송림동, 만상동, 성문동

송림동 계곡은 금강산 중앙 연봉의 하나인 일출봉과 장군봉 사이의 높은 계곡으로부터 시작하여 동남방향으로 십이폭포, 송림사 터, 백천교를 지나 남강으로 흘러드는 백천천 계곡의 이름난 경치들로 이루어진 외금강 명승지의 하나다.

예전에는 외금강의 중앙동부 지능선인 채하봉-집선연봉으로 이어지는 능선의 남쪽 외금강 지역인 송림동 계곡, 효운동 계곡, 만경동 계곡 등 구역을 신금강이라 하여 외금강과 구분한 때도 있었다.

옛날부터 성문동 또는 성문백천동으로 알려진 이 계곡에는 금강산 4대폭포의 하나인 십이폭포를 비롯하여 세갈래폭포, 성문폭포, 만상폭포, 송림담, 청송담, 백천담 등 이름난 명소들이 많다. 그리고 깎아지른 절벽 사이로 둥글고 크고 흰 바위들이 계곡에 쭉 깔려있어 특이한 암석미와 계곡미를 보여주는 곳이다.

이 송림동 계곡은 그 지역적 특성과 탐승노정에 따라 아래로부터 송림동, 만상동, 성문동으로 나뉘어진다.

① 송림동(松林洞)

백천교가 있었던 백천천 하류부터 약 5.5킬로미터 상류지점에 있는 송림굴까지의 계곡을 송림동이라 부른다. 이 일대에는 소나무가 아름다운 숲을 이루고 있어 예부터 송림동이라 불러왔으며 골 안에 있었던 사찰이름도 송림사라 부르게 된 것이다.

예전에는 이곳에 다리가 놓여 있었던 백천교 터로부터 5백미터쯤 백천계를 거슬러 올라가면 길이 62미터, 너비 32미터, 깊이 4.5미터나 되는 백천담 큰 소가 있다. 백천담은 청송담과 함께 이 골 안에서 가장 큰 소의 하나이다.

소 위쪽은 누운폭포로 연결되어 있고 소의 맑은 물 속에는 차고 맑은 청정수에서

송림동, 성문동 계곡 코스 161

◉ 산행코스
- 백천교 —— 송림사터 —— 12폭 —— 석문폭(백천교-12폭포) ▶ 왕복 24km, 9시간
- 유점사터 —— 은선대 —— 칠보대 —— 안무재(유점사터-안무재) ▶ 13km, 7시간
- 유점사터 —— 중내원 —— 미륵봉, 왕복 22km, 9시간

만 있는 산천어가 유영하고 있어 주위의 소나무 숲과 어울려 경치가 매우 좋다.
　백천담을 보고 길에 올라서면 계곡 우측으로 발연동으로 넘어가는 갈림길이 있고 이곳에서 효양고개(孝養峴)를 넘어가게 된다.
　계곡을 따라 올라가면 두줄기로 쏟아지는 와폭 밑에 길이 32미터, 너비 13미터, 깊이 4미터의 거품소가 있고 더 가면 청송담이 나온다. 청송담은 길이 86미터, 너비 3미터, 깊이 4미터의 큰 소일 뿐만 아니라 양쪽 기슭에 푸른 소나무숲이 우거져 있어 소의 물색이 언제나 청록색을 띠고 있어 청송담이라 부른다.
　청송담의 위쪽에는 두줄기의 폭포가 쏟아지는 쌍포와 쌍포소가 있다.
　쌍포소를 지나 서북방향으로 들어가면 송림동 계곡이 넓게 확 트이는데 계곡을 따라 2.5킬로미터쯤 가면 우측에 원통암(円通庵)터가 있고 5백미터쯤 더 가면 송림사 터가 나온다. 송림사 터에서 서남방향으로 백천계를 건너 박달고개를 넘으면 유점사 터를 갈 수 있다. 다시 송림사 터에서 한참가면 계곡과 떨어진 높은 곳에 송림굴이라는 천연동굴이 있다. 송림굴은 예전에 송림암이 있었던 큰 동굴로 유명하며 송림굴에서 계곡으로 내려서면 송림동의 대표적 명소인 송림담이 있다.
　송림담은 수석이 정결하고 주위의 경치 또한 좋아 예부터 이름난 명소이며, 우측 큰바위벽에는 第一松林泉石(제일송림천석)이라는 각자가 새겨져 있다.

② 만상동(萬相洞)
　송림담을 지나면 만상동에 들어서게 된다. 만상동이란 이름 그대로 천태만상을 이룬 계곡이라는 뜻이다.
　수목이 우거진 만상동 계곡에 들어서면 깎아지른 절벽 위에 기묘한 바위들이 나타나고 맑은 계류가 집채같이 크고 흰 바위를 안고 층층이 쏟아져 내리는 곳마다 여러가지 모양의 폭포와 푸른 소가 눈돌릴 사이 없이 연이어 꼬리를 물고 있어 자주 발걸음을 멈추게 된다.
　만상동에서 처음 보게 되는 합류폭포는 폭포수가 위에서는 두줄기로 쏟아져 내리다가 중턱에 이르러 하나로 합치게 되므로 합류폭포라 부르며 경사도 40도쯤 되는 누운폭포이다. 폭포 밑에는 깊이가 20미터에 너비 6미터이고, 깊이 4미터의 용소가 있다.
　합류폭포 위에는 곧은폭포가 있고 더 가다 보면 우측으로 기암절벽 중턱에 기묘한

은선대에서 내려다본 12폭포 전경

범바위와 매바위가 보이고, 더 가면서 작은 폭포와 담소들을 지나 복숭아바위와 복숭아소가 있다. 또 올라가면 2단폭포라는 누운폭포가 있는데, 폭포의 길이는 위의 것이 15미터이고 아래폭포가 12미터이며 위아래에 각각 깊이 4미터 정도 되는 소가 있다.

2단폭포를 지나 한참 오르면 계곡 우측은 높이 솟은 기암절벽에 겹겹이 늘어서 있고, 수백길 되어보이는 절벽 위에는 기기묘묘한 기암괴석들이 천태만상을 이루고 있으니 이곳을 만상동 골 안의 만물상이라 부른다. 만물상 골 안에는 기묘하게 생긴 만상폭포와 만상담(萬相潭)이 있다. 갈수록 골은 깊어지고 폭포와 담소는 요란하며 백색 화강암의 큰바위들이 계곡에 중첩으로 쌓여 있고 절벽은 더욱 높아지니 거암유학의 계곡미가 장관을 이룬다.

③ 성문동

만상담을 지나면 험준한 바위벽이 좁아진 골짜기를 막아선다. 골짜기는 좁고 개울물은 맑고 계곡은 깊어지며 왼쪽 바위벽을 타고 겨우 한두 사람이 빠질 수 있을 만큼 숨막힐 정도로 좁은 협곡이 된다. 이 협곡을 지나면 하늘에서 물벼락을 내리는 것 같은 십이폭포 물소리가 들린다 하여 여기서부터 성문동이라고 한다.

성문동 협곡으로 들어가는 입구인 이 좁은 목에 은실같이 쏟아지는 폭포가 있는데 성문폭포라 한다. 성문폭포는 구룡연의 은사류와 비슷하고, 그 밑에는 둥그런 소가 있다.

성문폭포를 지나 성문동에 들어서면 골 안은 환히 트이고 계곡바닥에는 집채 같은 큰바위들이 겹겹이 쌓여있어 기어오르기가 더욱 험난하다.

바위를 하나하나 기어오르다 보면 폭포수가 층층바위벽을 안고 돌면서 세갈래로 미끄러져 내리는 물줄기가 한 골에 합쳐서 아래소를 흘러드는 세갈래 폭포가 있다.

세갈래폭포를 지나서 또 오르다 보면 흘러내리는 물이 삼각형으로 된 묘한 바위를 안고 돌면서 고리처럼 생긴 누운폭포를 이루었다가 그 바위 밑에서 한 곳으로 몰려들어 직류폭포로 되어 쏟아지는 기이한 고리폭포가 있고 그 밑에는 깊이 5미터는 되어보이는 푸른소가 있다.

고리폭포를 지나면서부터 계곡은 더욱 깊어지는데 계곡으로 내민 산기슭을 돌아가면 금강산 4대 명폭 중에서도 높이로는 첫째로 꼽히는 십이폭포가 계곡 우측에 걸려있다.

　폭포 밑에는 반석이 쭉 깔려 있는데 여기서 십이폭포를 올려다보는 경관은 그야말로 장관이다. 마치 하늘에서 쏟아져 내리는 것 같고, 그 폭포 물소리 또한 하늘에서 물벼락을 치는 것같이 매우 요란하다.

　십이폭포는 채하봉과 소반덕 사이의 골짜기에서 발원한 물줄기가 채하봉 남쪽벼랑을 타고 층층으로 떨어지면서 이루어진 폭포인데 그 층이 열두층으로 되어있어 12폭포라고 한다.

　열두번 꺾어내리는 이 폭포의 높이는 289미터(길이 390미터, 너비 4미터)이며 밑 계곡에서는 그 중 절반만이 보일 뿐이다. 폭포기슭의 벼랑에는 바위틈에 뿌리박고 자라는 소나무들과 단풍나무, 옻나무, 철쭉나무를 비롯한 온갖 관목들이 폭포를 감싸고 있어 풍취를 돋구어 주지만 특히 단풍이 붉게 물든 가을 경치가 가장 아름답게 보인다.

　십이폭포의 전경을 다 볼 수 있는 곳은 그 맞은편 벼랑 위에 있는 은선대와 불정대 뿐이다. 특히 은선대에서 십이폭포를 바라보면 폭포가 한눈에 안겨와서 대장관을 이룬다.

　십이폭포를 지나면 성문동 상류계곡은 훨씬 협곡으로 더욱 좁아들고 경사도 매우 급해지며 이름있는 기암괴석과 폭포, 소 등이 적지 않게 있다. 그중에서도 유명한 명소는 돌문폭포와 석문굴(石門窟)이다.

　백천교에서 송림사터까지의 거리는 약 6킬로미터이며 송림사에서 12폭포까지는 험로 6킬로미터로 3시간 정도, 또 12폭포에서 석문(石門)폭포까지는 더욱 험난하여 2킬로미터에 1시간 반이 걸린다. 따라서 송림사 터에서 성문동의 오지 석문폭포까지의 약 8킬로미터의 험난 코스를 탐승하려면 왕복 8시간을 잡아야 한다. 또 백천교에서 12폭포까지 왕복 24킬로미터는 9시간이나 걸린다.

효운동-칠보대 코스

용천동, 효운동, 은선대, 칠보대

　효운동은 외금강의 남쪽 산록에 자리잡고 있는 유점사터에서 서북쪽으로 뚫려있는 계곡으로서 하류를 용천동 상류를 효운동으로 나누어진다.
　외금강 남쪽 구역 탐승의 교통중심지인 유점사 터에서 서북쪽으로 효운동을 거쳐서 내무재령(안무재 1,275m)을 넘어서 내금강 만폭동과 통하며 또 내무재령에서 북쪽으로 계속 오르면 일출봉과 월출봉을 거쳐서 비로봉으로 오를 수 있다.
　유점사터에서 서남방향으로 삼거리를 지나 외무재령(1,197m)을 넘어 내금강 내강리(장안사 방면)로 빠지는 거리는 약 21킬로미터이며, 유점사 터에서 북쪽으로 박달고개(높이 700m)를 넘어서 송림사 터로 넘어가는 거리는 9킬로미터의 험로이고, 또 동남쪽으로 개잔령(開殘嶺, 757m)을 넘어서 백천교로 나갈 수 있는 거리는 12킬로미터이다. 따라서 송림동 입구인 백천교에서 서남쪽 방향으로 개잔령을 넘어서 삼거리 채 못미쳐의 갈림길에서 오른쪽 용천을 따라 들어가면 유점사 터에 이르게 된다. ⇨161쪽 개념도 참조

① 용천동(龍川洞)

　금강산백천교중창비(金剛山百川橋重創碑)가 서 있는 백천교에서 서남쪽 계곡을 따라 오르다가 개울을 건너 오른쪽 경사진 능선길로 오르게 되면 개잔령 마루에 오르게 된다.
　개잔령은 옛날에는 구령(狗嶺)이라 하였으며 백천교에서 오르는 길은 경사가 급하지만 영을 넘어서면 길이 완만해 진다. 아흔아홉 굽이라고 일컫는 개잔령 넘는 길은 동해바다를 전망할 수 있는 망해대가 있어 전망이 좋고 또 울창한 수림길이 있어 경치도 좋아 즐거운 등산 코스로 알려져 있다.

일출봉과 월출봉

개잔령을 내려가서 동남쪽으로 뻗어나간 도로를 따라가다 보면 우측으로 송림골로 통하는 갈림길이 있고 '노루메기고개'(獐項峴)를 넘어 남강 상류를 따라가다 용천교를 건너 오른쪽으로 용천을 따라 2.5킬로미터 정도 들어가면 유점사터가 나오게 된다.

남강 상류에는 여름 한철 산란을 하기 위해 동해바다로부터 연어, 송어 등 귀한 희귀어가 올라온다. 용천계류를 따라가면 1.5킬로미터 지점에 유명한 소년소가 있으며 소년소(少年沼)는 길이가 30미터이고 너비 19미터에 깊이 2.2미터나 되며 경치가 좋은 누운폭포 밑에 있어 경관이 아름답기로 이름나 있다.

소년소에서 1킬로미터 올라가면 용천을 앞에 끼고 청룡산의 낮은 능선을 등지고 노송 숲이 우거진 넓은 터 안에 유점사터가 자리잡고 있다.

유점사는 전설에 의하면 신라 남해왕 원년(서기 4년)에 인도 53불 도래로 인하여 세워진 우리나라 최고최대의 사찰로서 장안사, 신계사, 표훈사와 더불어 금강산 4대 사찰 중에서도 가장 역사 깊고 큰 사찰로 유명하였다.

6.25전까지만 하여도 능인전(能仁殿), 대웅보전, 산영루를 비롯하여 40여 동의

대소 전각의 옛 건물들이 아름다운 자연경치 속에 즐비하게 늘어서 장관을 이루었으나 전화로 불타고 지금은 없다. 다만 축대와 주춧돌과 범종각에 달았던 종만이 남아 있을 뿐이다.

유점사 뒤에서 동북으로 난 길을 따라가면 박달고개를 넘어 송림동 송림굴 앞으로 나가게 되는데 박달고개의 북쪽에는 전망이 좋은 '불정대'가 있다.

또 유점사 터에서 서북쪽 효운동으로 가는 길을 따라 조금 가다가 왼쪽으로 용천에 내려서면 높이가 약 10미터쯤 되고 바위 위가 평평하여 수십명은 앉을 수 있는 반야대가 있다.

다시 길을 따라 우측으로 들어서면 잡목림이 우거진 숲속에 옛승려들의 부도와 비석이 세워져 있다.

유점사 터 위쪽의 용천동 계곡 바위에 '愚隱洞天'(우은동천)이란 네글자가 새겨져 있는 것으로 보아 예전에는 소년소에서 유점사 터 근처 반야대까지의 용천계곡을 우은동계곡이라고도 부른 듯하다.

② 효운동

반야대에서 조금 올라가면 소나무, 잣나무, 전나무, 참나무 등 노수거목들이 울창하게 우거지고 얼마 안가서 왼쪽 구연동(만경동)과 오른쪽 효운동 두 계곡의 합수목에 이른다.

용천하류의 용천교에서부터 용천을 따라 이 합수목까지 3킬로미터 구간을 용천동이라 부른다. 이곳에서부터 효운동 계곡을 따라 오르면 골 안이 점점 좁아지고, 왼쪽에 치마바위 같은 바위벽이 나타나고, 이 바위벽을 돌아가면 다시 골 안이 갑자기 넓어지면서 왼쪽에 수십길 되는 바위벽이 경사져 있다. 그 경사진 암벽의 아랫부분에 晩雲洞(효운동)이란 글자가 새겨져 있어 이곳이 효운동임을 알 수 있다.

계곡을 가로막고 서있는 큰 바윗돌 사이로 맑고 푸른 계류가 쏟아져내려 소용돌이치는 소가 있는데 이 소가 효운동 골 안의 이름난 명소의 하나인 구룡소(九龍沼)이다. 구룡소는 길이가 19미터에, 너비 15미터의 큰 소이며, 전설에 의하면 53불에게 쫓겨난 아홉마리의 용이 아홉개의 돌확에 잠깐 들려 숨었다가 구룡연으로 갔다고 하여 이 소를 구룡소로 부르게 되었다 한다. 구룡소 우측에 있는 돌확 옆 바위에 晩雲洞(효운동)이라는 글자가 새겨져 있다.

12폭포를 바라볼 수 있는 유일한 전망대 은선대

　구룡소를 지나 2백미터쯤 올라가면 청정계류가 이중으로 된 돌확을 휘감고 돌며 소용돌이치는 쌍확소가 있고 쌍확소 위에는 넓은 반석을 흘러내리는 아름다운 와폭인 바리폭포가 있다.
　바리폭포를 지나서 계곡은 왼쪽으로 구부러져 서북쪽 내무재령 방향으로 뻗어있고 이 안무재 계곡을 따라 5킬로미터 거리에 있는 내무재령 고개에 이르게 된다.
　계곡 오른쪽 옆으로 난 길을따라 숲속을 한참 가노라면 우측에 옛 절터의 축대가 보이고 은선대로 올라가는 갈림길이 나온다. 이 갈림길에서 높은 등말기를 향하여 1킬로미터쯤 오르게되면 은선대에 오르게 된다.

　③ 은선대(隱仙台)
　은선대는 밑에서 보면 불쑥 솟아있는 바위봉우리처럼 보이며 오르는 길이 매우 가파르다.
　은선대에 올라서면 둥글넓적한 바위들이 놓여있고 꼭대기 한쪽에 바위기둥이 솟아있다. 은선대는 은신대라고도 하며 예부터 좋은 전망대로 유명하다. 은선대에서의 전망은 서북쪽으로는 일출봉, 월출봉, 장군봉 등 준봉들이 바라보이고, 북쪽으로는 채하봉, 집선봉, 소반덕 등의 기묘하고 아름다운 기봉수만들의 모습이 한눈에 보인다. 특히 그 앞에 곧바로 마주 보이는 십이폭포의 전망은 천하의 절승으로 예부터 유명하다. 대아래는 성운동 계곡이 아찔하게 내려다 보이고 멀리 동남쪽으로는 송림동 계곡이 한눈에 안겨온다.

동쪽으로 다시 눈을 돌리면 푸른 동해바다가 아득히 바라다 보이고 다시 뒤로 돌아서서 서남쪽을 바라보면 울창한 수림으로 덮인 일망무제의 수해 위에 칠보대와 차일봉과 미륵봉 줄기의 준봉들이 수려한 모습으로 우뚝우뚝 솟아 있다 .이와같이 은선대는 사방이 확 열려 있어 외금강에서도 이름난 전망대이다.

은선대는 성문동 계곡의 북쪽에 높이 솟은 금강산 제3의 거봉인 채하봉(1,588m) 중턱에서 발원하여 3백여미터의 절벽단애를 열두개 폭포가 이어지며 쏟아지는 저 유명한 십이폭포의 장관을 바라볼 수 있는 유일한 거점이요 전망대인 것이다.

채하봉의 수만을 배경으로 하여 천길 절벽에 걸려있는 십이폭포가 석양의 사양광을 받아 찬연히 빛나는 천하의 기관은 생동감 넘치는 폭포물 소리와 더불어 보는 사람으로 하여금 마치 꿈나라에서 몽유하는 것 같은 감회를 안겨준다.

또 은선대 전망의 특징으로서는 서북쪽으로 천하의 기관 십이폭포(12폭포)가 걸려있는 대협곡의 주위를 둘러싸고 대장봉, 장군성, 월출봉, 일출봉, 칠보대, 미륵봉 등 거악 준봉들이 겹겹이 솟아 있는데 동남쪽은 안무재골에서 이어져 수십리에 달하는 효운동 계곡의 대수림지대가 끝없이 펼쳐지는 수해를 이루고 있어 서북쪽과 동남쪽이 서로 다른 특이한 경관을 이루고 있다.

춘원 이광수의 은선대와 12폭포에 대한 소감을 적어본다.

(전략) "불정대 중복에 하얀 비단폭을 늘인 듯한 것이 유명한 12폭포인데 가만히 보면 폭포의 떨어지는 것이 아물아물 보이며, 또 귀를 기울이면 원뢰성 같은 소리가 은은히 들려옵니다.

장단의 차이는 있으나 12라고 말할 만한 폭포가 수적으로 서로 연하여 드리운 모양은 실로 천하의 기관이라 할 것이요, 또 그것을 바라보기 위하여 은선대가 생긴 것도 신묘한 일입니다."

「금강산 유기」에서

④ 칠보대(七寶台)

은선대로 오르는 갈림길에서 다시 계곡을 따라 한참 올라가다가 갈림길에서 오른쪽 개울길을 따라 등마루에 오르면 칠보대가 나온다. 옛날에는 이 칠보대 밑에 칠보암이란 작은 암자가 있었다 하나 지금은 빈터만 남아있다.

칠보암터 주위에는 칠보대를 중심으로 하여 좌측에 미륵바위(彌勒岩), 봉황봉, 용봉이 우측으로 칠성봉, 견두봉, 사자봉 등 거암괴봉의 수많은 봉우리들이 높이 솟아 둘러있어 경관이 잘 어울려 절터자리 경치가 좋기로 이름난 곳이다.

칠보대는 이름 그대로 생김새가 마치 칠보 보석을 장식한 것 같은 기묘한 암봉으로 은선대와 함께 좋은 전망대로서 예부터 이름난 명소이며 효운동 오지의 마지막 유명 전망대이다.

칠보대에서 바라보는 전망은 북으로 일출봉, 남쪽의 차일봉, 미륵봉, 동쪽으로 은선대 등 수많은 봉우리들의 웅대한 경관과 아울러 효운봉 울창한 수림지대를 바라볼 수 있어 더욱 좋다.

칠보대로 오르는 계곡갈림길에서 거목들이 울창한 안무재골을 따라 세 개의 작은 고개를 넘어서 오르면 곧 안무재령 고개에 오르게 된다. 이 안무재령은 예부터 외금강과 내금강을 넘나드는 영마루 갈림길로 유명하다.

효운동계곡 이름의 유래를 살펴보면 서쪽 내무재령 안무재골에서 이어진 동남쪽으로 수십리에 달하는 효운동계곡에 펼쳐진 태고의 울창한 원시림 삼림속에서 갑자기 높은 단애암벽 은선대위에 올라 해를 우러러 바라보면 발아래 펼쳐진 첩첩 울밀한 산림위에서 운무가 피어 오르면서 마치 아침해가 뜨는 것같은 서경미(瑞景美)를 느끼게 한다는 데서 연유하였다 한다.

유점사터에서 구룡소를 거쳐서 은선대 갈림길까지의 거리는 약 4킬로미터이며, 갈림길에서 은선대까지는 가파른 급경사 험로가 1킬로미터이다.

또 은선대 갈림길에서 칠보대까지의 거리는 1.5킬로미터이다. 그리고 은선대 갈림길에서 안무재계곡을 거쳐서 안무재령까지는 5킬로미터이다.

따라서 유점사터에서 은선대와 칠보대에 올랐다가 유점사터로 되돌아오는 왕복거리는 약 13킬로미터이나 은선대와 칠보대에 오르는 길이 모든 급경사 난코스이기 때문에 왕복 7, 8시간은 잡아야 한다.

만경동-미륵봉 코스

구련동, 만경동, 중내원, 미륵봉

① 구련동과 만경동

유점사터 위쪽 용천동 계곡의 반야대 위에 있는 합수목에서 왼쪽으로 갈라져 들어가는 계곡을 구련동 또는 만경동이라 부른다.

구련동계곡 입구부터 아름다운 풍경을 배경으로 아담한 소들이 이어지고 오른쪽 길을 따라 약 500미터쯤 올라가면 선담이란 구련동에서 이름있는 소가 나온다. 윗골짜기에서 쏟아지는 맑은 물을 받아 아래 소로 넘기는 이 선담소는 그 생김새가 배를 닮아 기묘할 뿐만 아니라 위와 아래에 각각 누운 폭포가 잇달려 있어 더한층 그윽하고 아름답다. 길이 23미터, 너비 8미터, 깊이가 4미터나 되는 이 선담을 내금강 만폭동의 선담과 구별하여 외선담이라고도 한다.

소의 아래 바위벽에 선담이란 글자가 새겨져 있고 그 주위에는 많은 옛 사람들의 이름이 새겨져 있는데 이것은 선담이 옛날부터 많은 사람들이 찾아오던 이름난 명소라는 것을 말해주는 것이다. 선담을 끼고 왼쪽의 가파른 기슭으로 오르면 온 골안을 메울 만큼 큰 바위들이 놓여있고 그 틈으로 누운 폭포가 쏟아져 내리고 그위에 마치 두 개의 폭포가 하나로 연결된 것처럼 보이는 기묘하고 아름다운 폭포가 있다. 아래 폭포를 흰 비단폭포, 위폭포를 두줄폭포라 한다. 흰 비단폭포는 높이가 9.5미터나 되며 구슬발을 드리운 것같이 아름다운 두줄폭포와 더불어 계곡 좌우에 펼쳐진 아름다운 풍경에 잘 어울려 자연의 조화가 절묘하다.

흰 비단폭포와 두줄폭포를 지나면 개울가의 나무숲과 잘 어울린 맷돌 같은 흰 바위들이 계곡바닥에 쭉 깔리고 폭포, 소의 오른쪽에는 깎아지른 바위벽이 병풍처럼 둘러서 있다. 오른쪽 바위벽과 계곡바닥의 큰 반석 위에는 각각 '萬景洞(만경동)'이란 글자가 새겨져 있어 이곳이 만경동임을 알 수 있다. 또 이곳에서 한참 오르면 높

미륵봉 전경과 그 연봉

이 14미터나 되는 구련폭포와 깊이 4.5미터나 되는 소가 나타나고 소밑에 있는 큰 바위에는 '九連瀑布(구련폭포)'라는 글자가 새겨져 있다.

　구련폭포 위쪽에 올라서면 오른쪽으로 하늘을 찌를 듯한 큰 바위벽에 높이 약 70미터나 되는 구련 계절폭포가 있고 그 위에는 향노봉이 높이 솟아있다. 구련계절 폭포에서 왼쪽으로 높이 치달아 오르는 본 계곡에는 높이 약 40미터의 바위벽을 타고 쏟아지는 활등 폭포가 장관을 이루고 있다.

　이 계곡은 1킬로미터가 넘는 계곡바닥이 모두 큰 반석으로 이어져 있으며 구곡양장 같은 굴곡의 연속으로 이어져 있을 뿐만 아니라 계곡 양쪽은 울창한 수림이 우거져 있어 가다보면 앞뒤가 막히고 마치 아름다운 자연 항아리 속처럼 심산유곡의 유적하고 우아한 비경을 이루고 있다. 그래서인지 옛사람들도 이곳 골안 암반 위에 '玉

壺洞天(옥호동천)'이란 큰 글씨로 4자를 새겨 놓았으니 이곳이 바로 일명 옥호동 계곡임을 알 수 있다.

옥호동 계곡은 수많은 대소 완급폭포와 급류 담소들이 집중적으로 꼬리를 물고 있어 아름다운 절경을 이루고 있으나 오르는 계곡길이 매우 험난하다.

그러므로 옛 승려들은 중내원(中內院) 암자로 오르는데 험난한 옥호동 계곡길을 피하여 만경동 입구의 두줄폭포를 지나서 한참 오르다가 계곡을 버리고 좌측 밀림속을 뚫고 나있는 산길을 따라 높은 사자수령(獅子首領) 고개를 넘어서 다시 옥호동 상류 계곡으로 내려서 가는 안전산길로 오르내렸다.   ⇨161쪽 개념도 참조

② 중내원과 미륵봉

사자수령고개 넘는 길과 만나게 되는 옥호동 상류 계곡길을 따라 계속 올라가면 시야가 트이면서 중내원 암자터 승경에 이르게 된다. 미륵봉 높은 중턱 중내원터 주위에는 용화대, 구련대, 감로수 등의 명소가 있으며 남금강 일대의 전망이 좋기로 이름나 있다.

중내원터에서 다시 태을암, 용암, 장경암, 미륵굴을 거쳐서 가파른 절벽길을 기어오르면 드디어 우람한 독립암봉 산세가 오히려 위세거방지다는 미륵봉(1,538m) 정상에 오르게 된다. 미륵봉 정상은 거대한 암봉으로 되어 있으며 정상에는 기이한 '발성암(發聲岩), 선인족적(仙人足跡)' 등의 명물이 있으며 남금강 일대의 우아한 경관을 한눈에 전망할 수 있는 이름난 전망대의 하나로 손꼽는다.

이곳 미륵봉에서 서쪽으로 차일봉을 거쳐서 남금강의 명승지 백탑동(白塔洞)과 수렴동으로 내려갈 수 있으며 또 차일봉에서 남쪽으로 능선을 따라 금강산 남단의 거봉 백마봉(1,510m)으로 오를 수 있다.

구련동 탐승의 관문 유점사에서 중내원터까지의 거리는 약 9킬로미터이며, 중내원터에서 미륵봉정상까지는 2킬로미터 정도의 거리이다. 따라서 유점사에서 미륵봉까지의 왕복거리는 22킬로미터쯤이며 왕복 9시간 소요되는 난코스로 알려져 있다.

2. 내금강 탐승코스

　내금강은 외금강과 더불어 빼어난 명승지로서 널리 알려진 금강산의 서부 명승지다. 내금강은 태백산 큰 줄기에 솟아있는 비로봉을 중심으로 하여 그 북쪽의 옥녀봉, 상등봉, 온정령, 오봉산, 그리고 그 남쪽의 월출봉, 일출봉, 차일봉, 호룡봉 등 중앙연봉으로 이어지는 능선을 경계로 하여 동쪽 외금강과 접하고 있다.
　여러 갈래 계곡들의 청정계류가 빚어놓은 수많은 폭포, 급류, 심연, 담소들이 기암절벽들과 어울리고 빽빽한 수림이 풍겨주는 짙은 녹음과 잘 조화되어 계곡마다 천하의 절승을 이루고 있는 내금강은 깊숙하고 그윽한 심산유곡의 비경을 이루고 있어 우아한 계곡미를 자랑하고 있다.
　천태만상의 기봉들이 장엄하고 황홀한 산악미를 자랑하는 외금강이 억세고 강의(剛毅)한 남성적인 미로 특징지어진다면, 수림과 폭포와 소들이 어울리는 계곡미를 대표하는 내금강은 부드럽고 우아하고 정겨운 여성적인 풍경미를 나타내는 것이 특징이라고들 한다. 내·외금강을 통틀어 개괄(槪括)적으로 비교하여 말할 때 이 비유는 타당한 것이 될 것이다. 그러나 이것은 내금강의 모든 경관이 다 여성적임을 의미하는 것은 아니다. 내금강에도 우람차고 웅대하고 활달하고 장엄한 남성적 경관들이 많이 있으며, 또 외금강에도 아담하고 수려한 여성적인 경관들이 적지않다.
　내금강은 그 지역적 특성과 주요 탐승 코스에 따라 편의상 아래 5코스로 나누어진다.
　1) 만폭동계곡-비로봉 코스
　2) 명경대-백탑동-차일봉 코스
　3) 태상동계곡-수미동 코스
　4) 송라동-망군대 코스
　5) 구성동 계곡 코스

만폭동계곡-비로봉 코스

내강동, 장안동, 표훈동, 만폭동, 백운대, 내금강, 비로봉

만폭동계곡은 금강산의 최고주봉인 비로봉(毘盧峰·1,639m)의 남쪽 사면에서 발원하는 비로골, 원적골, 안무재골, 불지골 등 여러 갈래계곡의 청정계류가 화개동으로 흘러들어 합류하여 남쪽을 향하여 흐르면서 만폭동 절승계곡을 이루고 동금강천의 주류가 되어 만천으로 흘러내리는 내금강의 대표적 중심계곡이다.

여기에는 비로봉을 비롯하여 영랑봉, 중향성, 백운대, 법기봉, 혈망봉, 촛대봉 등 이름난 내금강 준봉들이 높이 솟아 있으며 그아래 산자락에는 소나무, 잣나무, 전나무 등 침엽상록 노송수와 단풍나무, 자작나무, 물푸레나무, 참나무 등 활엽수들이 울창한 수림을 이루어 심산유곡에 수많은 절경과 명승비경을 이루고 있을 뿐만 아니라 예전에는 장안사, 표훈사, 정양사, 마하연 등 대소사암과 수많은 문화유적들이 있었던 곳으로 지금도 역사깊은 유적과 유물들이 다수 남아있다.

만폭동 계곡은 탐승의 편의상 ①내강동, ②장안동, ③표훈동, ④만폭동, ⑤백운대 구역, ⑥내금강 비로봉으로 나누어진다.

내금강 입구에서 만천강을 거슬러 내강동, 장안동, 표훈동, 만폭동, 화개동을 거쳐서 금강산의 주봉인 비로봉으로 오르는 이 만폭동계곡 탐승코스는 산과 계곡과 수림과 수석(水石)이 어울려 수많은 절경을 빚어놓은 내금강의 대표적 탐승코스일 뿐만 아니라, 외금강의 만물상 코스 및 옥류동(구룡연)코스와 더불어 금강산의 3대주요 탐승코스 중의 하나로 손꼽는다.

또 이 코스는 내금강에서 최고봉 비로봉을 넘어서 외금강 옥류동 계곡 코스와 이어지는 내·외금강을 연결하는 최단거리 코스로서 더욱 유명하다.

내강동에서 비로봉의 거리는 15킬로미터이고, 온정동과 비로봉 거리는 16킬로미터이므로 합하여 월령 총거리는 31킬로미터가 된다.

만폭동계곡-비로봉 코스 177

만폭동-비로봉 코스 개념도

◉ 산행코스
장안사 — 표훈사 — 만폭동 — 묘길상 — 사선교 — 안무재

① 내강동(內剛洞)

내강동은 내금강 입구의 내강 마을로부터 만천교까지의 약 1.5킬로미터 구간을 말한다. 내강리 소재지는 만천하류 동금강천을 끼고 아담하게 자리잡은 내금강 탐승의 관문이다.

멀리 금강산의 준봉들이 병풍처럼 둘러있고 마을 앞에는 맑고 푸른 동금강천이 시원스레 흐르고 강기슭에는 아름드리 낙락장송들이 우거져 아름다운 송림풍경을 이루고 있는데 그 뒤로는 내금강 장안동의 수려한 산봉들이 한눈에 들어온다.

옛날에 신선들이 사는 곳을 물으면서 금강산 선경을 물어 찾아 들어가는 다리라고 하여 문선교라 부르던 다리는 지금은 내강다리로 이름을 바꾸어 부르고 있다.

내강동에는 내금강 휴양소와 내금강 유원지 관리소가 있어 이곳은 내금강 탐승의 기지요 관문으로서 내금강의 중심부 만폭동 계곡으로 찾아드는 입구에 속한다. 내강리 서북쪽 낮은 언덕밭 가운데 장연사(長淵寺)터로만 남아있으며 이곳에는 통일신라때 세워진 3층석탑이 외로이 서 있을 뿐이다.

이 석탑은 금강산 안에 현존하는 신계사 3층석탑 및 정양사 3층석탑과 더불어 금강산 삼고탑(三古塔)으로 일컫는 같은 형태의 역사깊은 신라 고탑이다. 특히 대리석으로 축조된 장연사 3층석탑은 두층의 기단위에 놓인 높이가 4미터 이상이며 탑체의 조각 솜씨가 매우 정교하면서도 탑 전체가 장중한 균형미를 풍겨주는 우수한 예술조형탑으로서 국가지정 고적으로 되어있다.

또 내금강 휴양소 앞에서 오른쪽으로 갈라진 금장골 계곡을 따라 2킬로미터여 지점의 금장동 입구에서 다시 왼쪽 계곡을 따라 약 2킬로미터 지점의 왼쪽 산중턱에 금장암터가 있고 이곳에는 높은산을 등지고 앞이 트여 전망이 좋은 곳에 돌사자 네마리가 탑몸체를 고인 사사자석탑이 있으며 이 금장암석탑도 국가지정 고적이다.

금장암터에서 다시 1킬로미터쯤 개울을 따라 올라가면 높이 70여 미터나 되는 2층폭포(윗층 45m, 아랫층 25m)가 암벽이 병풍처럼 둘러있는 절벽에 걸려있다. 높은 절벽에서 떨어지는 물줄기가 마치 비단필을 펴서 드리운 듯하다하여 비단폭포라 불리운다.

비단폭포에서 다시 3백미터쯤 올라가면 구시골 입구에 높이 40미터 가량 되는 화병대폭포라 이르는 2단폭포(윗층 30m, 아랫층 10m)가 걸려 있다.

최근의 표훈사 전경

이곳은 깎아지른 절벽에 진달래, 철쭉, 황철 등 꽃나무와 단풍나무, 측백나무 등이 무성하여 봄철이면 마치 꽃병풍을 둘러친것 같다하여 화병대라 부르게 된 것이라 하며 주위의 경치가 매우 아름다워 예부터 인근 주민들의 화전놀이터로 이름난 곳이다.

그리고 금장암터에서 개울 윗골을 남보현동이라고 하며 이곳을 거쳐서 바깥무재(外霧在嶺)로 길이 통한다.

② 장안동(長安洞)

장안동은 만천교 다리목에서부터 삼불암까지의 구간을 말한다.

장안동 골안은 만폭동계곡 하류인 만천강 양옆 기슭에 울창한 소나무, 전나무숲이 우거져 그 안에 들어서면 마치 끝없이 펼쳐지는 심산유곡 깊은 산림속 비경으로 들어가고 있다는 유적감을 느낄수 있다.

그리고 계곡의 좌우에는 장경봉, 석가봉, 관음봉, 지장봉 등의 아름다운 봉우리들이 병풍처럼 둘러싸고 있다. 실로 골깊고 물맑고 숲과 봉우리들이 아름다운 아늑하고 한적하고 정겨운 명승지를 이루고 있다.

만천교를 건너면 왼쪽 산언덕에 장안사터가 자리잡고 있다.

장안사는 지금으로부터 1,420여 년전 신라 법흥왕 59년에 진표율사(眞表律師)가 창건한 역사깊은 고찰로서 외금강의 유점사, 신계사, 내금강의 표훈사와 더불어 금강산 4대사찰 중에서도 유점사 다음가는 대찰이었다.

초창기부터 장안사는 대웅보전에 비로자나불(毘盧遮那佛)을 모신 연유로 하여 장안사 북쪽 먼 배후에 자리잡고 있는 금강산 주봉의 이름을 비로봉(毘盧峰)이라 이름지어 부르게 된 것이라 한다. 장안사는 그후 병화로 소실된 것을 고려 제6대 성종 원년에 회정선사(懷正禪師)가 재건하였으며 그후 고려 제28대 충혜왕 6년에 중국 원나라 순제때 기황후(奇皇后·고려여인)가 순제와 그 태자의 명목을 기원하기 위하여 멀리 사자를 보내 증축하였으나 임진왜란때 다시 병화로 전소되었다. 그후 조선 중엽에 다시 또 재건된 것을 숙종 16년에 왕명에 의하여 순찰사 윤국사(尹國師)가 전각을 수리 증축하였고 조선말 이태왕(李太王)이 3회에 걸쳐서 왕명에 의하여 많은 전각을 증축재건하였다.

이와같이 조선조 왕가의 보호와 지원으로 금강산 4대 사찰중의 하나로 크게 사세를 떨쳤으며 경내에는 대웅보전, 사성지전(四聖之殿), 극락전, 대향각, 소향각, 화엄사, 법왕루, 수정문, 만수정 등 다수의 대소전각이 즐비하게 잘 짜여져 있었다.

그러나 6.25 전란때 전화로 사찰 전각이 아깝게도 모두 소실되었다. 지금은 옛 건물의 주춧돌과 부근에 몇개의 비석과 부도만이 남아있을 뿐이다.

그리고 예전에는 장안사에서 약 5백미터쯤 아랫쪽 골안 입구에 만천강을 끼고 사하촌(寺下村)이 이루어져 있었다. 이곳에는 탐승객을 위하여 장안사 호텔을 비롯하여 금강산 여관 등 많은 숙박시설과 매점등이 완비되어 내금강 탐승의 기지촌이 되어 있었으나 지금은 없다.

장안사터를 지나 아름드리 전나무와 잣나무가 우거진 숲속길로 만천강을 따라 올라가면 2백여미터의 거리에 걸쳐서 유달리 푸른 물이 흐르는 것을 볼 수 있다. 이곳은 개울바닥에 청석이 깔려있어 흐르는 물이 더욱 푸르게 보이므로 이곳을 벽류(碧流)라 부른다. 이 근처는 금강산에만 있는 희귀종 식물 '금강국수' 나무의 군락지로

김윤겸의 금강산 화첩중의 장안사

유명하다.

　벽류를 지나 오르다 보면 폭포가 반석 위를 흘러내리는 그 아래 검푸른 소가 하나 있는데 이 소가 울소와 삼불암에 얽힌 전설을 낳은 울소(명연담·鳴淵潭)이다. 울소 뒷바위에는 鳴淵(명연), 兄弟岩(형제암)이란 글자가 새겨져 있다.

　물소위의 좁은 개울목을 돌아서 올라가면 왼쪽에 표훈사 마을터가 있고, 좌측으로 배재령으로 넘어가는 길이 있다. 좀더 올라가면 삼불암교가 나타나는데 예전에는 이 다리를 신선을 맞이하는 다리라는 뜻으로 영선교라 불렀다.

　삼불암교를 지나 더 올라가면 우측으로 매우 높고 큰바위 하나가 우뚝 서 있는데 이 바위를 삼불암이라 부른다. 바위의 정면에는 미륵, 석가, 아미타불 등 세부처의 큰 입상이 새겨져 있고 왼쪽 옆면에는 그보다 작은 두 불상이 새겨져 있으며 또 뒷면에는 60개의 작은 좌불상이 새겨져 있다. 그리고 바위정면 우측에는 '三佛岩'(삼불암)이라는 큰 글자가 새겨져 있다.

이 삼불암 불상은 조선조 초기에 뇌옹조사가 조각한 것이라 전하며 그당시 표훈사 주지 뇌화(懶華) 간승과 금동거사(金同居士)와 삼불암과 명연담에 얽힌 전설의 애화가 전해오고 있어 더욱 유명하다. 명연담(울소)의 애화 전설을 참고하기 바란다.

바위의 오른쪽 길 옆면에는 표훈동천(表訓洞天), 왼쪽 옆면에는 장안사지경처(長安寺地境處)라는 글자가 새겨져 있다.

③ 표훈동(表訓洞)

표훈동은 삼불암을 지나서 금강문까지의 만천계곡 구역을 말한다. 표훈동은 비교적 넓은 골안에 우거진 소나무, 잣나무 숲이 들어차 있고 기암괴석을 머리에 인 청학대, 오선봉, 돈도봉, 방광대, 천일대 등이 둘러있고 수정같이 맑은 계곡물이 흐르고 있어 계곡 자체의 경치도 좋거니와 특히 표훈사 뒤 등성이는 전망이 좋기로 이름나 있다.

삼불암을 지나 더 오르면 오른쪽에 백화암터가 있다. 이곳은 원래 고려 후반기에 도선사라는 절이 있었던 자리인데 그후 백화암을 세웠다. 암자 건물은 여러 차례 고쳐 세웠는데 1914년에 불탄 이후 터만 남아있다.

백화암에는 수충영각(酬忠影閣)이라는 건물안에 서산대사, 뇌옹대화상, 지공대화상, 무학대화상, 사명당대선사 등 애국적 금강산 명승들의 진영화산(眞影畫像)을 모셔놓고 보존하여 왔으나 모두 불타 없어졌다. 백화암터 뒤에는 서산대사를 비롯한 네 개의 비석과 다섯 개의 부도들이 보존되어 있다. 모두 17세기 중엽과 18세기 초에 세워진 것으로서 당시의 정교한 조각예술 솜씨를 보여주는 문화유물들이다.

백화암터는 비록 낮은 곳에 자리잡고 있으나 주위에 전나무 수림이 우거져 아늑하고 유적한 정취가 있으며 앞이 훤히 틔여있어 표훈동의 절승경개를 한눈에 바라볼 수 있고 뒤로는 중향성(衆香城)과 수미봉의 기묘한 바위들을 쳐다볼 수 있어 경치 좋고 한적한 비경을 이루고 있는 곳이다. 또한 이 부근에 꾀꼴새가 많기로도 유명하다.

백화암터를 지나 계곡을 따라 오르면 표훈사교가 나타난다. 예전에는 이 다리를 함영교(含影橋)라 하였다. 그것은 다리 위에서 밑을 내려다보면 개울물에 주위의

청전계류가 흘러드는 만폭동계곡

기암준봉들이 아름답게 비치기 때문에 그림자를 물에 잠근 다리라는 뜻의 운치있는 이름이다.

표훈사 다리를 건너면 장안사터에서 약 4킬로미터의 거리 지점에 자리잡고 있는 예전에는 금강산 4대 사찰중의 하나로 손꼽던 명찰이요, 지금은 금강산 4대사찰 중 유일하게 전화를 입지 않고 옛모습 그대로 현존하는 표훈사에 이르게 된다.

높은 언덕위에 날아갈 듯 합각지붕을 이고 앉은 표훈사는 지금으로부터 1460여 년전 신라 문무왕 10년에 표훈선사(表訓禪師)가 창건한 고찰이라고 하나 현존하는 건물은 조선조 세조대왕이 재건한 후 수차에 걸쳐서 중수한 반야보전, 능파루, 탈선당, 극락요, 동승당, 서승당, 함영루 등 여러 불전과 누각, 산문이 즐비하다. 표훈사 동쪽으로는 돈도봉, 오선대(五仙台), 청학대(靑鶴台)가 우뚝 서있고 서쪽으로는 천일대가 높이 솟아있어 산과 숲과 계곡이 서로 어울려 선경을 이루고 있다.

정양사 가는 길은 표훈사 뒤를 돌아 아름드리 전나무, 잣나무와 잡목림이 우거진 머루, 다래 넝쿨도 엉키고 급경사진 산길을 약 1킬로미터 가량 오르면 방광대(放光台) 중턱허리 밝은 고대위에 정남향으로 자리잡은 정양사에 이른다. 정양사는 본당 반야전을 비롯하여 약사전, 헐성루 등 신라 문무왕 12년에 회정선사(懷正禪師) 창건이래 법등을 지켜온 고찰로서 신라 시대의 3층석탑과 고려시대의 석등 등이 문화 유물로 남아 있으며 표훈사와 더불어 금강산에서 전화를 입지않고 다행히 현재까지 남아있는 사찰중의 하나다. 정양사는 특히 전망이 좋은 곳에 자리잡고 있는 것으로 유명하다.

이곳은 지대 높이가 800미터 정도밖에 안되는 산중턱이지만 사방이 탁 트여 있어 내금강 크고작은 산봉우리들을 한눈에 바라볼 수 있는 절묘한 전망대이다.

정양사 동남쪽엔 천일대가 있어 이곳에서 만폭동을 환히 내려다 볼 수 있으며 동쪽에는 유명한 전망대 헐성루(歇惺樓)가 있다.

정양사는 금강산의 서쪽 정맥이요 헐성루는 또 정양사의 정국(政局)이라 한다. 그러므로 금강산의 수많은 봉우리들이 모두 이 헐성루 앞으로 향하고 있는 형국이니 정양사는 참으로 금강산 1만2천봉의 대도회당이라 말할 만하다.

헐성루에서 바라보면 금강산의 최고주봉인 비로봉이 동북쪽에 높이 솟아있고 서쪽으로 금강 제2봉 영랑봉, 용호봉, 중향성 등이 서로 잇달아 나열하고, 동쪽에는 월출봉, 일출봉을 밖으로 하여 그 안에 혈망봉, 망고대, 오현봉이요, 망고대 남쪽엔 승

옛모습의 표훈사

상봉이, 동남쪽엔 백마봉, 천등봉, 국망봉, 십왕봉(1,147m)이 멀리 조망되고, 백마봉 안쪽으로 석가봉, 미타봉 등이 보인다.

  이와같이 크고작고 높고낮은 내금강 수많은 여러 준봉들이 혹은 거인처럼 우뚝하고 혹은 옥순처럼 뾰족하여 제각기 특이한 모양으로 마치 1만2천 천상선녀 군상들이 구름위에서 천의를 휘날리며 춤을 추듯 운무의 승산에 따라 더욱 변화무쌍할 뿐만 아니라 또 철따라 그 경관이 변화하니 봄에는 싱그러운 신록의 꽃밭 바람타고, 여름에는 출렁이는 푸른 녹음이 파도 위에서, 가을에는 붉게 불타오르는 오색단풍의 찬란한 홍염의 물결 위에서, 겨울에는 호호백설 설화의 산호숲 속에서 뭇봉우리들이 언제나 옥 같은 상체를 드러내고 마치 비상하듯 생동감 넘치는 일대 파노라마를 영겁 속에서 펼치고 있으니 그 웅대하면서도 신비롭고 아름다운 조망의 감동적 심미감을 어찌 말로서 표현할수 있으랴. 다만 천하명승 금강의 참모습을 이곳 헐성루에서 진하게 한번 느껴볼 수 있을 것이다.

  헐성루에는 지봉대(指峰台)라 부르는 산봉의 모형장치가 반상에 설치되어 있어 헐성루에서 바라볼수 있는 내금강 주요 42개 봉우리들을 배치하여 봉마다 모두 봉이름이 기재되어 있으므로 고정된 줄을 당겨 방향을 잡고 바라보면 누구나 그 42 실체봉의 이름을 쉽게 알아볼 수 있는 기발한 특별장치가 되어있어 정양사의 명물로 더욱 유명하다.

자고로 시인묵객들이 이곳 정양사 헐성루에 올라 내금강의 빼어난 선경을 조망하고 그 감흥을 이기지 못하여 시(詩)를 지었다. 전해오는 그 대표적인 시 몇수를 소개한다.

조선 선조(宣祖)때의 대문장가요, 재상시인 이경석(李景奭, 호 白軒)은 노래(老來)에 이곳 헐성루에 올라 시 몇수를 지었다.

가을 하늘에 깎아지른 옥같은 봉우리 아름다운데 석양이 반쯤 걸치니 경치 더욱 좋아라. 하루종일 보다가 그래도 모자라서, 구름가 창을 닫지않고 밤깊도록 서 있었네.

　　秋窓削立玉容資
　　半掛斜陽更覺奇
　　盡日相看猶不足
　　雲窓不閉夜深時
　　　　　　　　　이경석(백헌)

천상 선녀 1만2천이 무지개 치마 펄럭이며 광한전(선경) 앞에서 춤을 춘다. 백옥으로 된 큰 비녀를 바로해선 무엇하나, 큰바람 불어다가 바다구름 가에 떨군다.

　　天上仙娥萬二千
　　霓裳舞罷廣寒殿
　　白玉高簪慵不整
　　長風吹落海運邊
　　　　　　　　　기백헌

1만 2천봉이 춤을 추는 벅찬 생동감을 천상선녀가 선경에서 치마 펄럭이며 춤을 추는데 비유한 생동감 넘치는 시라 하겠다.

　열두 난간이 눈(雪)같이 밝은데
　한 난간위에 1천봉씩 비치네

부채에 그린 정선의 정양사

十二欄干明似雪
一欄干上一千峰

　　　　　　　　남헌교(南獻敎, 고종때의 문인)의 시

　이 절구는 헐성루에서의 빼어난 조망을 절묘하게 표현한 이 시는 조선 고종때의 문인 남헌교(南獻敎)의 작품이다.

④ 만폭동(萬瀑洞)
　만폭동은 금강문으로부터 화룡담까지의 약 1킬로미터 구간의 승지를 말한다. 이 구간은 예로부터 만폭동으로 널리 알려져 있으며, 특히 금강산의 계곡미를 대표하는 곳으로 이름나 있다.
　만폭동의 특징은 폭포 아니면 소이고 소 아니면 폭포라고 말할 수 있을 만큼 계곡이 온통 폭포와 소로 되어있는 계곡이다. 그래서 만폭동이라는 이름이 붙여졌는데 그 많은 폭포와 소들은 저마다 각양각색으로 독특한 모양과 유서 깊은 전설들을 간직하고 있다.
　만폭동은 옥같이 맑은 청정계류와 아름다운 수석과 폭포와 소와 넓은 반석과 바위와 산과 봉우리와 수림까지가 모두 한데 어울리고 짜여져서 장쾌한 경관을 이룬 절경의 연속이다.

　표훈사를 지나 계곡따라 약 1백미터 정도 가면 청학대 밑 계곡 왼쪽에 큰 바위 둘이 이마를 맞대고 서있는 돌문이 있다. 돌문은 바닥너비가 약 5미터에, 높이가 2.5미터로 길이는 4미터쯤 되는 삼각 모양인데 들어가면서 좁아진다. 이 돌문이 바로 원화동에 들어서는 원화문이라 부르는 내금강 금강문이다. 문앞 왼쪽 바위에 '金剛門'(금강문)이란 글자가 새겨져 있다.

　금강문을 지나면 층암절벽이 좌우로 이어지고 어지럽게 놓인 수석과 겹겹이 쌓인 바위사이로 흩어져 흐르는 청정계류를 따라 들어갈수록 점입가경인데 왼쪽 원통골에서 흘러나오는 물과 만천계곡물이 합치는 합수목에 이르면 산줄기가 뻗어 내리다가 갑자기 멎어선 듯 두 개울을 양옆에 끼고 한 봉우리가 우람하게 솟아 금강대 절벽을 이루었다.

　금강대를 지나면 별안간 시야가 시원스럽게 트이면서 한 폭의 그림 같은 원화동천의 선경이 열리니 이곳이 만폭동의 입구이다.

　금강대 밑에 있는 만폭교 아래에는 약 2백미터 구간에 걸쳐서 계곡 전체에 매우 넓고 거대한 반석이 나타나고 그 넓은 암반위에는 萬瀑洞(만폭동) 세글자와 蓬萊楓嶽元化洞天(봉래풍악원화동천)이라고 조각되어 있다. 봉래, 풍악은 다 금강산의 이름이며 원화동천은 만폭동의 다른 이름인데 금강산의 으뜸가는 골이라는 뜻 여덟 글자를 깊이 크게 초서로 새겨놓았는데 이것은 금강산신선이라 불리운 조선중엽의 양봉래의 웅대한 필적이라 전한다.

　양봉래는 강릉 출신으로 조선 선조때 안변부사를 지냈고 금강산의 아름다운 자연경치에 도취되어 이 산에 오랫동안 머물면서 많은 일화와 서예 등 족적을 남기고 금강산 신선으로 칭송받았던 이조 4대 명필중의 한사람으로 전하며 그 아호는 금강산 이름을 따서 호를 봉래(蓬萊)라 하고, 별호를 원화동 이름을 따서 원화(元化)라 하였다.

　또 원화동에는 6백여 년 전에 뇌옹조사의 필적으로 전하는 天下第一名山(천하제일명산)이라 새겨진 글자도 보이며, 千岩競秀 萬壑爭流(천암경수 만학쟁류) ― 천개의 바위는 아름다움을 경쟁하고 만갈래의 계류는 흐름을 다툰다 ― 라 새겨놓은 글과 더불어 만폭동 천하명승에 이름을 남기려고 옛 선인들이 새겨놓은 수많은 이름등 많은 글자필적들이 보인다. 그것은 이곳이 예부터 금강산 중에서도 빼어난 명승비경으

겸재 정선의 만폭동

로 널리 알려져 있었음을 알 수 있다. 또 옛 신라의 영랑(永郎), 술랑(述郎), 남석(南石), 안상(安祥) 등 사선이 이곳에 이르러 빼어난 경치에 홀려 떠날 생각을 잊고 바둑을 두었다는 사선기반(四仙碁盤)이라는 바둑판이 바위위에 새겨져 있다. 그리고 이 바둑판을 삼산국(三山局)이라 부르는 것은 금강산의 계절별 이름인 금강(봄), 봉래(여름), 풍악(가을)의 삼산(三山) 계절 동안만 이곳에서 바둑을 두고 개골산(皆骨山)계절인 겨울철에는 이곳에서 바둑을 두지 않은데서 바둑판 이름을 삼산국이라 하였다 전하니 예부터 이곳이 신선들이 찾아 노닐던 선경임을 알 수 있다.

원화동은 계곡전체가 거대한 하나의 반석으로 깔려있고 그 반석 아래로 두 줄기의 시냇물이 합하여 흐르는데 좌측으로 북쪽 계곡은 원통동곡(元通洞谷)이며 이곳으로 올라가면 수미대를 거쳐서 아미산 쪽으로 갈 수 있다. 우측으로 원 계곡의 본류를 따라 만폭동으로 접어들면 합수목 바로 밑에 봄철이면 만산의 진달래꽃이 맑은 물에 비친다는 영화담 푸른 소가 있고 그 위로 청룡담, 관음폭포, 관음담 등 폭포, 급류와 담소들이 이어지면서 물소리가 신선하고 요란하다.

관음폭을 지나면 계곡바닥 반석위에 큰 통모양의 동그란 물확(水臼)이 보이는데 세두분(洗頭盆)이라 한다.

전설에 의하면 관음보살의 화신 보덕(寶德) 아가씨가 이곳에서 머리를 감았다 하여 생긴 이름이다. ('관음보살과 보덕굴의 비화' 전설 참고)

세두분을 지나 더 오르면 희맑은 바위에 둘러싸여 넓직하게 자리잡은 백룡담 소가 있고, 백룡교를 건너면 보덕굴 전설에 나오는 보덕아가씨의 모습이 연못에 비쳤다는 영아지(影娥池)가 있다.

만폭팔담은 영아지를 지나서 얼마 안가서 흑룡담, 비파담, 벽파담, 분설담, 진주담, 구담, 선담, 화룡담 등 청담과 비폭이 연이어 꼬리를 무는 각양각색의 청옥 같은 만폭팔담(萬瀑八潭)의 절경이 약 1킬로미터의 거리안에 주름잡듯 펼쳐지는데 역시 이 일대의 만폭동이 내금강 계곡미의 백미로 손꼽으며, 외금강의 옥류동 및 만물상과 더불어 금강산을 대표하는 3대 절승지중의 하나로 이름높다.

만폭팔담은 그 이름과 같이 이어지는 맑고 푸른 8개의 담소위에 모두 나지막한 폭포가 걸려있고 이 계곡의 지반을 구성하는 화강암이 3킬로미터 이상되는 만폭동계곡과 그 양안의 거대한 절벽까지도 모두 하나의 거대한 바위의 연속적 노출로 되어 있으며 더욱 하상암반이 오랜 세월동안 흐르는 물에 의한 연마작용으로 물에 씻기고

닳아서 마치 잘 다듬어진 하얀 옥돌조각같이 청순하고 매끄러워 아름답기 그지없다.
 담폭(潭瀑)을 넘쳐 흐르는 청정계류의 영롱한 물빛과 시원한 물소리 그리고 급폭(急瀑), 완폭(緩瀑)과 벽담(碧潭), 녹수(綠水)와 괴암, 거석 등이 빚어놓은 형형색색의 아름다운 수석미에다 미끈한 소나무와 어우러진 나무들을 배치한 자연조화의 절경은 그 유례를 찾아볼 수 없는 비경이요 선경이라 말할 수 있다.
 만폭동 계곡의 좌측에는 정곡봉, 향노봉, 법윤봉, 파륜봉, 금강대, 청학봉 등 준봉들이 높이 솟아 있고, 우측에는 오성봉, 장군고대, 오현봉, 칠성봉, 법기연봉(法起連峰)들이 높이 솟아 그 사이에 큰 협곡을 이루어 곡저에 만폭팔담을 빚어 놓았으니 비록 그 경관이 외금강의 옥류동 계곡처럼 웅대하지는 못하다 할지라도 오히려 수려 장엄하여 심산유곡의 유수심현(幽邃深玄)한 정취는 이곳이 더욱 뛰어나다 하겠으니 만폭동은 과연 천하 제일의 절경승지라 할 만하다.
 천하의 절경 만폭팔담의 서로 다른 경관의 특색을 아래에서부터 차례로 간단히 설명하기로 한다.

제1담 흑룡담

 협곡에 깊이 패여져 빚어진 흑룡담은 20여미터의 외폭에서 흘러 떨어지는 물을 그대로 받아안고 푸르다 못해 검은 빛이 감도는 그 깊이가 7,5미터에 너비가 427제곱미터나 되며 주위의 수림이 울창하여 연못 자체가 매우 음산하고 두려운데다 좁게 뚫린 하늘위에 구름이라도 지나갈 때면 구름과 숲과 바위벼랑이 수면에 겹쳐서 투영 반사되어 마치 흑룡이 물속에 숨어 있는 것 같은 무시무시한 환상적 풍경을 자아낸다. 흑룡담은 유명한 내금강 만폭팔담의 첫시작이며 바위에 黑龍潭(흑룡담)이란 글자가 새겨져 있다.

제2담 비파담

 흑룡담으로 흘러드는 누운폭포를 옆에 끼고 거슬러 40미터쯤 올라가면 오른쪽 바위벼랑쪽에 치우쳐 자리하고 있는 비파담은 8담중에서도 작은 규모이며 하위에 속하나 연못으로 쏟아지는 물줄기가 분류를 이루고 큰바위 동굴을 거쳐서 연못 벽담으로 떨어지면서 그 물소리가 마치 비파음 같은 소리를 내기 때문에 부르게 된 이름이다. 여기 바위에도 琵琶潭(비파담)이라는 글자가 새겨져 있으나 오랜세월 비바람에 씻기어 지금은 희미한 흔적만 남아있다.

제3담 벽파담(碧波潭)

비파담에서 벽파담으로 올라가는 도중에 집채 같은 큰바위가 물가에 버티고 앞길을 막아 섰는데 머리를 들고 바위를 자세히 살펴보면 넓적하고 반반한 바위면에 옛날에 금강산을 찾아온 사람들이 저마다 새겨놓은 이름이 수십개나 된다. 그런데 그 이름들이 바로 새겨진 것, 거꾸로 새겨진 것, 모로 새겨진 것 등 각양각색이다. 이 바위가 일곱번 구르고 여덟번 바로섰다는 뒹군바위이다. 그러므로 바위가 구를 때마다 서는 위치가 달라졌기 때문에 그때따라 새긴 이름들의 방향도 달라질 수밖에 없었던 것이다.

뒹군바위를 돌아 가면 나오는 벽파담은 그 주위의 수림과 웅대한 암석미와 그리고 20여 미터 담상에서 쏟아지는 곡류급단(曲流急湍)이 떨어지면서 연못 수면에 벽파(碧波)를 이루는 장관에서 그 이름이 나왔다. 벽파담은 만폭8담 중에서도 그 위쪽의 분설담 및 진주담과 더불어 삼대수담(三大秀潭)에 속하는 명담으로 손꼽는다.

제4담 분설담(噴雪潭)

벽파담을 지나 약 25미터 올라가면 여러가지 모양을 나타내는 만상암이 있는데 지금은 지도바위라 부른다. 만상암 오른쪽 옆에는 삼복더위에도 눈보라를 날리고 찬 바람이 뼈속까지 파고든다는 유명한 분설폭포와 분설담이 있다.

분설담은 이어지는 두 개의 폭포로 이루어졌는데 위쪽폭포에서 쏟아지는 물줄기가 마치 눈발 같은 비말을 휘날리며 응벽담에 쏟아져 머물렀다가 다시 아래폭포가 되어 푸른 연못으로 쏟아져 내린다. 바위에 **噴雪潭**(분설담)이란 글자가 새겨 있다.

분설담 우측에 높이솟은 법기봉 중턱의 아슬한 절벽위에 미녀보덕과 청년수도승 회정(懷正)의 전설에 얽힌 보덕굴 암자가 높이 10여 미터나 되어보이는 구리기둥 하나에 의지하여 보기에도 위태롭게 자리하고 있다. 암자 건물 안에는 깊숙이 뚫린 자연굴이 있다.

분설담에서 오른쪽으로 150미터 가량 법기봉 벼랑길 돌층계를 오르고 또 오르면 보덕암에 이르게 되며 비탈길 왕복에 30여 분이 걸린다.

보덕암은 구리기둥 하나를 세우고 바위절벽에 붙여 지었는데 그 솜씨가 기묘하기

눈발 같은 비말을 휘날리는 분설담

짝이 없을 뿐만 아니라 주위의 자연경치와 잘 조화되어 만폭동의 절경을 한층더 돋구어 준다. 보덕암 위쪽 고대에 있는 평평한 충성대는 만폭동 절승경개를 한눈에 굽어볼 수 있는 좋은 전망대이다. 또 그위에는 담무갈봉이 있고 봉상 절벽에는 자연석으로 된 다무갈 자연석불이 있다.

제5담 진주담(眞珠潭)

진주담은 벽파담, 분설담과 더불어 3수담 중에서도 제1위이므로 물론 만폭8담 중에서 수위를 차지하는 대표적 명담으로 예부터 이름나 있다. 8담이 모두 그렇듯이 물깊이를 헤아릴 수 없는 깊고 푸른 진주담 연못 위쪽의 13미터 높이에서 떨어지는 훌륭한 진주폭포가 걸려있고 물소리도 요란하게 한줄기 폭포수가 층을 이룬 바위턱에 부딪쳐 진주알처럼 방울방울 흩어져 쪽빛같이 푸르고 수정처럼 맑은 연못 속에 낙하하므로 진주담이라 이름하게 된 것이다.

진주담의 깊이는 7.5미터이고 넓이는 약 412제곱미터이며 오른쪽 바위에 眞珠潭(진주담)이란 글자가 새겨져 있다.

담상에는 담무갈보살(曇無竭菩薩)이 상주한다는 법기연봉의 기암괴봉이 솟아있고 주위의 경관이 빼어나 이곳은 만폭동에서도 가장 장쾌하고 웅대한 절경일 뿐만 아니라 계곡 전체가 골안 가득 풍겨주는 비절선경(秘絶仙境)의 정취에 누구나 도취하게 된다.

진주담에서 계곡을 따라 울창한 수림길을 잠시 지나면 좌측 향로봉 산복의 암반사면에서 天下奇絶·法起菩薩(천하기절·법기보살)이라고 두 줄로 쓴 큰 각자가 새겨져 있는데 이것은 금강산에서 구룡연 彌勒佛(미륵불) 큰 글자에 다음가는 대각자로서 모두같이 근세의 명필 해강 김규진의 웅대한 필적이다. 또 그 밑으로 우측 옆에는 좀 작은 글자로 釋迦牟尼佛(석가모니불)이 새겨져 있어 이곳이 예부터 절승비경의 영지임을 말해주고 있다.

제6담 구담(거북소)

계곡 양쪽에 돌많던 산모습들이 점차 울창한 수림으로 바뀌어지는 산모습을 보며 60미터쯤 가면 오른쪽 바위벼랑밑에 거북처럼 생긴 바위가 머리를 쳐들고 물가운데 앉아 있는 구담에 이른다. 이곳은 수림이 우거진 계곡을 청정계류가 흩어져 흐르는 신선한 청량감이 선경에 싱그러움을 더하여 준다. 바위에는 龜潭(구담)이란 글자가 새겨져 있으며 또 개울 건너편 바위에 天下第一名山(천하제일명산)이라는 글자도 새겨져 있다.

진주담

제7담 선담

선담은 구담에서 위쪽으로 약 50미터 거리에 있으며 연못 모양이 배(船)와 같아서 그 형상에 따라 이름지어진 담소다. 그러나 외금강 만경동계곡에 있는 선담보다는 규모가 작고 모양도 세월따라 변화된 듯 배모양이 뚜렷하지 못하나 벼랑 같은 바위와 반석에 둘러싸여 있어 아담하게 보인다.

제8담 화룡담

만폭동 8담중 최상류에 위치한 화룡담은 소 깊이가 약 3,3미터나 되어 물이 깊고 우거진 숲과 어울려 물빛이 짙푸른 비취색을 띠고 있어 청정감을 더해 주고 있다. 화룡담은 연못이 기이하게도 4단으로 되어 있는데 담과 담사이를 푸른 물줄기가 분류하여 쏟아질 때 그 모양이 마치 용의 입에서 불을 토해내는 것같이 보이기 때문에 화룡담이라 이름지어진 것이라 한다. 옛날, 윗담에 용 한 마리가 살고 있었는데 근처 사자봉의 사자와 다투었다는 사자바위와 화룡담에 얽힌 전설이 전해 내려오고 있다.

화룡담 왼쪽 길가에 火龍潭(화룡담)이라는 글자를 새겨놓은 둥글넓적한 바위가 바로 좋은 전망대이다.

전망대바위에 올라서면 동북쪽으로 백옥을 가다듬어 세워놓은 것 같은 중향성이 멀리 보이고 동쪽으로 월출봉, 혈망봉, 법기봉이 마주 보이며 남쪽으로는 지나온 만폭동의 여러 소들이 마치 흰 비단끈에 구슬을 꿰놓은 듯 층층 연이어 있는 것이 내려다 보인다.

만폭동은 실로 천만가지 물의 조화를 한데 모아 놓은 것 같은 폭포와 담소와 기묘한 바위들과 우거진 숲의 아름다움을 겹쳐놓은 계곡미의 절정이다. 특히 봄이면 백화만발하여 온 골안에 꽃향기 그윽하고 가을이면 단풍이 붉게 타올라 아름다운 절경을 더욱 황홀하게 장식한다.

외금강의 만물상 및 옥류봉과 더불어 금강산의 대표적 3대명승지의 하나로 이름나 있는 만폭동 절경에 대하여 이곳을 찾아든 시인 묵객들이 감동되어 많은 시를 남겼으니 전해오는 선인들의 만폭동시 몇수를 소개한다.

만폭동 좋은 것이
날아 떨어지는 맑은 물은 푸른 수은을 쏟고 있는 듯
바위 하나가 수리에 깔렸는데
미끄럽고 너무 정결하여 발붙일 곳이 없네
  我愛萬瀑洞
  飛流寫靑汞
  一岩連數里
  滑瀞難所倚
      이율곡(李栗谷)

만폭동 맑은 물소리 들리는 곳에
창 앞에는 비로봉 경치가 아름다운데
선당에서 선인과 마주앉아 다향을 즐겨보니
내 비로소 지난 반백년 동안 허송세월한 것을 알게 되었다네

萬瀑寒聲滿耳邊
毘盧山色又窓前
仙寮正對燎香處
始免許過半百年
                    이경석(李景奭, 호, 白軒)

이동중이 얼마나 깊은지
산승(스님)도 알지 못한다네
세상소리 들리지 않으니
귀는 씻어 무엇하리
　此洞深幾許
　　山僧亦不至
　　是非聲不至
　　何須勞洗耳
                    김삿갓(金笠, 名, 炳淵)

※ 지리산 화개동(花開洞) 계곡에는 옛 신라말의 선인 최고운(崔孤雲)이 속세를 떠나기 위하여 귀를 씻었다는 세이암(洗耳岩)의 고적이 있음을 상기하여 본다.

⑤ 백운대(白雲台)구역

　백운대구역은 화룡담에서부터 만폭동계곡상류 사선교까지의 계곡과 그 북쪽 백운대와 영취봉(靈鷲峰)에 이르는 사이의 여러 봉우리들과 계곡으로 이루어져 있다. 이 구역은 계곡은 계곡마다 폭포와 맑은 소로 절승을 이루고, 산봉우리대로 기암괴석을 머리에 이고 울창한 수림위에 높이솟아 기묘한 만물상을 이루고, 고개마루는 고개마루대로 좋은 전망대를 이루고 있어 계곡미와 산악미를 다같이 볼 수 있는 승경지이다. 따라서 여기서는 골짜기를 보고 다시 산에 올라 산악미를 감상하고 연이어 높은 전망대에 올라서서 멀고 가까운 내금강 경치를 한눈에 바라보는 맛이 독특하다.

백운대구역은 설옥동, 백운동, 화개동으로 나뉘어진다.

마하연(摩訶衍)터

만폭8담의 가장 윗소인 화룡담에서 계곡을 따라 5백미터쯤 올라가면 넓은 공지가 나오는데 여기에 마하연중건비와 공덕비가 서있다. 이곳에서 좀더 가다가 왼편으로 휘어 언덕길을 오르면 마하연 암자터가 나온다.

마하연은 원래 신라 문무왕(文武王)때 의상국사(義湘國師)가 창건한 역사깊은 고찰로서 이름난 선원이었으며 방 53칸을 가진 아담하고 정갈한 ㄱ자형의 큰 전각건물이 있었으나 지금은 절터만 남아있다.

마하연터는 만폭동 윗골짜기가 동쪽으로 틀어지면서 846미터 높이의 평탄한 대지를 이룬 곳에 자리잡고 있다. 뒤편에는 촛대봉이 솟아있고 앞에는 시원하게 트인 만폭동계천 건너에 맵시 좋은 법기봉과 혈망봉이 건너다 보인다. 좌우 뒤로는 사자봉, 백운대, 중향성 연봉들이 병풍처럼 둘러 있어 그 경관이 매우 수려하고 오묘하여 세속을 떠나 수도하는데 절세의 명당자리로 이름나 있었다. 또 마하연터는 주위 경관이 수려하고 전망이 좋을 뿐만 아니라 탐승길이 엇갈린 내금강오지 교통의 요지로서 좋은 휴식터를 겸하고 있다. 이곳에서 만폭동 상류계곡을 따라 화개동을 거쳐서 비로봉 또는 안무재로 가는 길과 서북쪽으로 설옥동과 영취봉을 거쳐서 수미암터로 오르는 내금강 서북부 탐승코스가 있다.

마하연터를 지나 조금더 올라가면 칠성각이 있다. 칠성각은 원래 마하연의 부속건물로서 전화를 입지 않고 아직도 옛모습 그대로 보존되어 있다.

㉮ 설옥동, 일명 가섭동

설옥동은 마하연터 앞 만폭동계곡에서 왼쪽으로 갈라져 들어간 계곡을 말한다. 설옥동은 골짜기가 비교적 가파르고 잣나무, 전나무, 소나무 등 침엽수와 함께 단풍나무, 물푸레나무 등 활엽수들이 한데 우거져 울창한 혼효림을 이루고 있으며 푸른 수림속에 폭포와 소들이 잇따라 있고 기묘한 바위들이 어울려 설옥담, 황옥담 등 이름난 경치의 비경과 명소들이 숨어있는 곳이다.

황옥담을 지나서 한참 오르면 보기좋은 하나의 폭포가 걸려 있고 이어서 깎아지른 벼랑위에 큰 바위굴이 나타나는데 이 암굴을 가섭굴이라 하며 옛날에는 이곳에 가섭암(迦葉庵)이라는 암자가 있었다 한다. 가섭굴 앞에서부터 경사지고 구부러진 길을 따라 오르면서 바라보면 기묘한 봉우리마다 기암괴석들이 저마다 제모양을 뽐내듯 중중첩첩 솟고 쌓여서 기묘한 갖가지 모양의 만물상을 차려놓고 보기드문 절경을 이루고 있다. 이곳이 내만물상(내금강 만물상)이라 부르는 곳이며 외금강 만물상에 버금가는 기암괴석의 비경 내금강만물상으로 이름나 있다. 내만물상의 여러 기암괴석 중에는 관음상을 닮은 관음바위와 독수리를 방불케하는 영취암, 보배처럼 희한한 칠보암, 그리고 반듯한 바위위에 돌이끼가 무늬를 수놓아 비단필 같은 비단바위가 특히 명물로 이름나 있다.

내만물상을 지나 영취봉을 바라보며 한 굽이 두 굽이 돌아오르면 눈앞이 탁트인 수미골(須彌谷)막바지 고개 수미령 마루턱에 오르게 된다. 이곳 전망대에서 바라보는 전망은 내금강의 그많은 골짜기들과 봉우리들을 거의다 내려다볼 수 있어 훌륭한 전망대의 하나로 유명하다.

특히 설옥동 만물상의 전망은 거의 외금강 신만물상의 승경에 버금갈 만한 절경으로서 상팔담의 전망이나 미륵봉의 전망에 비해 손색이 없는 천하의 장관으로 여기서도 금강산이 천하의 절경임을 다시한번 실감케 한다.

울창한 원시림은 온 계곡을 메우고 푸른 수림위엔 깎아지른 수많은 봉우리들이 하늘을 찌를 듯 솟아 있고 저 멀리 망군대, 법기봉, 차일봉, 백마봉, 연봉 등 내금강 준봉들이 웅대한 모습으로 눈앞에 나열하여 웅장한 조망을 펼친다.

설옥동 험산과 암벽은 금강산 산양(山羊)들의 서식지로도 이름나 있다. 마하연터에서 설옥동을 왕복코스로 탐승하려면 거리는 그다지 멀지 않으나 길의 경사가 급하고 험난하여 5,6시간은 잡아야 한다.

설옥동 종점인 영취봉등마루(수미골 막바지)에서 좌측 수미암으로 가는 길과 우측 영랑봉으로 오르는 갈림길이 있다.

㉮ 백운동(白雲洞)

백운동은 마하연터에서 부터 만회암(萬灰庵)터를 거쳐서 백운대에 이르는 지역을 말한다.

백운동 일대는 기묘하고 험준한 봉우리들이 울창한 수림위에 우뚝우뚝 솟아있어 그 자체의 산악경관도 좋거니와 산봉우리와 높은 전망대에 올라 내금강의 기암준봉들을 바라보는 전망경치가 더욱 장쾌한 곳이다.

백운대(白雲台 · 970m)

칠성각에서 작은 개울을 하나 건너서 6백미터쯤 가면 만회암터가 있으며 여기서 영추봉으로 오르는 길과 백운대로 가는 길이 갈라진다. 만회암터에서 왼쪽으로 비탈길을 기어 오르면 예부터 전망이 좋기로 이름나 있는 팔각정자 연화대가 있다. 이근처 울밀한 수림속에는 금강산 특종식물인 금강초롱꽃(천연기념물)의 야생지로 유명하다.

만회암터에서 우측으로 갈라진 길을 따라 산중턱을 가로질러 한참 나가다가 작은 고개를 하나넘고 등마루에 올라서면 앞뒤가 깎아지른 듯한 절벽이 나오고 여기서 팔뚝처럼 내뻗친 양옆이 낭떠러지로 아슬아슬한 등마루길을 타고가면 등마루 끝이 주먹처럼 불끈 솟아올라 아득한 절벽을 이루며 뭉친 내금강의 유명한 전망대 백운대에 오르게 된다.

아침에는 구름이 흩어지고 저녁에는 구름이 모여든다는 백운대는 층층 바위가 겹쌓이듯 솟아오른 바위등판이다.

백운대에서는 서로 손을 뻗치면 잡힐 것같이 마주선 혈망봉과 그 옆에 연이은 법기봉 그리고 굽이굽이 절경을 펼친 만폭동 골안의 경치가 한 폭의 그림처럼 아름답게 보이고 생동감이 넘쳐흐른다. 백운대에서 불지골 안쪽으로 조금 내려가면 옛날부터 약수터로 유명한 금강수 샘이 있다. 백운대에 올랐다 마셔보지 않고는 떠날 수 없고 맛들이면 다시 또 마시게 된다는 청열하고 물맛이 썩 좋은 샘물이다. 바위에 '玉女洞金剛水'(옥녀동금강수)라 새겨져 있다.

중향성(衆香城 · 1,520m)

백운대에서 북쪽으로 곧바로 가까이 쳐다 보이는 중향성은 마치 수억만 향불을 태워 연기가 실안개처럼 줄을 그으며 피어올라 자욱하게 성벽을 둘러친것 같다하여 부르게된 이름이며, 옛날에 법기보살이 이곳에서 상주하면서 불법을 설교하였다는 불교의 영봉성역(靈峰聖域)으로서 더욱 유명하다. 중향성은 비로봉에서 서남쪽으로 길게 내려뻗친 하나의 큰 산줄기로서 산세가 매우 웅장할 뿐만 아니라 백옥같이 흰 바위돌들이 발돋음하듯 수없이 많은 머리를 쳐들고 겹겹이 층층으로 높이쌓여 성벽

만폭동계곡-비로봉 코스 201

정선이 그린 혈망봉

을 이루고 있어 더욱 아름답고 절묘하다. 백운대와 중향성은 흰구름을 사이에 끼고 서로 어울린 절세의 경승이다.

백운대가 없었다면 중향성 높은봉을 그토록 똑똑히 볼 수없고 또 중향성이 없었던들 백운대가 전망대로서 그토록 이름나지 못했을 것이다.

㉰ 화개동(花開洞)

화개동은 마하연터를 지나서 만폭동계곡의 상류 불지골 개울목에서 부터 사선교까지의 약 2킬로미터 구간을 말한다.

화개동은 탁트인 넓은 골안에 비로봉에서 흘러내리는 청정계류의 맑은 물이 바위를 미끄러져 시원스레 흐르고 산새소리 한가로운 숲속에는 각종 꽃들이 철따라 만발하여 계곡의 아름다움을 더욱 돋보이게 하는 조용하고 수려한 계곡이다.

마하연터를 자리한 본계곡을 따라 한참 오르면 계곡에 깔려있는 넓은 반석이 나타나고 그곳에 자리한 칠보담 넓은 소를 지나 한굽이 돌면 왼쪽으로 불지골로 들어가는 갈림길이 있다. 이곳 불지암(佛地庵)터 앞자락을 지나 좀더 올라가면 개울가에 둥글넓적하게 생긴 큰바위에 五仙岩(오선암)이라 새긴 바위가 나타난다. 5선이란 금강산 4선(영랑, 술랑, 남석, 안상)에다 양봉래를 끼워서 5선이라 하였다 전한다.

오선암 옆에는 소광암을 끼고 있는 화개담 맑은 소가 있고 소옆 반석위에 水流花開(수류화개)라는 큰 글자가 새겨져 있어 이곳이 화개동임을 알 수 있다. 화개동은 물매가 급하지 않고 개울바닥에는 청결한 반석이 깔려 있는데 그다지 깊지 않은 맑은 소들이 누운 폭포와 같이 잇달아 이어지고 물이 맑고 주위수림이 빽빽하여 산새 울고 꽃피는 정겨운 경치를 자랑한다.

묘길상(妙吉祥)

화개소를 지나 계류따라 올라가면 곧 좌측으로 낮은 언덕이 나타나고 그언덕 뒤쪽에 우뚝 솟은 거대한 삼각형 큰 바위의 매끈한 암벽에 조각된 13미터 높이의 장대한 문수보살의 부조석상(浮彫石像)을 묘길상이라 부른다.

묘길상은 지금으로부터 6백여 년전에 뇌옹조사가 이곳 산끝의 큰 바위벽을 그대로 다듬어 조각한 어마어마하고 거대한 가부좌(跏趺坐) 불상이다. 그 앞에 놓여있는 약 3미터 높이의 석등(장명등)과 대조되어 더욱 크게 보이고 주위의 아름다운

바위벽을 다듬어 조각한 묘길상

자연경치와 어울려 보다 두드러진다.

 묘길상 주위에는 단풍나무, 참나무 등 활엽수림이 우거져있어 불상은 여름철에는 짙은 녹음속에, 가을이면 붉게 물든 단풍속에 앉아있어 더욱 신비롭다. 석상 왼쪽에 妙吉像(묘길상)이란 글자가 새겨져 있다.

 이 주변에는 옛날에 묘길상암이 있었다고 전하며 또 이 일대는 금강산에만 야생하는 희귀식물 금강초롱의 군락지대로도 유명하며 금강초롱꽃은 천연기념물서 소중히 보호·관리되고 있다. 이곳은 비로봉 탐승의 휴식터로 널리 이용되고 있다.

 만폭동계곡 상류에 위치한 화개동 묘길상까지 탐승안내를 마친 범위에서 안내 편의상 이제 이곳까지의 탐승거리와 소요시간에 대한 코스의 보충설명을 간단히 하고 넘어가기로 한다.

내금강 탐승의 기지 내강동에서 마하연터까지는 약 8킬로미터의 거리이며, 또 마하연터에서 묘길상까지는 대략 1킬로미터의 거리이므로 내강동에서 묘길상까지는 9킬로미터 거리가 된다. 그리고 묘길상에서 화개동을 거쳐서 비로봉 대피소(산장)까지는 약 4킬로미터의 거리이다. 내강동을 출발하여 사정에 따라 비로봉까지 오르지 않고 만폭동계곡만을 1일왕복코스로 탐승할 경우에는 대개 만폭동 계곡의 상류승경의 끝이 되는 마하연터나 묘길상까지 올랐다가 다시 되돌아가는 것이 보통이다.

묘길상에서 비로봉 정상까지의 거리 약 6킬로미터 중 은사다리 금사다리로 이어지는 마지막 3킬로미터 구간의 등산로는 경사가 급하고 험난하여 힘들뿐 아니라 묘길상에서 3시간 이상 소요되므로 비로봉을 오르게되면 그곳에서 하룻밤을 머물러야 되기 때문에 비로봉 등반을 포기하고 도중에서 되돌아가는 경우가 많다. 따라서 도중에서 되돌아갈 경우 내강동을 출발하여 만폭동계곡을 따라 장안동, 표훈동, 만폭동을 거쳐서 마하연, 묘길상까지 탐승하게 되면 도중에 볼 것이 너무 많아 9킬로미터 구간의 상행 탐승 시간을 대개 6시간은 잡아야 하며 하행시간은 별볼것 없이 직행하게 되므로 3시간이면 충분하다. 따라서 왕복 18킬로미터의 거리를 대개 9시간으로 잡으면 하루 코스로서 적당하다.

그러나 이 9시간 왕복코스에는 만폭동 상류의 설옥동과 백운동코스는 포함되어 있지 않으므로 이곳 탐승은 별도로 일정을 마련하여야 할 것이다.

다시 화개동탐승길을 돌아와서 묘길상에서 만폭동 상류의 수림속을 맑은물이 흐르는 화개동 한적한 계곡을 따라 1킬로미터쯤 올라가면 사선교 못 미쳐서 갈림길이 나오는데 이곳에서 좌측길로 오르게되면 비로봉으로 오르는 길이 되고 우측으로 계곡을 따라 원시림지대로 접어들면 안무재골을 거쳐서 안무재로 오르는 길이 된다. 안무재골로 접어든 길목에 네모진 큰 바위(전망대)가 나타나고 바위에는 李許台(이허대)라는 글자가 새겨져 있다. 이허대에서 좀더가면 갈림길에서 약 2백미터지점 개울에 벽처럼 좁게 마주선 바위위에 건너질렀던 다리는 없어지고 다만 그 자리만 남아있는 유명한 사선교터가 나오는데 이곳에서 화개동은 끝난다.

㉣ 안무재골(內霧在嶺容)

사선교를 지나 안무재골로 접어들면 사방이 깊은 단풍나무숲에 가려 하늘이 잘보이지 않을 정도로 밀림을 이루고 있어 이곳은 가을단풍의 명소로 더욱 이름나 있다. 이 단풍나무 숲속을 6백미터 오르면 울창한 숲속 맑은 물소리 나는 곳에 백화담이 자리잡고 있다. 백화담을 지나서 전나무, 잣나무 등 침엽수와 단풍나무, 자작나무, 산목련, 참나무 등 아름드리 거수노목들이 하늘을 찌르는 울창한 천고의 원시림 지대를 오르다보면 숲속에 돌을 쌓아올린 조탑(造塔)이란 이름의 돌무덤이 여러개 줄지어 있는 조탑거리(造塔巨里)를 지나게된다.

조탑이란 원래 우리민족의 원시신앙에서 내려오는 오래된 하나의 관습으로서 높은 산길을 넘나드는 사람들이 산신에게 산행의 안전무사를 기원하는 행위로 산의 정상이나 고개 같은 쉼터에 지나가는 사람마다 돌을 쌓아올려 오랜 세월을 지나 돌이 높이 쌓여 마치 돌무덤 같은 원추형탑이 되는 것으로 높은 산마루 고개에서는 흔히 볼 수 있으며 산길표시로 하는 서구식 케른과도 비슷한 점이있다.

이곳에 이처럼 여러 개의 이끼낀 케른이 줄지어 쌓여 있는 것으로 보아 예부터 이곳이 내·외금강을 연결하는 교통의 요지로서 얼마나 많은 탐승객들이 넘나들었는가를 짐작케 한다.

조탑거리를 지나 원시림지대를 오르다 보면 백화담에서 약 1킬로미터 지점에 삼복더위에도 한 모금 마시면 너무 차서 오한이 난다는 금사정(金沙井)샘터가 나오고 금사정에서 다시 1킬로미터 가량의 오르막길을 기어오르면 사선교 갈림길에서 4킬로미터 거리의 안무재 고개마루에 이르게 된다. 높이 1,275미터나 되는 안무재에 올라서면 내·외금강의 밀림을 스치며 넘어오는 향기롭고 시원한 바람이 가슴이 후련하게 땀을 식혀준다.

안무재는 짙은 안개가 많이 끼는 곳으로 이름나 있으며 무재라는 뜻은 물이 양쪽으로 갈라져서 흐르는 높은 등마루, 즉 분수령을 이른 말이다. 안무재, 내무재령, 수점(水店)이라고도 하며 금강산 남북주능상의 일출봉과 차일봉 사이의 낮은 잘루목으로서 내금강과 외금강을 연결하는 고개이다. 이곳에서 차일봉을 지나서 남쪽으로 백마봉과 호룡봉 사이에 또 하나의 무재가 있으므로 그것을 바깥무재라 부르고 그와 구별하여 여기를 안무재라 부른다.

안무재는 내·외금강을 연결하는 사거리 갈림길의 영마루로서 고개에서 우측 동남쪽으로 넘어가면 외금강 효운동으로 내려가게 되며, 남쪽 능선을 타고가면 차일봉을 거쳐서 백마봉으로 나아갈 수 있고 또 동북쪽으로 일출봉과 월출봉, 장군성을 거쳐서 비로봉으로 오를 수 있으며 장군성에서 동쪽으로 채하봉 능선을 따라 외금강으로 내려갈 수 있다.

⑥ 내금강~비로봉길

내금강 비로봉길을 비로봉의 남쪽 사면에서 흘러내리는 동금강천의 살류 만폭동계곡을 따라 와개동과 은사다리 금사다리 험로를 거쳐서 남쪽에서 오르는 약 5킬로미터 길을 말한다. 금강산의 최고주봉인 비로봉으로 길은 동서남북 사방으로 뚫려있어 이 남쪽 내금강코스 이외에도 동쪽 방면의 외금강 구룡연계곡에서 비사문과 용마석을 거쳐서 오르는 길과 채하봉 능선 또는 안무재에서 장군성을 거쳐서 오르는 길이 있고, 북쪽방면은 내금가 구성동과 외금강 만상계에서 용마석을 거쳐서 오르는 길이 있고, 서쪽 방면은 영랑봉을 거쳐서 등성이로 오르는 길이 있다. 그러나 그중에서도 동쪽 구룡연계곡길과 남쪽 만폭동계곡길이 가장 중요한 대표적 비로봉 등반 코스이다.

내금강 민폭동 상류의 화개동 막바지 사선교 채 못미쳐서 갈림길(우측은 안무재길)에서 좌측으로 비로봉계곡을 따라 얼마 안가서 또 다시 원적골(비로봉과 장군성 사이 골짜기)로 들어가는 길이 갈라진다.

갈림길에서 좌측으로 더 올라가면 계곡은 층층을 이루면서 높아지고 개울 양옆으로는 울창한 숲과 높은 산봉우리들이 다가서서 좁은 협곡을 이루니 이곳을 입사자협곡(立獅子峽谷)이라 부른다. 입사자협곡에는 사자암, 호람, 나한암 등 무시무시한 이름들이 붙여져 잇는 험준한 협곡으로 이름나 있으며 기묘한 바위들을 둘러보며 한참 가면 영랑봉으로 오르는 골짜기가 왼쪽으로 갈라지며 여기를 지나면 20년고개라는 등성이가 나타난다. 이곳에는 어린애를 품에 안은 어머니의 모습과 같은 바위가 있는데 자식에 대한 어머니의 사랑을 나타낸 하나의 조각품과도 같아 이 바위를 사랑바위라 부른다.

사랑바위에는 옛날에 의좋은 부부가 자식이 없어서 20년 동안 이 고개를 오르내리면서 금강산 산신에게 빌어 귀동자를 얻었다는 전설이 깃들어 있다.

사랑바위를 지나 더 가면 나무숲과 개울은 끝나고 오직 하늘에 닿을 듯 높이 솟은 바위벽들만이 바라보이는데 깎아지른 바위 벼랑들은 마치 뾰족한 창끝을 다발로 묶어 세운 듯 서릿발이 일도록 섬뜩해진다. 이곳에서부터 돌뿐인 저 유명한 하늘길 구곡양장 같은 금사다리 은사다리 급경사 꼬부랑길이 1킬로미터 가량 이어져 비로봉으로 오르게 된다.

은사다리 금사다리

은사다리 금사다리는 오랜 세월동안 비로봉 남벽의 암석이 동해바다의 해풍으로 침식되어 무너져내려 경사 급한 산중복에 쌓여서 이루어진 큰 바위 너덜강으로서 약 1킬로미터 거리의 급경사 꼬부랑길을 이루었는데 집채 같은 큰 바위돌들이 신기하기도 하고 놀랍기도 하다.

톱날 같은 바위줄기는 마치 까마득한 하늘에 세워놓은 사다리 같은데 여기에 아침해가 비칠 때면 바위돌들이 영롱한 은빛으로 빛나고 저녁해가 비치면 찬란한 황금빛으로 빛난다. 그래서 돌의 색깔에 따라 은사다리 금사다리라는 이름이 붙여진 것이란 설과 또는 쌓여 있는 돌 자체가 백색암석이 쌓인 곳과 황색 암석이 쌓인 곳이 있어 그 색깔에 따라 붙여진 이름이라고 전한다.

은사다리 금사다리는 스쳐가는 엷은 구름의 조화에 따라 신비로운 구름다리가 되기도 하는데 오르는 도중에 바라볼 수 있는 내금강 전경의 장관은 장쾌하기 이를 데 없다.

은사다리 금사다리를 힘겹게 다 오르고나면 드높은 비로봉의 마루턱에 우뚝 서게 되는데 사선교 갈림길에서 이곳까지는 대략 3킬로미터의 거리이다.

마루턱 등성이 갈림길에서 오른쪽으로 꺾어지면 비로봉 정상으로 오르게 되고, 왼쪽으로 등성이를 따라가면 영랑봉으로 나가게 되며, 또 곧바로 북쪽으로 내려가면 구성동 골짜기로 떨어지게 된다.

금사다리 은사다리를 오르면서 우리나라 현대문학의 개척자 춘원 이광수의 시 한 수를 음미하여 본다.

동북으로 가옵더라
백운을 뚫고 소소로쳐 올라

은사다리 만층 올라
금사다리 만층 올라
어찌 어찌 되었더냐
하늘에 오르는 길이
이리하여 이루니라
하늘에 오르는 길을
온통 헐어 은사다리
금봉 헐어 금사다리
금봉 은봉 있겠더라
태초라 금강산에
그만 한이 없소리
알고도 찾는이 적으니
예 있는줄 모르던가
만층의 금사다리
바벨탑이 부질없네
웃노라 옛 사람을
「금강산유기(金剛山遺記)」에서

비로고대(毗盧高台)

　금사다리를 올라 비로봉과 영랑봉이 잇닿은 등성이에 올라서면 융기준평원(隆起準平原)이 펼쳐져 북쪽으로 느리게 비탈져 있다.

　날카롭고 험한 벼랑길을 오르면서 정상에 오르면 송곳 같은 꼭대기가 되려니 했던 생각과는 달리 넓다란 방목지를 연상케 하는 평탄한 고원이 펼쳐지는데 놀라게 된다. 이곳이 바로 비로고대이다. 비로고대는 그 둘레가 약 4킬로미터나 되는데 마치 날카로운 창다발 끝에다 쟁반을 기울여 올려놓은 것 같은 형상이다. 그런데 여기에는 갖가지 수목들이 얽혀 발을 들여놓을 틈도 없다. 깎아지른 암봉으로 대부분이 이루어진 금강산의 이 넓은 고대가 흙에 뿌리를 박은 우거진 수림을 보고선 또다시 놀란다. 수목은 모두 서 있게 마련이나 비로고대의 나무들은 한결같이 모두 눕고, 기고, 엎드려 있어 그 이름도 누운잣나무, 누운향나무, 누운전나무, 누운측백나무, 누운소나무, 누운자작나무 등 모두 누운 자가 붙어있어 신기하다.

　구름도 쉬어 간다는 높은 비로봉 정상이고 보니 기후가 차고 바람이 세차 모든 수목들이 위로 자라지 못하고 모두 옆으로 뻗어 고산성 왜수림지대를 이루고 있다. 누운나무들은 대체로 키가 2미터정도로 가지런하며 바람을 피해 서로 붙어 끼고 있기 때문에 마치 푹신한 융단을 깔아 놓은 것같이 보기에 풍성하고 부드럽다.

　또 누운나무들 사이에는 산진달래, 철쭉, 만병초 등이 떨기떨기 섞여서 여름이면 각색 꽃을 피워 푸른 주단에 꽃수를 놓아주고, 솜다리, 산쥐손이, 단풍취, 각시꽃 등 아한대성 각종 고산식물들이 자라고 있어 산아래에서는 볼수 없는 아한대성(亞寒帶性) 자연식물원을 이루고 있다.

　마루턱에서 비로봉 정상까지는 우측으로 1킬로미터 정도의 거리이며 고산왜수림지대의 오솔길을 가다보면 도중에 고원 서남쪽 수림속에 비로봉숙박소(산장)가 자리잡고 있다.

　만폭동 상류 마하연에서 비로봉 정상까지의 거리는 약 7킬로미터이고 오르는데 3시간 정도 걸리며, 내강동에서 비로봉까지는 약 15킬로미터 거리이며 9시간 가량 소요된다.

비로봉(毗盧峰 · 1,639m)

　금강산의 최고주봉으로서 중앙에 우뚝 솟아 천태만상의 1만2천봉을 모두 거느리고 군림하고 있어 정상에서 발아래 1만2천을 내려다보는 그 전망은 너무나도 장엄하여 그 전율적인 황홀감에 오직 감탄할 뿐이다.

　비로봉 정상에서의 경관과 전망에 대해서는 이미 외금강의 옥류동~비로봉코스편에서 상세히 기술하였기 때문에 여기서는 생략한다.

　내강동에서 장안동, 표훈동, 만폭동, 화개동을 거쳐서 금사다리 은사다리로 올라 비로봉 정상까지의 거리는 약 15킬로미터이며 탐승하면서 가노라면 볼 것이 많아 줄잡아 9시간은 걸려야 한다. 비로고대에는 비로봉숙박소(산장)가 있어 이용할 수 있다.

명경대-백탑동-차일봉 코스

백천동, 명경대, 영원동, 수렴동, 백탑동, 차일봉

　만폭동 입구의 만천교를 지나서 오른쪽으로 갈라진 백천동 계곡으로 이어지는 영원동, 수렴동, 백탑동 등 원시림이 울창한 계곡경치와 아울러 전망대로 이름난 백마봉, 차일봉 등의 전망경치도 같이 탐승할 수 있는 다양한 경치의 코스다.
　이 코스는 서남금강의 울창한 수림속에 묻혀있는 계곡 양편으로 높은 봉우리들이 우뚝우뚝 솟아있는 유적한 심산유곡으로서 폭포나 소(沼)의 경치보다는 큰 바위와 대(台)와 봉(峰) 그리고 자연석탑 등의 특이한 경관을 이루고 있어 유명하다.
　이 코스는 백천동, 영원동, 수렴동, 백탑동 등으로 이루어져 있다. 예전에는 백천동계곡을 황천강(黃泉江)이라 부르기도 하였다.

① 백천동(百川洞), 명경대(明鏡台)

　백천동은 만폭동계곡의 하류 만천에서 백천이 합치는 곳으로부터 백천중류의 조탑장(造塔場) 갈림길까지 약 5킬로미터구간의 계곡을 말한다. 이곳 백천(百川)이란 지명은 외금강 송림동계곡 하류의 백천과는 또다른 백천이니 혼동하기 쉽다. 백천동 골안은 석가봉과 십왕봉의 두 산줄기 사이에 펼쳐져 있으며 계곡 양쪽에는 바위벼랑들이 겹겹이 싸여있고 울창한 수림위로 바위산봉들이 높이 솟아 흰얼굴을 드러내고 있다.
　백천계곡을 따라 한참 오르면 백천폭포가 있고 폭포를 지나 또 한참 오르면 배석대라 부르는 둥그런 큰 바위가 나오고 바위에는 明鏡台(명경대), 業鏡台(업경대), 玉鏡台(옥경대)라 쓴 글자가 새겨져 있다.
　배석대를 지나면 곧 길이 3.8미터, 넓이 180제곱미터나 되는 황류담 소가 나오고 소옆 바위에는 黃流潭(황류담) 玉流潭(옥류담)이란 글자가 새겨져 있고, 황류담 연

명경대-백탑동-차일봉 코스 211

명경대-차일봉, 송라동-망군대 개념도

◉ 산행코스
- 내강동 —— 장안사터 —— 명경대 —— 조탑장 —— 수렴폭 —— 문탑 —— 다보탑 —— 무명중탑 —— 차일봉(내강동-명경대-백탑동(무명중탑)) ▶ 왕복 26km, 8시간
- 내강동 —— 삼불암 —— 망군대 왕복 24km 8시간

못가에는 저 유명한 명경대가 솟아 있다. 명경대는 그 높이가 9미터, 너비가 30미터 나 되는 거대한 한장 바위가 황류담 검푸른 연못가에 봉우리처럼 높이 우뚝 서서 수직으로 절벽을 이루었는데 그 벽면이 다듬은 듯 반듯하여 마치 커다란 거울을 세워 놓은 것 같다하여 명경대라 부른다.

명경대 주위 산비탈에는 단풍나무, 참나무, 박달나무 등 수림이 빽빽하고 백천 맑은 계류는 명경대를 휘감고 굽이돌아 흐르고 있으며, 황류담 검푸른 수면에는 명경대와 수림과 산봉들의 그림자가 비쳐 어른거리는 것이 더욱 신비롭고 아름답다.

그런데 이 명경대 앞에 서게되면 누구나 자신이 겪었던 선악의 공과와 죄상이 거울면에 모두 드러나 비친다는 전설이 전해오고 있다.

이곳 주위에는 전설과 관련된 지명으로서 십왕봉을 비롯하여 판관봉, 죄인봉, 사자봉, 지옥문, 극락문 등 단죄명칭의 여러 봉우리들이 솟아있고 또 명경대 뒤쪽에는 극락으로 통한다는 황사굴과 지옥으로 통한다는 흑사굴이 있어 명경대는 그 경관이 매우 아름다운 절경을 이루고 있으면서도 약간 무시무시하고 섬뜩하여 두려운 감을 주는 특이한 명소로 유명하다.

장안사터에서 2킬로미터 거리에 위치한 명경대는 백천 청류와 맑은 소와 절벽과 수림과 산봉들이 어울려 언제나 아름다운 비경을 이루고 있거니와 만산홍엽의 단풍 짙은 가을 경치가 더욱 절경으로 유명하다.

명경대 주위에는 천여년전 신라말 비운의 왕자 마의태자 전설과 유적들이 남아있다. 마의태자가 성을 쌓았다는 수왕성(守王城)터, 궁을 지었다는 대궐터, 말을 매었다는 구멍 뚫린 계마석, 시적암 등이 그것이다.

시적암이란 계마석 못미쳐서 계곡 중의 한 바위에 東京義烈 北地英風(동경의열, 북지영풍)이란 여덟 글자가 두 줄로 새겨져 있는 것을 말한다.

이것은 옛날에 어느 묵객이 이곳을 지나다가 마의태자가 머물러 있었다는 신라고적 대궐터를 지나면서 감개가 무량한 나머지 가엾고 용감한 비운의 신라 태자를 추모하여 이같이 시를 지어 바위에 새긴 것이라 한다. 동경(東京)은 신라 천년의 서울 경주를 뜻한 것이며 서라벌의 의로운 열사가 북녘땅에 와서도 영웅적 풍운을 일으켰다는 마의태자를 찬양한 뜻이 담겨져 있다.

대궐터를 지나 백천동 계곡을 따라 가노라면 계천에 큰 바위들이 듬성듬성하고 수림이 울창하여 유적한 심산유곡의 정취를 풍겨주며, 명경대에서 약 3킬로미터 지점

선악의 죄상이 거울면에 비친다는 전설의 거울 명경대

에서 수렴동과 영원동 계곡이 갈라지는 갈림길목 조탑장에서 백천동은 끝난다.

조탑장이란 옛날에 산길을 오가는 사람들이 산신에게 산행의 안전무사를 기원하는 뜻과 산길표시를 위하여 지나가는 사람마다 길가 쉼터에 작은 돌을 아무렇게나 쌓아올린 원추형 잔돌탑을 말한다.

② 영원동(靈源洞)

영원동은 조탑장에서부터 영원골 막바지를 거쳐서 백마봉까지의 약 3킬로미터 구간을 말한다.

영원동은 금강산 여러 골짜기들 중에서도 가장 깊숙하고 고요한 골짜기의 하나로 알려져 있다. 그러나 영원암 부근에서부터는 좋은 전망대가 있어 전망도 할 수 있으며, 막바지 고개마루에는 높은 고원지대가 펼쳐져 있어 고산식물의 보고를 이루고 있다.

조탑장 왼쪽으로 바라보이는 머리가 뿔난 소머리 같고 얼굴은 말같이 기이하게 생긴 우두마면봉(牛頭馬面峰)을 바라보며, 백천동과 수렴동과 영원동이 갈라지는 조탑장 갈림길에서 오른쪽으로 돌아오르면 전나무, 잣나무, 측백나무 등 상록 침엽수들이 울창한 숲속에 머루, 다래가 주렁주렁 열리는 오솔길로 접어 들게되며, 조탑장에서 약 1.5킬로미터 지점에 영원암(靈源庵)터가 있다.

영원암은 지장봉 밑 평평한 언덕 위에 자리잡았는데 신라 때 영원조사가 수도한 곳이라 전하며, 조선 숙종 16년에 순찰사 윤국사가 왕명에 의하여 장경암과 같이 건립하였다. 그러나 지금은 터만 남아 있다.

영원암터 뒤쪽 높은 고대에는 옥초대(沃焦台)라 부르는 유명한 전망대가 있고 그 앞에는 책상처럼 생긴 책상바위 또하나의 전망대 영월대, 지장봉을 마주보는 배석대 쌀이 나왔다는 미출암 등이 있다.

영원암터에서 얼마쯤 더 오르면 오선암이 솟아 있으며, 이곳에서 골짜기는 끝나고 험한 벼랑길이 시작되는데, 길은 또 두 갈래로 갈라지고 우측길은 백마봉으로 오르는 길이고 좌측길은 차일봉으로 가는 등말기 능선에 오르는 길이 된다.

오선암 갈림길에서 오른쪽으로 접어들어 백마봉 정상(1,510m)에 오르면 외금강 채하봉 서남쪽 여러 봉우리들이 첩첩이 물결쳐 보이고 내금강의 영원골과 십왕봉, 지장봉, 망군대 등이 바라다 보이며 동쪽으로 동해바다가 보여 그 전망이 장쾌하기 이를 데 없다.

③ 수렴동(水簾洞)

조탑장 갈림길목에서 왼쪽 계곡길을 따라가면 수렴동이 시작된다.

망군대와 지장봉 사이에 대협곡으로 이루어진 수렴동은 백천계곡의 중류에 속하며 백탑동은 그 상류에 속한다.

수렴동 계곡은 맑고 깨끗한 물이 흰바위를 스쳐내리며 펼쳐놓은 아기자기한 계곡 경치도 좋거니와 더욱 대협곡 전체가 태고적 울창한 원시림으로 덮여 있어 심산유곡

중에서도 청정유수의 비경을 이루고 있다.

연화폭포와 수렴폭포

조탑장 갈림길에서 좌측으로 수렴동 계곡을 따라 한참 가면 물줄기가 네갈래로 갈라져 떨어지는 15미터 높이의 연화폭포와 그 아래 소가 연꽃같이 아름답다는 연화담이 나온다.

연화담을 지나 더 올라가면 길은 더욱 험하여지고 바위벼랑으로 이루어진 된불재를 거쳐서 벼랑 위의 반야대에 오르게 되는데, 여기서부터는 이름없는 작은 소와 폭포들이 올망졸망 열매 맺듯이 잇달아 있고 좀더 올라가면 골짜기가 넓어지고 앞이 트이면서 계곡 전체에 큰 바위벽이 비스듬히 누워있는 위로 맑은 물줄기가 미끄러져 내리는 길이 약 32미터의 아름다운 사폭(斜瀑) 수렴폭포가 나타난다. 이곳 반석 위에는 水簾洞(수렴동)이란 글자가 새겨져 있다.

수렴폭포를 지나 좀더 오르면 수렴동이 끝나는 막바지 소수렴폭포에 이르게 되는데 조탑장에서 이곳까지는 약 2킬로미터의 거리이다.

이곳에서 좌측으로 망군대에 오르는 길과 우측으로 백탑동으로 들어가는 길로 갈라진다.

망군대로 오르는 길은 아래 수렴폭포에서 왼쪽으로 갈라져서 오를 수도 있고 또는 소수렴폭포 위에서 왼쪽으로 층층절벽진 길을 따라 오를 수도 있으나 그 두 길이 모두 경사가 매우 급한 비탈길이며 도중에서 같이 만나게 된다. 이 길은 경사도 급하고 기복이 심하며 험준하고 지루한 벼랑 같은 산능길을 3.5킬로미터 가량 올라가야 망군대 정상에 이르게 된다.

④ 백탑동(百塔洞)

백탑동은 소수렴폭포 위의 망군대 오르는 길과의 갈림길에서 오른쪽 길을 따라 골 안에 들어서게 된다.

백탑동은 백천계곡의 상류에 속하며 약 4킬로미터 정도 되는 골 안이 온통 자연돌탑 무더기로 덮여 있으며 계곡바닥에는 층층을 지어 폭포가 잇따라 이어져 있다. 이것은 이 일대의 거의 모든 바위들의 결이 가로난 탓으로 생긴 특이한 암석 절리현상이다.

이름은 백탑동이라 부르지만 골 안에는 실로 백이 아니라 수천으로도 다 헤아릴 수 없는 자연석탑과 돌기둥들이 한결같이 백옥처럼 희게 빛나 골 안은 더없이 밝다.

문탑(門塔)

백탑동 어귀에서 한참을 가면 계곡 암반 위에 百塔洞天(백탑동천)이란 글자가 새겨져 있는 백탑반(百塔盤)을 지나게 되고 좀더 오르면 약 1킬로미터 지점에 높이가 약 20미터나 되는 바위기둥이 푸른 소를 한가운데 두고 대문기둥처럼 우뚝 서있는데 이 석탑을 문탑(門塔)이라 부르며 마치 탑마을을 지키는 돌문같이 버티고 서있다. 돌문 사이의 소를 돌문소(石門沼)라 부른다.

등명탑(燈明塔)

문탑을 지나 골 안에 들어서면 개울 양쪽이 절벽으로 되어 암벽에도 돌기둥들이 붙어있고 계곡 바닥에도 깔려있다. 차곡차곡 쌓아올린 탑과 같은 돌기둥들과 갖가지 형태로 높게 또 낮게 제멋대로 솟은 돌탑들이 무리지어 수두룩하게 널려있는 가운데 문탑에서 약 1킬로미터 지점에 높이 30여미터나 되는 훌륭한 솜씨를 자랑하듯 등명탑이 솟아 있는데 탑의 하부에 燈明塔(등명탑)이란 글자가 새겨져 있다.

또 이곳에서 약 30미터 높이의 훌륭한 2단폭포인 등명폭포가 절벽에 걸려있고 그 아래 등명담 푸른 소가 있어 탑과 폭포와 소가 서로 잘 어울려 하나의 뛰어난 명승경치를 빚어놓고 있다.

다시 계곡을 따라 오르면 왼쪽에서 흘러드는 계곡과 마주치는 합수목 아래 길이 약 20미터나 되는 누운폭포인 십왕폭포가 있고 이곳에서 왼쪽 골짜기를 따라 한참 들어가면 높이 70미터 가량 되는 곧은 폭포인 강선폭포가 인적도 드문 울창한 원시밀림의 깊은 골 안에서 아름답게 쏟아져 내리고 있다. 이 계곡을 곧바로 올라가면 안무재령으로 올라가는 길목이다.

다보탑(多寶塔)

가던 길을 도로 나와서 우측 계곡을 2백미터쯤 올라가면 또다시 등명탑에서 약 1킬로미터 지점에 백탑동 중에서도 최고의 수탑(秀塔)으로 이름난 다보탑이 마치 바위봉우리처럼 우뚝 솟아 있다. 다보탑은 밑둥 직경이 20여미터에 높이가 50여미터나 되는 거대한 자연석탑일 뿐만 아니라 탑의 균형과 조화가 잘 짜여져 있어 뛰어난 예술 조각품처럼 아름답고 섬세하고 장중한 자연걸작의 석탑으로 유명하다.

다보탑을 지나서도 약 1킬로미터 거리 구간에 걸쳐서 이름없는 수많은 돌탑들이 무리지어 서있는 백탑동 오지의 막바지 무명중탑(無名衆塔)의 비경에 이르게 되는데 이곳은 해발고가 1천미터가 훨씬 넘는 고산지대에 속한다.

⑤ **차일봉(遮日峰 1,528m)**

백탑동 막바지에서 동남방향으로 계속 오르면 차일봉에 이르게 된다.

차일봉은 백탑동 막바지 위에 솟아있는 1,528미터의 높은 산으로서 금강산 등줄기의 남부에 자리잡고 있는 흙산 거봉이다. 모양이 고깔을 세운 듯 마치 차일을 쳐놓은것 같다하여 차일봉이라 하며 금강산에서는 보기드문 흙산이기 때문에 소나무와 참나무가 잘 자라 울창한 태고 밀림지대를 이루고 있다. 남쪽으로 백마봉과 미륵봉 사이에는 고원의 풍경이 펼쳐지고 북쪽으로 일출봉과의 사이에는 안무재의 밋밋한 등말기 능선이 이어져 있다.

차일봉 정상에서의 전망은 동쪽으로 미륵봉과 남쪽으로 백마봉, 서쪽으로 망군대, 지장봉이 북쪽은 일출봉과 월출봉, 장군봉 등 여러 준봉들이 전망되며 만경골과 은선대의 전경이 한눈에 안겨오고 멀리 동해안의 풍경이 바라다 보인다. 차일봉은 서쪽 백탑동에서 오르는 길과 남쪽 백마봉 능선길과 북쪽으로 안무재령을 거쳐서 월출봉으로 통하는 길이 있다.

내강동에서 명경대를 거쳐서 백탑동까지의 거리는 약 13킬로미터(왕복 26킬로미터), 왕복탐승에 8시간 소요된다.

태상동 계곡 - 수미동 코스

원통동, 수미동

　태상동은 만폭동 금강대 앞에서 왼쪽으로 갈라진 원통골과 그에 잇달린 수미골(須彌谷)에 걸쳐있는 내금강 서부의 절승경개 지역을 말한다. 따라서 태상동은 원통골과 수미골로 나누어 진다.
　태상동 계곡은, 산은 산대로 첩첩하여 수려한 봉우리를 이루고 바위는 바위대로 기암괴석을 이루었는데, 또 물은 물대로 재주를 부려서 금강산에서도 또 하나의 이색적인 수석(水石)의 경치가 아름다운 곳이다.

① 원통동(円通洞)

　원통동은 내금강 만폭동 입구 금강대 앞에서 왼쪽으로 뚫린 계곡으로서 태상천이 합치는 만천에서부터 원통암까지의 약 3킬로미터 구간의 계곡을 말한다.
　원통동 계곡은 정곡봉과 학소봉(鶴巢峰) 사이길로 접어들면 첫 어귀에 높은 산이 마주서서 좁게 시작되었다가 계곡이 점차 넓어지며 골 안이 울창한 활엽수 원시림으로 덮여있다.
　계곡은 층층 굽이굽이 기묘한 모양의 작은 규모의 폭포와 담소가 조롱조롱 잇달려 있는데 밀림지대를 벗어나면 내원통암터에 이르게 된다.
　좁고 비탈진 골짜기를 따라 오르면 깊이 패인 바위 틈에 쪽을 풀어놓은 듯 새파란 물을 가득 담은 청호연(靑壺淵)소가 푸른 숲과 어울려 더욱 푸르다.
　청호연 소 위에는 자그마한 소와 폭포가 보기좋게 올망졸망 잇달아 있는데 모양이 표주박처럼 생긴 표주박소(瓢箪沼)를 지나 얼마간 가면 용이 자리잡고 있었다는 용상담이 나오고 용상담 위에는 삼단폭포 아래에 또 용이 살았다는 용곡담 푸른 소가 있다. 소 옆의 바위에는 龍谷潭(용곡담)이란 글자가 새겨져 있다.

태상동 계곡-수미동 코스 219

아름다운 자연석탑 수미탑.
정선의 그림.

용곡담을 지나 더 오르면 높이 한길쯤 되는 암반 위에서 마치 수정으로 발을 엮어서 드리운 듯 아름다운 수정렴폭포가 걸려있고, 또 그위에는 용추대, 학소대, 용추소 등의 승지명소를 지나서 구류연 위 개울 갈림목의 불쑥 나온 높고 평평한 언덕 위에 원통암터가 자리잡고 있다.

원통암터는 높은 봉우리를 등에 업고 계곡쪽을 향하여 있어 전망이 좋기로 이름나있다. 이곳에서는 남동쪽으로 망군성, 혈망봉이 멀리 바라보이고 석가봉, 장경봉, 관음봉 등 내금강 여러 봉우리들이 한눈에 안겨온다.

이곳 원통암은 외금강 송림골 원통암과 구별하기 위하여 내원통암이라 불렀다.

② 수미동(須彌洞)

수미동은 구류연 위의 개울 갈림목에서부터 수미탑(須彌塔)까지의 골짜기에 펼쳐진 아름다운 수석의 경관과 아울러 훌륭한 전망의 경치가 빼어난 곳이다. 수미동계곡은 울창한 수림 속을 흐르는 청정계류가 굽이 돌아 흐르는 굽이마다 그다지 크지는 않으나 아름다운 폭포와 소를 이루고 개울 양쪽에 솟은 봉우리들은 기암괴석으로 만물상을 이루었는데 또 개울 바닥에는 여러가지 모양의 자연석탑들이 무리지어 늘어서 있어 경치가 매우 다양하고 아름다울 뿐만 아니라 심산유곡의 유적한 정취를 맛볼 수 있어 더욱 좋다.

이곳의 대표적 명소로서는 수미골 굽이마다 맺혀진 만절동, 태상동, 청랭뢰, 자운담, 우화동, 적용담, 강선대 등 수미칠곡담을 들 수 있으며, 여기에 원통동 막바지 마지막소 구류연을 합하여 수미팔담(須彌八潭)이라 부르기도 하는데 소옆 바위에는 모두 그 이름이 새겨져 있어 쉽게 알아볼 수 있다.

경치가 좋기로 이름난 선암터는 청랭뢰를 지나서 계곡과 떨어져 동쪽 산비탈 평탄한 바위 위에 자리하고 있어 전망이 좋기로 이름난 곳이며, 선암절터에서 조금 내려간 바위밑에 있는 장군수샘은 물맛이 좋기로 이름난 샘터다.

선암터에서 다시 계곡으로 내려와 태상동 계류의 마지막 종점인 극락재(極樂岾)는 예부터 둔행칠리(臀行七里-엉덩이 걸음으로 7리란 뜻)라 일컬어온 매우 가파른 벼랑길로 이름난 영마루 고개다. 이 극락고개를 넘어서 수림지대로 내려가면 기암과 괴봉에 둘러싸인 서금강의 유적한 오지 수미암터에 이르게 된다.

수미암터에서는 동북쪽 정면으로 영랑봉이 바라다 보이는데 그 영랑봉에서 뻗어

내린 산줄기 끝머리 높은 낭떠러지 단애위에 위태롭게 선 암봉을 영랑대(永郞台)라 부른다.

영랑대와 영랑봉 사이에는 수림이 울창한 깊은 계곡으로 이루어져 있는 개울바닥에 크고작은 여러 모양의 자연돌탑이 헤아릴 수 없이 많이 널려 있는데 그 중에서도 높이가 약 60미터나 되는 거대한 자연돌탑을 수미탑(須彌塔)이라 부르며 마치 이곳 자연돌탑군의 우두머리마냥 개울 막바지에 하늘을 찌를 듯 높이 솟아 모든 돌탑을 굽어보며 버티고 서있다.

수미탑은 비단 수미골의 우두머리 돌탑일 뿐만 아니라 백탑동 석탑들보다도 더큰 금강산의 대표적 자연석탑으로 이름나 있다.

수미암터에서 오른쪽 길로 나가면 설옥동과 백운동을 거쳐서 마하연으로 내려가는 길이 되고, 왼쪽길로 나가면 영랑대와 영랑봉으로 올라가는 길이 된다.

영랑대에 오르면 북쪽으로 영랑봉과 능허봉(1,456m)의 늠름한 모습이 바라다 보이고 밋밋한 능허봉 능선의 등성이에 펼쳐진 전설어린 월명수좌(月明首座) 콩밭등의 고원풍경이 아름다운 모습으로 안겨오고 또 수미탑과 수많은 자연 돌탑들이 쭉 늘어선 골짜기의 기이한 경관들이 이채롭게 내려다 보인다. 그리고 남쪽으로 봉황바위, 거북바위, 장수바위, 노장바위 등 기암괴석들이 영취봉 등성이에 연이어 보인다.

영랑대는 내금강에서 망군대, 백운대, 원통암터 등과 더불어 전망경치가 가장 뛰어난 곳의 하나로 유명하다.

내강동에서 만폭동 금강대와 태상동계곡을 거쳐서 수미암터까지는 약 9킬로미터의 거리이며 오르는 데는 약 4시간 소요된다. 또 수미암터에서 백운동과 설옥동을 거쳐서 하산하는 데는 4시간을 요하므로, 이 코스는 서부금강 여러 명소와 계곡을 한바퀴 돌아볼 수 있는 서부금강 일주의 순환코스라 말할 수 있으며 하루 왕복코스로 적당하다.

또 이 코스는 반대로 설옥동에서 시작하여 백운대를 거쳐서 수미암터로 올라 태상동계곡을 따라 만폭동 금강대 앞으로 하산하는 역코스로 할 수도 있다.

그러나 내강동에서 출발하여 태상동과 백운동을 거치는 내금강 서부순환코스는 왕복 9~10시간을 요하는 장거리(약 22km) 코스이다.

송라동 - 망군대 코스

송라동, 망군대

망군대 코스는 장안동의 삼불암교 부근에서 동쪽으로 갈라진 송라동 계곡과 그 막바지에 잇달린 망군대까지의 약 8킬로미터 구간을 말한다. 이 코스는 울창한 수림과 봉우리들로 둘러싸인 골짜기와 험한 벼랑길로 특이한 경관을 이루며, 또 내금강 전체를 한눈에 내려다 볼 수 있는 망군대가 있어 더욱 유명하다.

① 송라동(松蘿洞)

송라동 계곡은 첫 어귀부터 활엽수림이 하늘을 가려 울창한데 계곡을 흐르는 개울 물량이 적어 물소리조차 들리지 않으니 고요한 정적이 깃들고 매우 유적하다. 깊은 굴속 같은 숲길을 따라 얼마간 올라가면 높이 약 35미터, 너비가 20여 미터나 되는 바위절벽이 산굽이에 나타나는데, 이 절벽이 여름 장마철에는 훌륭한 폭포로 변하는 계절폭포이다.

계절폭포를 지나 한참 올라가면 오른쪽 산마루에 높이 쌓은 성이 보인다. 험준한 산중턱에 위태롭게 쌓여져 있는 이 성이 금강성(망군성)이라 부르는 옛성터다. 여름철이면 송라동 계곡에는 목화송이보다도 더 흰 산목련꽃이 수없이 피어있어 정겹고 향기롭다. 여기서 한참 더 가면 송라봉 등마루에 오르게 되는데 송라봉 전망대는 망군대 다음으로 전망이 좋기로 유명한 송라대가 있다. 송라대에서는 비로봉을 비롯하여 내·외 금강을 가르는 봉우리들과 골짜기들이 모두 한눈에 안겨와 전망이 매우 장쾌하다.

송라봉 아래 송라대를 등지고 아늑하게 자리잡고 있었던 대송라암(大松蘿庵)과 소송라암의 두 절터가 있으나, 지금은 근처가 모두 태고연한 원시림으로 변하여 있어 세월의 무상함을 느끼게 한다.   ⇨211쪽 개념도 참조

망군대에서 바라본 내금강

② 망군대(望軍台 1,331m)

송라대에서 내림받이 길을 따라 산 중턱을 가로질러 가다가 오른쪽으로 굽어들면 아찔한 절벽이 마주서는데, 이곳이 망군대로 오르는 사자목(獅子項)이다. 사자목 등마루에 기어오르면 의자대가 오른쪽에 있고 매바위는 왼쪽에 보인다. 칼등같이 좁은 등마루를 넘어서 벼랑을 타고 다시 내려가면 왼쪽으로 꺾어서 또 벼랑길을 오르게 된다. 최종 코스는 길이 약 30미터나 되어 보이는 쇠사슬에 의지하여 절벽 벼랑길을 힘겹게 기어 오르면 울퉁불퉁 바위들이 솟아 있는 망군대(망고대)에 오르게 된다.

망군대 정상은 약간 평평하고 넓은 바위로 되어 있으며 그 암반 위에 또 약 3미터 높이의 암봉이 다시 솟아있으니 이 마지막 암봉이 해발 1,331미터 높이의 망군대 정상이다.

망군대는 해발 1,331미터나 되는 높은 봉우리로서 금강산에서 비로봉 다음 가는 훌륭한 전망대로 이름나 있다.

망군대는 사방이 깎아지른 듯한 절벽이어서 바위 끝에 서면 아찔할 정도인데 이곳은 항상 바람까지 세차게 불어 조심스럽고 마음이 조여 더욱 긴장된다.

망군대에서 둘러보면 북쪽으로는 능허봉, 영랑봉, 중향성, 비로봉이 멀리 늘어서 있고 동쪽으로는 장군봉, 월출봉, 일출봉이 바라다 보이고 남쪽으로는 차일봉과 백마봉 등 내·외금강을 가르는 봉우리들이 줄지어 서있는데 가까이로는 향로봉, 법기봉, 지장봉, 십왕봉 등 내금강 일대의 수많은 봉우리들과 골짜기들이 손금처럼 한눈에 들어오고 발밑으로는 갖가지 물형을 닮은 천태만상의 기암괴석들이 훤히 내려다보이고 이리저리 휘돌고 틀어진 계곡 물줄기가 굽어 보인다.

이와 같이 망군대는 높고 험하고 웅장한 봉우리로서 내금강의 중심부에 우뚝 솟아 동서남북 금강의 여러 거악준봉들이 한눈에 펼쳐지고 있어 망군대에서 바라보는 웅대하고 장엄하면서도 섬세하고 우아한 전망의 감동과 쾌감은 실로 땀 흘리며 올라왔던 피로를 잊게한다.

그리고 망군대에서의 전망 중 또 하나의 장관은 혈망봉(穴望峰 1,372m)을 바라보는 데 있다.

혈망봉의 꼭대기에는 자연적으로 커다란 맞구멍이 뚫려 있는 것이 기이하다. 기괴한 혈망봉을 가장 명쾌하게 바라볼 수 있는 곳이 망군대이고 또 혈망봉을 볼 수 있는 것으로 망군대가 더욱 유명해졌으므로 망군대와 혈망봉은 서로 어울려서 더욱 빼어난 명승을 이루고 있다 하겠다.

16세기의 조선 시인 송강 정철(鄭澈)은 망군대에서 이렇게 노래하였다.

높을시고 망고대 외로울사 혈망봉이
하늘에 치밀어 무슨 일을 사뢰리라
천만겁 지나도록 굽힐 줄 모르는가
어화 너로구나 너 같은 이 또 있는가

춘원 이광수의 망군대 소감도 아울러 적어 본다.

(전략) "실로 망군대는 내금강의 위관과 미관을 가장 완전히 보게 하기 위하여 만들어 놓은 첨망대외다.

만일 내금강을 다 만들어 놓고 망군대를 결 하였던들 그 위관과 미관은 헛된 것이 되었을 것입니다.

내금강을 조각할 때에 천옹(天翁)이 앉아 지휘한 곳도 망군대요, 조각이 끝난 뒤에 선관선녀를 데리고 낙성의 잔치를 베푼 곳도 망군대요, 때때로 선녀들이 금강산 구경을 내려올 곳도 망군대일 것이외다.(후략)
금강산 큰 조각을 천겹만에 이루던 날. 옥황의 보좌를 어느 곳에 정하리까. 망군대 백옥봉두야 그곳인가 하노라."
「금강산유기」에서

마의태자와 망군대

옛날에 천년사직을 지켜오던 신라왕국이 고려 왕건에게 굴복하고 망한 후, 신라 최후의 태자 마의태자는 고려에 불복하고 삼베옷(麻衣)을 몸에 걸치고 금강산에 들어와 유적한 명경대 근처 움막집에서 숨어 살면서 때로는 험로를 무릅쓰고 망군대에 올라 적정을 살피기도 하고 또는 신라 회복의 원군이 오기를 기다렸다는 흥망무상한 역사가 얽힌 전설이 전해오고 있다. 망군대라는 이름도 이와 같은 마의태자의 전설에서 연유한 것이다.

하산길은 오던 길을 되돌아가는 송라동 계곡으로 하산하는 서쪽 코스와 또는 망군대 정상에서 남쪽으로 뻗은 능선을 타고 나가다 옥천수 샘터가 있는 도솔암(兜率庵)터와 안심대를 거쳐서 기복이 심하고 경사가 급한 험로를 따라 수렴폭포 갈림길로 내려와 수렴동과 백천동 계곡을 거쳐서 명경대를 지나 만천교로 나올 수 있다. 물론 역코스로 백천동과 수렴동을 거쳐서 망군대에 올랐다가 서쪽 송라동으로 하산할 수도 있다. 내강동에서 망군대 탐승은 왕복 약 24킬로미터 거리이며 상행에 5시간, 하산에 3시간으로 왕복 8시간이면 오를 수 있는 하루코스로 적당하다.

구성동계곡 코스

하구성동, 상구성동

구성동(九成洞) 구역은 금강군 단풍리 쑥밭에서 동남쪽으로 갈라진 구성동계곡과 진부골(김부골)에 펼쳐진 이름난 승경지역을 말한다.

구성동은 쑥밭에서부터 계곡을 따라 비로봉에 잇닿은 깊고 긴 골짜기로 울창한 수림과 기암괴석이 어울린 아름다운 계곡경치 중에서도 폭포와 담소가 연이어 있어 장쾌한 계곡을 나타내고 있다.

구성동 구역은 하구성동과 상구성동 및 진부골(김부골)로 이루어져 있다.

내금강의 탐승기지 내강동에서 말휘리를 거쳐서 구성동 입구인 쑥밭까지의 거리는 약 29킬로미터이고, 또 외금강 온정동에서 만상정을 지나 온정령을 넘어서 쑥밭까지의 거리는 16킬로미터 정도로 모두 도로가 연결되어있다.

구성동계곡은 금강산 최고봉인 비로봉과 금강산 제2봉 영랑봉 사이에서 시작하여 북쪽으로 흐르면서 수많은 폭포와 담소의 명승을 이루고 쑥밭에서 내금강 금강천으로 합류하는 금강산 서북부의 경승지로 10여 킬로미터의 구간에 걸쳐서 20여 개의 큰 폭포와 소, 더많은 작은 폭포와 벽담과 심연이 꼬리를 물고 연이어 흐르고 있어 물소리가 요란하며 수림과 어울려 비경을 이루고 있다.

특히 금강산에서 이름난 계곡중에서도 구성동계곡은 폭포수가 가장 많아 시원스런 장관을 이루고 있다. 단일계곡으로서 이렇게 수많은 폭포와 담소와 심연과 벽담을 빚어놓고 절경을 이루는 계곡은 비단 금강산뿐만 아니라 천하에 둘도 없는 폭포명승의 계곡으로 이름나 있다.

① 하구성동(下九成洞)

하구성동은 구성동계곡 첫 어귀에 있는 검정소로부터 중류지점에 위치한 옥영폭

구성동계곡 코스 227

◉ 산행코스

쑥밭 —— 구일폭 —— 옥영폭 —— 비로폭 —— 비로봉포까지의 약 6킬로미터 구간에 걸친 계곡경치를 말한다.

하구성동계곡은 맑고 푸른 청정계류가 흰바위를 흐르면서 수많은 폭포와 담소를 이루어 계곡미를 자랑한다.

가막소(구일담)와 구기연(九岐淵)

쑥밭에서 동남쪽으로 난 계곡을 따라 2킬로미터 정도 가면 금강산 특유의 바위벼랑이 시작되고 골안에 큰 암반이 펼쳐지면서 둥그런 원형소가 나타난다.

이 소가 구성동 계곡경치의 첫 시작인 검정소이다.

검정소는 물이 깊기도 하지만 소안에 나뭇잎이 깔려있어 더욱 검게 보인다. 검정소를 지나 조금 올라가면 개울바닥에 반석들이 넓게 깔리고 이곳에 진부골과 구성동 두 골짝의 두 줄기 폭포가 하나의 소로 합쳐서 쏟아지는 특이한 Y자형 폭포로 이름난 구일폭포(九一瀑布)와 그 아래 폭포물을 받아들이는 검푸른 가막소(구일담)가 있다. 소 오른쪽 바위에 九一潭(구일담)이라 새겨져 있다. 가막소의 깊이는 4미터이고 구일폭포의 길이는 16미터에 달한다.

구일폭포 위에서 계곡이 두 가닥으로 갈라지는데 오른쪽 계곡이 진부골이고 왼쪽 계곡이 구성동이다.

왼쪽 구성동 계곡으로 길을 잡아 80미터 정도 들어가면 바위벽에 둘러싸인 가운데 10여 미터의 높이에서 떨어지는 폭포수를 받아들이는 직경이 약 25미터 정도되는 크고넓은 마당소(구포담)가 있다. 폭포의 이름이 열반폭포라 하여 구성동의 명폭미담 중의 하나에 속한다. 이곳에서는 올라 오던 골짜기가 훤히 내려다 보인다.

마당소 위에는 좀 작은 폭포와 소들이 잇따라 있고 매끈한 바위 위를 미끄러져 흐르는 누운폭포도 있다.

누운폭포를 지나 조금 올라가면 벽옥같이 깊고 푸른 두 개의 소가 10여 미터 높이로 폭포의 위, 아래에 매여있어 마치 한 폭의 비단필 양끝에 푸른 구슬을 매달아 놓은 것 같은 기묘한 경치를 이루고 있는 폭포를 구성연주폭포라 한다.

연주폭포를 지나면 오른쪽 큰 암반위에 '깃발꽂은자리'라고 하는 큰 구멍 3개와 '말발굽자리'라고 하는 바위에 패인 흔적이 나있다.

그 위로도 비스듬히 깔려있는 거대한 암반위를 미끄러져 흘러내리는 2단으로 된 길이 80여 미터나 되어보이는 급류완폭의 누운폭포의 장관이 있고, 그 위로도 누운

구성동계곡

폭포와 소가 잇따라 이어지는데 그 중에서도 길이 50미터나 되는 은실폭포가 절경을 이루어 유명하다. 은실폭포 위에도 누운폭포들이 이어지는데 그위에는 또 절구통 같은 돌확에서 넘쳐 흐르는 물이 넓은 암반의 바위벽을 타고 폭포가 되어 쏟아지는 높이 15미터의 구기폭포와 그 아래 깊이 3.5미터나 되는 구기연이 펼쳐지고 오른쪽 바위에 九岐淵(구기연)이라 새겨져 있다.

돌문소, 구슬폭포, 사자목

구기연 위로는 계곡양쪽 벼랑들이 깎아지른 듯이 가까이 마주서서 골도 좁아지고 길도 더욱 험해진다.

더욱 양쪽 절벽이 쑥 빠져나와 좁아진 개울목에 개울을 통째로 차지하고 있는 소를 돌문소라 부른다.

　돌문소를 옆으로 보며 개울목을 넘어서면 물깊이를 헤아리기 어려울 정도로 그 깊이가 8미터나 되며 그 모양이 삼각형으로 되어 있어 삼각담이라고 부르는 소가 나타난다.

　삼각담을 지나 얼마를 가면 이번에는 물을 입에 물었다가 내뿜는 것같이 수천알의 은구슬을 만들어 쉬임없이 떨어뜨리는 구슬폭포가 발길을 멈추게 한다.

　구슬폭포를 지나면 계곡양쪽 벼랑은 험해져서 협곡을 이루고 있어 발을 붙일 수 없으므로 오른쪽으로 꺾어 산중턱으로 난 오솔길을 따라 오르면 왼쪽으로 아찔한 벼랑밑에 푸른 구슬알 같은 작은 소들이 누운폭포들과 어울려서 연결되어 있고 산에는 활엽수림이 울창하게 우거져 산수의 조화를 이루고 있다.

　산중턱을 가로질러 계속 가다보면 바위산이 앞길을 막아서는데 이상하게도 바위산 중간이 몽땅 잘리워 한두 사람이 겨우 빠져나갈 수 있는 매우 기이하게 좁은 홈이 나있다. 이곳을 사자목(獅子項)이라 부른다.

　사자목은 양쪽 바위벽이 마치 병풍처럼 둘려진 좁고 깊은 바위홈으로서 50도 정도의 급경사 홈에다 그 길이가 또한 1백여 미터 가량이나 되어 누구나 이곳을 빠져나가기가 매우 힘들다. 바위산이 온통 절벽을 이루고 있어 물론 이곳을 빠져나갈 다른 길은 없고 바위홈만이 외통길이니 어찌하랴. 사자목 바위홈 고개를 힘겹게 기어올라 사방이 급한 절벽으로 된 전망대에 올라서면 시야가 훤히 열려 전망이 매우 좋을 뿐만 아니라 시원한 바람이 불어와 땀을 식혀주니 고생한 보람을 느낄 수 있고 휴식하기에 알맞는 곳이다.

옥영폭포와 낙상폭포

　사자목 전망대에서 깊은 계곡으로 내려가 합치는데 이름없는 작은 폭포와 소들이 줄줄이 이어지는 아기자기한 계곡을 따라 한참 더 가다보면 상등봉, 옥녀봉, 영랑봉 등 산줄기가 이마를 부딪칠 듯 모여들어 층암절벽을 이루면서 계곡을 두 가닥으로 갈라놓은 갈림목에 이르게 된다. 갈림목에서 오른쪽 계곡으로 까마득하게 쳐다보이는 우람한 폭포가 금강산 4대 폭포중의 하나이자 구성동 계곡에서 으뜸가는 '옥영폭포'이다.

　옥녀봉(玉女峰・1,424m)과 영랑봉에서 발원한 물줄기가 이곳에 와 합쳐서 폭포가 되어 떨어지므로 옥영폭포라 부르며 예전에는 '조양폭포'라 불렀다. 그것은 이곳이 지형환경상 아침에만 햇빛이 비치기 때문이다.

옥영폭포는 너비 3미터, 높이는 31미터(상단 10m 하단 21m)의 2단폭포로서 물줄기가 폭포 중도에 걸린 큰 돌확에 한번 들렸다가 2단으로 힘차게 기승을 부리며 쏟아져 내리는 물줄기는 주위에 우거진 수림과 잘 조화되어 웅장하고 장쾌하기 이를데 없다. 폭포밑에는 넓이 약 2백제곱미터쯤 되는 검푸른 옥영소(玉永沼)가 이루어져 있다. 그리고 옥영폭포 왼쪽으로 뚫린 골짜기를 쳐다보면 거기에도 큰 폭포가 물을 쾅쾅 7단으로 찢으며 쏟아져 내린다. 이 7단폭포는 낙선봉(樂仙峰·1,122m)과 상등봉(1,227m) 사이에서 발원한 물줄기가 합수목에서 폭포가 되어 떨어지므로 낙상폭포라 이름지어 부르며 예전에는 석조폭포라 불렀다. 그것은 이곳이 지형환경상 석양에만 햇빛이 비치기 때문이었다.

낙상폭포는 높이가 약 30미터, 폭포벽의 너비는 10여미터가 되는데 물줄기는 7계단으로 꺾어서 떨어진다. 낙상폭포는 주위의 경치와 어울려 사철이 다 좋지만 가을 단풍때가 더 좋고 붉게 물든 단풍잎에 저녁 노을의 사광(斜光)이 비칠 때가 보다 황홀한 절경을 이룬다.

낙상폭포 위쪽 계곡에도 2단으로 된 높이 30미터나 되는 장폭 삼성폭포와 작은 폭포 등 폭포와 소들이 있으나 오를수록 개울 수량이 작아져 볼품이 없어진다. 개울이 다하고 밀림속의 오솔길을 2킬로미터쯤 올라가면 고원풍경의 고개 밑에 삼성암 터가 나오고 이곳에서 북쪽으로 상등봉을 거쳐서 외금강 만상계로 내려가는 길과 또 동쪽으로 가는골(細洞)을 거쳐서 외금강 신계천계곡으로 내려가는 길이 있다. 그리고 또 이곳에서 남쪽으로 길을 잡아 밀림길을 올라가면 옥영폭포 상류계곡으로 나와 신선대와 용마석을 거쳐서 비로봉으로 오를 수 있다.

② 상구성동(上九成洞)

상구성동은 옥영폭포 위로부터 용마석까지 옥영폭포 윗골의 골짜기 약 4킬로미터 구간을 말하며, 등용계와 영풍계로 나누어진다. 상구성동 등용계는 골짜기가 구불구불 비틀리고 희멀건 바위들이 크고작은 층계를 이루어 폭포와 소들이 연이어 있으며 결이 가로난 바위들이 첩첩이 포개고 앉아 봉우리마다 다른 바위 경치를 보여준다. 또 각종 식물들이 다양한 식물분포를 나타내고 있다.

세굽이폭포와 연포담

옥영폭포를 돌아 윗골에 올라서면 계곡이 넓어지고 흰 반석들이 쭉 깔려 앞이 열린다. 반석위에 패인 홈을 따라 맑은 물줄기가 세차게 흐르는데 윗골 첫대목에 기묘하게 세 굽이를 돌면서 쏟아지며 장쾌한 경관을 이루는 누운 폭포를 세굽이폭포라 부른다.

세굽이폭포를 굽어보며 조금 더 가면 흘러내리는 물이 반석위에 깊숙하게 가로놓인 소를 十자 모양으로 가로질러 흐르는 데 이 소를 연포담이라 부른다. 연포담은 가로놓인 소의 위, 아래로 작은 폭포가 이어져 있어 금강산에서도 특이한 모양을 한 소(沼)라 하겠다.

옥류벽과 삼형제소

연포담을 지나서 몇 걸음 옮기면 오른쪽 산봉우리 위에 자동차 같은 모양의 바위 세 개가 앞서거니 뒤서거니 달리는 모습으로 놓여있다. 이 바위들을 감상하며 좀더 올라가면 왼쪽에 산이 통째로 바위를 이루고 높이와 너비도 수백미터나 되어 장대하면서도 이음새 하나 없이 다듬고 갈아낸 듯 반듯하며 계곡쪽으로 약간 둥그스름하게 곡선을 그리며 거대한 암벽이 나타난다. 이 암벽을 옥류벽(玉流壁)이라 부른다.

옥류벽은 여름철 큰비가 내릴 때면 바위 전체가 온통 폭포 사태로 돌변하여 장대한 계절폭포의 장관을 이룬다. 더욱 구름이 피어올라 산봉을 가리면 끝없는 천상에서 마치 은하수가 쏟아져 내리는 것 같아 그 장엄하고 신비함을 형언하기 어렵다. 옥류벽은 주위의 울밀한 수림과 그 밑을 흐르는 청정계류와 어울려 절승경개를 이루었으므로 예전에는 청류벽(淸流壁)이라 불렀다.

옥류벽 아래로는 넓다란 소가 있어 벽밑을 굽이굽이 감돌고 소위로 작은 폭포와 소들이 연이어 있어 옥류벽의 절경을 한층더 돋구어 준다.

옥류벽을 지나가면 세 개의 폭포와 소가 층층으로 잇달아 있는데 삼층으로 폭포를 이루고 있기 때문에 삼형제소라 부른다. 둥글둥글한 바위들이 둘러싸고 나무숲이 우거진 유적한 계곡을 물은 폭포로 떨어져 소를 이루고는 돌아서 또 폭포로 떨어져 소를 이루고 다시 돌아 폭포로 떨어져 소를 이루었다.

삼형제소는 좁은 바위벽에 에워싸여 있어 소들이 크지는 못하나 깊으며, 폭포 또

한 높지는 않으나 그 모양이 기묘하여 한 폭의 그림을 보는 듯 정겨운 경치를 펼쳐주고 있다.

선곰바위, 책바위와 막바지 네 폭포

삼형제소에서 좀더 올라가면 오른쪽 산봉우리 중턱에 곰이 앞발을 들고서서 개울을 들여다 보고 있는 것 같은 바위가 있는데 이를 선곰바위라 한다.

몇개의 소와 작은 폭포를 지나면 한참만에 약 15미터 높이의 벼랑에서 꿈틀거리며 쏟아지는 폭포를 그 모양에 따라 실타래폭포라 하며 그밑의 소를 실타래소라 한다. 이 폭포는 구성동 상류 막바지에 층을 이룬 4개 폭포중의 하나로서 첫 시작이다.

실타래폭포 위 오른쪽 벼랑은 바위결이 가로난 바위들로 차곡차곡 쌓여있어 마치 두툼한 책들을 높이 올려 쌓은것 같다하여 책바위라 부른다.

실타래폭포에서부터 다시 폭포와 소들이 굵직굵직 커지는데 4백미터 정도 더가면 숲이 우거진 속에 바위결이 가로난 절벽에서 쏟아지다가 다시 비스듬히 떨어지는 이단폭포를 방울폭포라 하며 그 밑의 동그란 소를 방울소라 한다. 방울폭포는 층을 이룬 네 폭포중 두번째 폭포이다.

방울폭포를 지나 2백미터 정도 가면 약 60미터 높이의 아득한 벼랑 꼭대기에서 물이 쏟아지며 중간에 패인 돌확에 담겼다가 솟구쳐 나오며 미끄러져 떨어지는 폭포를 다층폭포라 하며 그 밑의 소를 구성담이라 부른다. 층을 이룬 네폭포중 세번째 폭포이다.

다층폭포에 잇닿은 여러개의 작은 소와 누운폭포를 지나 약 4백미터 더 올라가면 층층으로 가로질러간 수십개의 바위결로 이루어진 약간 비스듬히 누운 절벽에서 물이 떨어지는 비로폭포이다. 이 폭포는 층을 이룬 폭포의 네번째 마지막 폭포이며 그 밑의 소를 비로담이라 한다. 이 폭포를 예전에는 능인폭포라 불렀다.

비로폭포 위에서 길다란 누운폭포와 2단으로 꺾인 누운폭포를 지나서 5백미터 정도 오르면 구성동 골짜기의 마지막 경치인 용마석에 이르게 된다. 용마석은 비로봉 정상에서 북쪽으로 약 2킬로미터 지점에 위치한 비로고대 북쪽 사면의 마루턱에 자리하고 있다. 높이 50미터 가량 되는 한 덩어리의 큰 바위가 마치 말이 서있는 것 같다하여 용마석이라 부르며 용마석 왼쪽 앞에는 新羅麻衣太子陵(신라마의태자릉)이라 새긴 비석이 세워진 마의태자릉이 쓸쓸히 자리하고 있어 이곳을 지나가는 사람들의 마음을 감회에 젖게한다. 용마석은 마의태자가 탔던 말이 돌로 굳어졌다는 전설이 전해지고 있다.

용마석은 내·외 금강을 연결하는 비로고대 북부 교통의 요지로서 서북쪽 구성동 길 외에도 남쪽으로 뻗어있는 영마루 숲속길을 따라 비로봉 정상으로 오를 수 있고, 또 비로봉 정상 못미쳐 갈림길에서 좌측(동쪽)길로 내려 비로봉 동벽을 돌아 장군성으로 내려갈 수 있으며, 또는 용마석에서 곧바로 동쪽 아홉소골로 내려가면 비사문을 거쳐서 외금강 구룡연과 옥류동으로 내려갈 수 있다.

③ 진부골(김부골-金傅谷)

하구성동 입구의 구일담에서 오른쪽으로 갈라져 들어간 약 6킬로미터 구간 계곡을 진부골이라 한다. 계곡을 따라 2킬로미터 정도 무성한 수림속을 오르면 다시 두 갈래의 계곡으로 갈라진다. 오른쪽 계곡을 오르면 작은 폭포와 소가 있기는 하나 아름다운 경치라고 이를 만한 것이 별로 없다.

왼쪽계곡으로 오르면 양쪽 기슭이 험한 절벽을 이루면서 경치가 수려해진다. 얼마 안가서 계곡을 가로막을 듯한 큰 반석이 높은 대를 이루고 물은 그 옆 홈태기를 세차게 흘러 내린다.

좀더 올라가면 모양이 마치 표주박처럼 기묘하게 생긴 용표담(龍瓢潭)이 나오고 용표담에서 더 오르면 수정같이 맑은 물이 흘러내리는 와룡폭포와 와룡담이 가히 볼만하다.

와룡폭포에서 험한 벼랑길을 기어올라 서쪽으로 꺾어돌면 울창한 숲속에 높은 봉우리가 솟아있고 그 중턱 약 30미터 높이의 바위벽에서 수직으로 떨어지는 폭포를 일용폭포라 하고 그 밑의 절구확같이 깊고 검푸르며 무시무시한 소를 용소(龍沼)라 부른다.

이곳에서 좀더 오르면 영랑봉과 능허봉 중간에 펼쳐진 월명수좌콩밭등이란 전설 어린 밋밋한 고원지대로 오르게 된다.

옛날에 신선이 이곳에서 콩 농사를 지었다는 월명수좌콩밭등은 고산지대 특유의 갖가지 고산식물들이 철따라 갖가지 꽃밭을 꾸며주는 아름다운 고원이며 또 내금강을 전망할 수 있는 좋은 전망대의 구실도 한다.

진부골(김부골)은 신라 최후의 왕 김부(金傅)의 능이 있다하여 김부골이라 부르게 된 것이라 하나 그 근거가 미상하다.

"쑥밭"과 "월명수좌 콩밭등" 전설

먼 옛날에 김동지라는 착하고 부지런한 노인이 지금의 쑥밭(蓬田)이란 마을에 살고 있었다.

하루는 김동지 노인이 산에 약초를 캐러 구성동 골짝으로 깊이 들어가게 되었는데 계곡엔 맑고 깨끗한 물이 흘러 하얀 폭포와 푸른 담소가 수없이 이어지고 우거진 숲속에는 온갖 꽃들이 만발하여 경치가 너무나도 아름답고 황홀하였다. 김노인은 그 경치에 홀려서 마음 내키는 대로 경치만 따라 가다보니 부지중에 진부골 심산유곡으로 너무 깊숙이 들어갔다가 마침내 길을 잃고 산속을 헤매게 되었다.

그때 마침 한 동자가 나타나 길을 인도하는 때로 따라가 보았더니 맑은 물이 여울져 흐르는 시냇가에 수석 같은 기묘한 바위들여 병풍처럼 둘러있는 아담한 고대 위에 노송 몇 그루가 시원한 그늘을 드리웠는데 정원에는 온갖 기화요초가 가득하고 한가운데 자리한 넓직한 반석 위에는 신선들이 모여앉아 동자가 끓인 차를 마시며 한가로이 바둑을 두고 있는 것이 아닌가.

김동지 노인은 이곳이 바로 말로만 들어온 금강산 신선들이 모여서 논다는 선경이로구나 깨닫고 하도 신기하여 넋을 잃고 신선들이 두는 바둑 구경을 하게 되었다.

그러다가 시간이 얼마나 흘렀는지 문득 집 생각이 나서 돌아가려고 하자 한분 신선이 일어나 모처럼 오셨으니 잠깐만 기다리라고 만류를 하고나서 콩알 몇개를 손에 쥐고 지경안의 초원으로 건너가는 것이 아닌가. 김노인이 호기심에 궁금하여 뒤따라 가보니 신선이 밭을 일구어 콩알을 심고 있는데 금방 싹이 돋아나고 곧이어 푸른 잎이 무성하게 자라고 곧바로 콩이 주렁주렁 열매를 맺더니 금시에 누렇게 익어갔다. 이 광경을 보고 놀라 눈이 휘둥그래진 노인 앞에 소담하게 자란 콩대를 한아름 안은 신선이 그것을 까서는 금방 두부를 만들어 음식을 차려놓고 선식(仙食)으로 김노인을 대접하는 것이었다.

김노인은 음식 대접을 받으며 그곳 선경에서 신선들과 같이 즐겁게 하룻밤을 보내고 다음날 집에 돌아와 보니 분명히 어제까지 있었던 자기집은 하룻밤 사이에 간 곳이 없고 빈 집터에는 쑥대만 무성하게 자라 있었다.

김노인은 기가 막히고 영문을 몰라 마을 이웃을 찾아가 보니 전에 살던 주민들은 아무도 없고 모두 낯선 사람들뿐이어서 한 노인을 붙들고 물어보았더니 그 노인이 말하기를 지금으로부터 60여 년전에 이 마을에 살던 김씨 성을 가진 노인이 약초를 캐러 구성동으로 들어간 후 소식이 끊겨서 자손들이 찾아 보았으나 찾지 못하고 끝내 행방불명이 된 후 세월이 흘러 자손들도 늙어서 죽고 그후 그 후손들은 집을 옮겨 다른 데로 이사를 갔다는 것이다.

이와같이 김동지 노인은 아름다운 경치에 홀려서 구성동 깊이 들어갔다가 선경에서 신선을 만나 하룻동안의 신선놀음에 어느덧 60여 년이란 세월이 흘렀던 것이다. 이리하여 후세 사람들이 쑥밭이 된 김동지 노인의 집터 마을을 쑥밭 마을이라 부르게 되었으며 또 월명수좌(月明首座)신선이 콩을 가꾸었던 영랑봉과 능허봉 중간에 위치한 진부골 막바지 둔덕 초원을 월명수좌콩밭등이라 부르게 된 것이라고 전해온다.

쑥밭(蓬田)에서 구성동 옥영폭포(조양폭)와 용마석을 거쳐서 비로봉까지의 거리는 약 14킬로미터이며 오르는 데 8시간이 소요된다. 또 구일담에서 진부골을 거쳐서 월명수좌콩밭등까지는 약 6킬로미터로 4시간 걸린다.

3. 해금강(海金剛) 탐승코스

해금강은 원래 고성군 동해안 기슭의 수원단(水源端)으로부터 시작하여 남쪽으로 해만물상, 입석, 칠성바위를 거쳐 대봉섬에 이르는 약 6킬로미터구간의 해안절경을 가리키는 말이다.

그러나 넓은 의미에서는 외금강의 동쪽해안 일대에 펼쳐진 명승지들, 즉 삼일포와 남강 하류의 적벽강에서 더 남쪽으로 영랑호, 감호, 화진포까지 그리고 북쪽으로 금란굴(金蘭窟)과 총석정 일대까지도 해금강지역에 포함된다.

따라서 해금강의 명승지들은 크게 3대 명승구역으로 나누어진다.
1) 해금강(海金剛)
2) 총석정(叢石亭)
3) 삼일포(三一浦)

해금강 만물상

해금강(海金剛)

해만물상, 해금강의 해돋이, 입석과 솔섬

해금강은 원래 고성 구읍리에서 동해변으로 약 5킬로미터 지점에 위치한 고성군 해금강리 앞 수원단으로부터 시작하여 남쪽으로 해만물상, 입석, 칠성바위를 거쳐서 남강 하구의 대봉섬에 이르는 남북 6킬로미터에 동서 2킬로미터의 면적 약 12제곱 킬로미터의 좁은 범위내의 명승지를 말하나, 좀더 넓은 의미에서는 대봉섬에서 해안 선을 따라 남쪽으로 영랑호, 감호를 거쳐서 화진포에 이르는 약 30킬로미터 구간의 동해안 여러 명승지를 포괄하여 해금강이라 한다.

해금강은 말 그대로 바다의 금강이요, 금강의 바다풍경이다. 금강산 동쪽 자락의 연맥이 고성평야의 적벽강 물줄기 밑으로 숨었다가 동해바다 창파위에 다시 솟아 정기를 모아 천태만상의 기암괴석이 그대로 바다위로 옮겨 앉아 바다위에 금강산의 축소판을 꾸며 바다의 경치까지 더욱 구색을 갖추므로써 천하에 그 명성을 더하게 된 것이다.

① 해만물상(海萬物相)

수원단 남쪽에 해만물상의 절경이 펼쳐져 있다.

해만물상이란 바다에 솟은 만물의 형상을 가진 기암괴석의 아름다운 경관을 일러 하는 말이다.

푸른 소나무와 기묘한 바위들은 내·외 금강에도 수없이 많거니와 백사·청송과 기암·청파는 오직 해금강만이 가진 자랑이다. 해금강의 만물상은 그 기이한 자태를 푸른 바닷물에 비춰 투영하여 더욱 곱고 아름다울 뿐만 아니라 백사(白沙)와 청송과 기암, 청파(靑波)가 한데 어울리니 그 경개가 절승이다.

해만물상에는 그 모양과 형태에 따라 이름 지어진 쥐바위, 고양이바위, 누룩바위,

촛대바위

동자바위, 서적바위, 상좌바위, 노승바위, 나한바위, 천왕바위 등 외금강 만물상의 본을 딴 것들이 많으며 여러 기암 괴석중에서도 촛대처럼 생긴 촛대바위(燭台岩)와 또 두 개의 바위기둥이 마주서서 마치 열려진 대문처럼 생긴 금강문이 경치가 좋기로 가장 유명하다.

금강문을 지나 훤히 트인 바다로 나서면 수렴도, 얼굴바위, 지렁이바위, 부부암, 잉어바위, 사자바위 등 기묘한 바위들과 아름답고 장쾌한 바다와 섬들의 풍경이 연이어져 있다.

해금강의 탐승은 해안선을 따라 걸으며 육지 해안에서 바라볼 수도 있으나 해금강의 오묘한 자연미의 실상을 감상하려면 작은 배를 타고 이리저리 저어가며 바다에서 바라다 보는 것이 가장 좋다.

해금강의 만물상은 바다물 위에만 솟아있는 것이 아니라 바다 밑에도 또 다른 하나의 만물상이 잠겨져 있다.

바다는 수정같이 맑고 잔잔한 물결은 햇빛을 받아 반사하여 더욱 영롱하고 물밑을 들여다 보면 크고작은 봉우리들이 울퉁불퉁 솟아올라 낮은 언덕과 깊은 골짜기를 이루고 수많은 기암괴석들이 갖가지 물형을 나타내고 있어 마치 거울속의 만물상을 들여다 보는 것같이 아름답다. 더욱 바다속 만물상을 다시마와 미역 등 해조류들이 바람에 나부끼는 수풀같이 물흐름에 따라 춤을 추듯 움직이고 있으며 그 사이사이로 갖가지 물고기 떼들이 은비늘을 반짝이며 미끄러져 유영하는 모습은 마치 수족관을 들여다 보는 것 같은 착각을 일으키게 한다.

때로는 해구와 해표 등 희귀한 바다동물들이 동해의 창파를 뚫고 해금강 근처에 출몰하는 것을 볼 수 있어 또하나의 해금강 명물로 꼽는다.

② 해금강의 해돋이

해금강에서 바라보는 아침 해돋이의 장관은 빼놓을 수 없는 해금강의 명승중의 하나로 손꼽는다.

동이 틀 무렵에 해금강의 백사장에 나서면 동해바다의 맑은 아침 공기가 시원한 해풍을 타고와 온몸에 상쾌감을 안겨준다. 이윽고 끝없이 펼쳐진 동해바다의 회색빛 수평선에서 한 줄기 서광이 어리고 밝아지면서 하늘과 구름과 바다를 황금빛으로 물들이고 드디어 진홍빛 원색의 태양이 이글이글 붉은 불을 토하며 서서히 창파위에 떠올라 하늘과 바다와 섬들을 온통 붉게 물들이는 장관은 마치 천지창조의 원초적 모습을 다시 보는 것같아 신비롭고 장엄하기 이를 데 없어 숭엄한 감동을 안겨준다.

③ 입석(立石)과 솔섬(松島)

해만물상을 벗어나면 바위절벽에 海金剛(해금강)이라 크게 새긴 세 글자가 보인다. 탐승길을 북쪽 금강문에서부터 시작하여 남쪽으로 내려오면 이곳이 해만물상의 종점이 되고 반대로 남에서 북쪽으로 길을 잡으면 여기서부터 해만물상이 시작된다.

전설에 나오는 53불이 일시 피난했던 곳이라는 부처바위(佛岩)를 지나면 먼저 입석을 바라보게 된다.

입석은 육지에서 뛰어넘을 수 있는 가까운 거리의 해중에 선돌처럼 홀로 우뚝 솟아 있는 굳은 사질의 돌섬으로서 그 생김새도 곱거니와 돌섬의 봉우리와 허리에 몇 그루의 노송이 멋지게 자라고 있어 그 자태가 매우 아담하고 운치 있어 보인다.

입석을 지나 바다로 좀더 떨어져 나가면 높이 50미터 가량 되는 큰 바위섬 솔섬이

우뚝 솟은 입석

자리하고 있다. 솔섬은 섬전체가 바위로 되어 있는데 기이하게도 바위틈에 뿌리를 박고자란 소나무가 우거져 멋진 해중송림으로 하여 해금강의 풍치를 더욱 돋구어 주고있어 솔섬이라 부른다. 어디서나 볼 수 있는 소나무지만 바다 가운데 바위섬 위에 우거진 송림은 하나의 수수께끼요 기적이랄 수 있기 때문에 더욱 신기하고 아름답게 보인다.

④ 사공바위, 칠성바위와 대봉섬(大峰島)

솔섬에서 앞을 내다보면 곧 사람모양을 한 큰바위로 된 사공바위가 서있다. 옛날에 53불을 사공이 바다속에 처넣고 벌을 받아 이곳에 귀양왔다는 전설속의 바위다.

사공바위에서 남쪽으로 더 가면 칠성바위에 이른다. 일곱개의 바위가 북두칠성 모양으로 바다에 뿌려져 있다하여 사공바위를 비롯하여 그 주변 일곱개의 바위섬들을 통털어 칠성바위라 부른다.

칠성바위에서 뱃머리를 돌려 강기슭으로 나오면 남강(적벽강) 하류의 하구에 닿는다. 이때 마주 다가서는 봉우리가 바로 소나무 수림이 울창한 대봉도인데 이것은 큰봉우리로 된 섬이라는 뜻으로 부르는 이름이다.

대봉도는 남강하류의 삼각주 바다기슭에 자리잡고 있는 돌출섬으로서 앞은 망망대해요 주위는 민물이 조용히 섬을 씻어 흐르는 남강 하구이다.

낙락장송이 동해의 해풍을 막아덮은 봉우리에 올라서면 북쪽 해금강 일대의 전경이 한눈에 들어와 한 폭의 그림처럼 아름답고 장쾌하다.

⑤ 영랑호와 현종암

영랑호는 적벽강 다리를 건너 남쪽으로 약 4킬로미터 지점에 자리잡고 있으며, 북동쪽만 약간 틔여있을 뿐 3면이 나직한 야산으로 둘러있는 한복판에 호수가 아담하게 자리잡고 있어 백사장과 송림과 호수가 어울려 경관이 매우 아름답다. 옛날에 금강산 4선중의 하나인 영랑(永郞)이란 신선이 경치가 좋아 이곳에 와서 놀았다 하여 영랑호라 이름하였다.

영랑호에서 바닷가로 3백미터 가량 가면 작게 언덕진 산마루에 높이 약 6미터, 통이 5미터 되는 큰바위기둥이 서있는데 옛날에 53불이 여기에 종을 걸어놓고 저들의 도착을 알리는 종소리를 울렸다 하여 현종암이라 부르게된 것이다.

바위 앞면에는 南無阿彌陀佛(나무아미타불)이라 새겨져 있다. 영랑호 앞바다에는 여러 개의 바위섬들이 나란히 서있는데 그중에서 이름난 섬은 배바위와 사공바위이다.

⑥ 구선봉과 감호(鑑湖)

영랑호에서 남쪽으로 더 가면 구선봉(九仙峰·187m)이 꿋꿋한 모습으로 준엄하게 우뚝 솟아있다.

그리 높은 산은 아니지만 기괴한 바위들이 칼날처럼 날카롭게 늘어서 있는 바위산으로서 유달리 높아 보이며 신비롭고 준엄한 정감을 자아낸다.

옛날 아홉신선이 산마루에서 바둑을 두었다는 전설이 있어 구선봉이라 부르며 정상에 오르면 노송나무 옆에 있는 바위에 바둑판이 새겨져 있다.

구선봉에서 골짜기를 따라 남쪽으로 내려가면 조선중엽의 명필 양봉래가 글씨공부를 하였다는 새끼용 모양의 천서암(天書岩)이 있고 그 옆에는 신선굴이 있다.

천서암을 지나 내려서면 곧 감호에 이른다. 감호(鑑湖)는 고성군 구읍리로부터 남쪽으로 약 6킬로미터 지점에 자리하고 있으며 호수의 둘레는 3킬로미터 정도이지만 호수가 거의 원형으로 되어있어 영랑호보다 오히려 더 넓어 보인다.

동쪽으로 긴 모래둑을 사이에 두고 동해바다와 인접해 있으며 주위의 푸른 송림이 우거져 있어 백사·청송의 호수와 푸른 바다가 어울려 보기드문 절경을 이룬다.

감호 기슭에는 금강산 신선으로 불리운 조선 중엽의 명필 양봉래가 경치가 좋아 이곳에서 집을 짓고 살았다는 비래정(飛來亭)터가 전설과 함께 전해오고 있다.

⑦ 화진포(花津浦)

화진포는 고성군 남부 해안에 자리한 이름난 곳으로 옛날에는 열산호라 하였다. 화진포는 이름 그대로 꽃피는 나루 호수로서 봄이면 주위의 진달래꽃과 백사·청송과 맑은 호수와 푸른 명승지로 이름난 바닷자리 호수이다.

이곳은 해금강 경치의 남쪽 끝이 되며, 현재 구선봉과 감호는 휴전선 북쪽에 위치하여 있으나 화진포는 휴전선 남쪽 약 20킬로미터 지점에 위치한 거진항의 북쪽해안 가까운 거리에 있다.

총석정(叢石亭)

총석정, 금란굴, 국도

총석정은 통천의 총석들과 금란굴 등 해금강 북부지역의 동해 명승지역을 말한다. 이 지역 명승의 특징은 주로 바다기슭에 높이솟은 모난 돌기둥들이 아름다운 경치를 이루어 놓았고 바닷물의 침식작용으로 인해 바위벼랑에 기묘한 동굴들이 이루어져 있다.

외금강의 기암들은 끝이 톱날처럼 뾰족하여 전체로서 하나의 산악미를 이루고 있으나 총석정 명승들은 개개의 현무암(玄武岩) 바위기둥이 4각, 5각, 6각, 또는 8각 등으로 각주(角柱)를 이루고 길게 높이 서기도 하고 짧게 앉기도 하고 또 드러눕기도 하여 절벽을 이루고 동굴이 되고 또는 섬이 되기도 하여 넘실거리는 동해바다 검푸른 창파에 오랜 세월 동안 씻기면서 특이한 바위경치와 신비로운 자연경관을 이루고 있다.

① 총석정

고성읍(장전항)에서 동해안을 따라 북쪽으로 36킬로미터 지점에 자리한 통천항에서 오른쪽으로 뱃머리를 돌리면 동서로 가늘게 뻗어나간 작은 반도가 있고 반도 동단의 봉우리 기슭 약 1킬로미터 구간에 걸쳐서 우뚝우뚝 솟아있는 희한한 돌기둥 무리들을 총석정이라 부른다.

총석정의 경치는 육지 산봉 언덕에서 내려다볼 수도 있으나 배를 타고 바다에서 보아야 제격이다.

봉우리의 비탈에는 수천 수백의 모난 돌기둥들이 참빗살처럼 가지런히 늘어섰는데 거의 모두가 비슷한 크기와 높이로 되어있고 너무나도 모가 반듯하고 곧으며 마치 석공이 정교한 솜씨로 먹줄을 치고 다듬어 세운 것같이 매끈하여 천지조화의 극

바다에서 바라본 총석정

치를 보여주고 있다.

　서있는 총석을 입총이라 하며 앉은 것은 좌총, 누워있는 것은 와총이라 한다.

　입총이 바위산 20여 미터 높이의 낭떠러지를 온통 깎아지른 돌기둥 총석으로 덮었는데 그 가운데 특히 해중에 고립한 20여 미터 높이의 네 개의 거대한 입총 기둥이 같은 높이로 질서정연하게 줄지어 서있는 것을 이곳에서 사선이 놀고 갔다하여 사선봉(四仙峰)이라 부른다.

　옛날에는 사선봉을 발밑에 내려다 볼 수 있는 총석반도의 가장 높은 전망이 좋은 봉우리 위에 정각을 세우고 총석정이라 하였으나 지금은 없고 옛 정자터만 보존되어 있다.

총석정이란 정각(亭閣)의 이름이 지금은 총석 전체경관의 이름으로 바꾸어 부르게된 것이다.

총석정터에서의 달맞이와 아침 해돋이의 장관은 예부터 승경으로 이름나 있었으며 또 예로부터 관동팔경의 첫자리에 총석정을 꼽았고 이 고장 사람들은 총석정을 통천금강이라 자랑한다.

총석정 동남쪽에는 금란굴이 있는 연대봉이 바라다 보이고 동쪽으로는 알섬이 뚜렷이 떠있다. 그리고 서북쪽으로 섬 한복판에 구멍이 뚫린 천도(穿島)를 비롯하여 통천 3도가 바다 보인다.

「관동별곡」에서 정송강은 총석정의 경개를 다음과 같이 읊었다.

　바다를 곁에 두고 해당화로 들어가니
　백구야 날지말아 네 벗인줄 어찌아나
　금란굴 돌아들어 총석정 올라가니
　백옥루 남은기둥 다만 넷이 서있구나
　공수의 솜씨런가 귀신도끼로 다듬었나
　구태여 육면은 무엇을 상떴든고

② 금란굴(金蘭窟)

통천군 금란리에 있는 연대산(86m)북쪽 해안 절벽에 금란굴이 뚫려있다. 굴 석벽의 돌은 총석정처럼 6각형의 기둥으로 되어 있으며 굴의 높이는 5∼7미터이고, 너비는 3, 4미터에 길이는 15미터 가량 된다. 굴속에는 거꾸로 매달린 돌기둥들이 줄지어 매달려 있어 금란굴은 신기하고 아름다운 명소로 이름나 있다.

③ 국도

통천군 자산리 앞 바다에는 작은 총석섬 국도가 있다. 국도섬의 둘레는 1.3킬로미터이고 제일 높은 곳은 41미터의 나지막한 작은 섬이다. 그러나 국도의 지형적 특징은 금란굴, 총석정과 같은 유형에 속한 총석섬이다. 그러므로 국도도 해금강의 한 줄기가 바다속으로 수십리를 숨었다가 다시 바다에서 불쑥 솟아난 것으로 섬 동쪽 해안에 수십미터 높이의 다각형 돌기둥들이 오랜 세월 해풍에 시달리며 부챗살을 오무

총석정의 사선암

린 것처럼 주름을 잡아 서서 둥근 만을 이루고 온섬이 하나의 총석묶음으로 이루어져 바다 멀리 혼자 떨어져 있어도 절경을 이루고 있어 국도는 참으로 신비롭고 아름다운 해금강의 전초병 같은 섬이다.

삼일포(三日浦)

장군대, 충성각, 봉래대, 몽천, 적벽강

 삼일포는 고성군 온정리(溫井里) 소재지에서 동남쪽으로 12킬로미터거리 지점에 위치하고 있으며 예로부터 관동팔경(關東八景)의 하나로 호수풍경 때문에 이름난 곳이다.
 호수의 둘레는 약 4.5킬로미터이고 물 깊이는 9~13미터에 이른다. 호수의 북쪽과 서쪽은 멀리 외금강의 뭇 봉우리들이 에워싸고 있으며 가까이로는 국지봉과 그로부터 뻗어내린 여러 작은 봉우리들이 둘러서 호수를 감싸고 있다.
 남쪽과 동쪽으로는 월비산과 구선봉이 내다보이고 그 앞에 적벽산(赤壁山), 용산, 차산과 해금강의 뒷산들이 둘러있다. 그러므로 예부터 이르기를 서른여섯개의 크고 작은 봉우리들이 삼일포의 둘레를 병풍처럼 둘러싸고 잔잔한 수면에 흰구름과 푸른산의 그림자를 아름답게 투영하여 던지고 있다고 말하여왔다. 호수는 동서(8km)보다 남북(15km)이 더 길게 뻗었는데 호안선은 굴곡이 매우 심하고 호수 가운데는 소나무 우거진 와우섬과 몇개의 큰바위들로 이루어진 작은 섬들이 수중에 한가히 놓여 있다.
 삼일포는 호수물이 거울같이 맑고 고요하여 금강산의 수려함에 비하여 산과 물이 조화된 호수의 풍경이 온화하고 아늑한 정취를 풍겨주어 한 폭의 풍경화처럼 그지없이 아름답다.
 옛 신라때 4선(四仙)-영랑, 술랑, 남석, 안상-이 이곳에 왔다가 하도 호수경치가 좋아 3일간이나 머물며 돌아갈 줄을 몰랐다는 전설에 연유하여 삼일포(三日浦)라 부르게 된 것이라 하며, 예전에는 호수 섬중에 사선대와 사선정(四仙亭)이 있었다 전한다.

네 신선이 놀았다는 삼일포

① 장군대와 충성각(忠誠閣)

삼일포 입구에서 오른쪽으로 계단을 밟아 큰 바위대위에 오르면 삼일포의 전경이 한눈에 굽어보이는 전망대에 오르게 되는데 이곳을 '장군대'라 부르며 여기에 산뜻하게 새로 세운 4각 정각을 '충성각'이라 부른다.

충성각을 내려서면 장군대와 봉래대를 이어놓은 길이 56미터의 긴 구름다리가 가설되어 있어 하나의 새로운 명물로 이름나 있다.

② 봉래대와 연화대(蓮化台)

봉래대는 장군대와 연화대 사이에 반도처럼 호수가로 나앉은 바위산으로서 이곳은 호수의 전경을 한눈에 바라볼 수 있는 좋은 전망대의 하나이다.

16세기의 이름난 명필시인 양봉래가 이곳에서 공부 하였다 하여 후세 사람들이 봉래대라고 불렀다. 봉래대 아래에는 또 양봉래가 공부하였다는 봉래굴(逢萊窟)이 있기도 하다.

봉래대에서 사방을 둘러보면 서쪽으로 창공높이 치솟아 있는 금강산의 일만이천

봉우리마다 산허리에 흰구름이 감겨있고 거울알처럼 반짝이는 삼일포의 잔잔한 호수가 한눈에 정답게 안겨온다. 주위에 녹음 우거진 싱그러운 산 봉우리들과 바위와 섬들이 호수 수면에 영롱한 그림자를 투영하여 한가롭고 아름다운데 가볍게 불어오는 동해의 미풍으로 잔잔한 물결이 일면 수면에 비낀 호숫가의 서른여섯 봉우리들도 함께 춤을 추듯 일렁이는 한가로운 풍경은 정겹고 황홀하다.

봉래대에서 보트장으로 내려서 한 굽이를 더 돌아 왼쪽에 우뚝 솟은 바위봉우리를 호수에서 바라보면 그 모양이 연꽃같다하여 연화대(蓮花台)라 부른다. 연화대 위에는 아름다운 단청무늬로 장식한 정각이 세워져 있다.

연화대 정각은 삼일포에서도 가장 이름난 전망대로서 손꼽는 것은 서쪽 외금강 여러 준봉들의 웅장한 모습과 함께 동쪽으로 동해바다에 펼쳐진 해금강 여러 섬들의 절경을 모두 바라볼 수 있기 때문이다.

③ 호수의 섬들

삼일포를 두고 전해오기를 기슭에 올라 바라보면 바닷가의 호수로 보이고 보트에 몸을 싣고 물위에 앉아보면 심산속의 호수로 보인다는 말이 있다. 울창한 소나무 숲에 싸여있는 장군대와 연화대 주변의 멧부리들은 심산을 이루고 호수는 더욱 넓어 보인다.

보트에 올라 노를 저어 나가면 이윽고 호수에서 가장 큰섬, 송림이 우거져 예전에는 송도라고 불렀던 와우도가 물위에 떠있고 와우섬에서 서쪽으로 가면 단서암, 사선정, 무선대 등 나지막한 작은 섬들이 물위에 놓여 선경을 이루고있다.

단서암은 옛 신선들이 이곳에 와 놀면서 述郞徒, 南石行(술랑도, 남석행)이라 바위에 써놓은 글자가 붉은 색을 낸다고 하여 부르게된 이름이며, 단서암 정상에는 매향비(埋香碑)를 세웠던 비석터가 있다.

사선정은 옛날에 네 신선(영랑, 술랑, 남석, 안상)이 삼일포에 삼일동안 놀고 간 것을 기념하여 세운 정자가 있었는데 지금은 터만 남아있고 사선정이 섬의 이름으로 바뀌어져 있다.

무선대는 옛날에 신선들이 이 바위섬에서 놀면서 춤을 추었다는 전설이 깃든 바위섬이다.

④ 몽천과 금강문

배를 타고 무선대를 구경한 다음 북쪽 산기슭, 마치 작은 만(湾)같이 오목한 곳에 이르면 송림이 우거지고 백사장이 펼쳐져 있어 담수 수영장으로서 물놀이하기에 더없이 좋은 곳이며 송림 속에는 사철 차고 맑은 물이 솟아오르는 유명한 몽천샘터가 있으며, 그 옆에는 몽천암 절터가 있다.

옛 신라때 이곳에 경치가 좋아 절을 지으려고 하니 우물이 없어 걱정하던 중 꿈에 백발노인이 나타나 가리켜준 곳을 파서 얻은 샘물이라는 뜻으로 몽천이라 이름하였다. 물맛이 차고 향기가 있었다 하여 夢泉香烈(몽천향열)의 네 글자가 샘터바위 좌우에 새겨져 있다. 몽천에서 오른쪽 산 언덕으로 1백미터쯤 올라가면 石扉(석선)이라고 새겨쓴 금강문이 자리잡고 있다.

주변에 고래등 같은 큰 바위들이 널려있는 한가운데 유달리 큰 두 개의 바위가 양쪽에 같은 높이로 마주서고 그 위에 한 개의 넓적돌이 지붕처럼 얹혀있어 천연돌문을 이루고 있다. 이 돌문을 석비(石扉-돌사립)라 불렀으며 돌문의 높이는 약 6미터, 너비는 2미터정도 길이는 5미터 가량 되어 그 우람하고 기이한 구조가 금강산 여러 금강문 중에서도 손꼽히는 명문으로 이름나 있다. 돌문위에 얹혀있는 넓적돌의 모양이 흡사 펼친 부채같다하여 석선이라 이름하였다.

⑤ 적벽강과 해산정터

삼일포를 돌아나와 동남방향으로 2킬로미터 쯤 가면 고성군 구읍리(예전 고성읍)에 이른다. 여기에는 적벽강과 일승정터, 동·서구암(龜岩)과 해산정터 등 기묘한 경치와 광활한 전망을 자랑하는 이름난 곳들이 있다. 외금강 동남쪽의 여러 계곡들의 하천물을 합쳐 흐르는 남강의 하류는 수학리 일대에서 쌍벽정, 남석담 등의 전망대와 소를 스쳐 지나가다 동으로 흘러 구읍 바로 남쪽에서 적벽강으로 된다.

적벽강은 구읍리 남쪽 강기슭에 높이 솟은 적벽산(赤壁山·116m)의 깎아지른 듯한 절벽이 병풍처럼 늘어서 있는 적벽을 감돌아 흐르는 남강 하류를 말하며, 절벽과 강물이 어울려 빚어놓은 명승지로서 경치좋은 곳으로 이름나 있다.

해산정터는 고성 구읍리 근교에 있는 나지막한 바위산 용산 남쪽 등말기 위에 자리하고 있다. 옛날에는 이곳에 해산정이란 정자가 있었으나 지금은 없고 터만 남아

있다. 해산정터에 오르면 바다와 산을 다 함께 전망할 수 있다고 하여 일찍부터 불리워진 이름이다.

해산정터에 오르면 1만2천봉 금강산 여러 봉우리는 서쪽에 펼쳐져 있고 해금강은 10리 동쪽에, 적벽강은 남쪽에 그리고 삼일포는 북쪽에 있어 이곳은 동서남북 사방의 전망이 매우 시원스럽고 아름다운 이름난 전망대로 손꼽는다. 해산정터 절벽에 새겨진 옛 사람의 글은 해산정의 자랑을 다음과 같이 노래하고 있다.

천하 명승을
한곳에 모여 놓았는가
산과 바다 사이에 있는
신선의 집은 다름아닌 여기로다.

후기

　금강산 관광개발의 현황에 대해 최근 매스컴을 통하여 전해온 소식에 의하면 북한은 관광분야 대외개방정책에 맞추어 금강산을 북한의 대표적 관광지로 개발한다는 목표를 세우고 '원산-금강산 휴양지 국토종합건설 총계획'을 수립하여 대대적인 개발을 진행하고 있는 것으로 알려졌다.

　북한은 이같은 계획의 일단계 사업으로 원산 명사십리, 통천 시중호(侍中湖) 등 북부 해안지역과 아울러 금강산 개발에 착수, 만물상, 세존봉, 구룡연 등 명승지역을 연결하는 도로를 건설하였으며 이같은 관광순환도로 건설을 위하여 계곡과 하천을 건너지른 60여 개의 다리가 놓여진 것으로 알려져 있다.

　그리고 북한이 추진하고 있는 금강산 관광개발 사업은 현재 내금강 지역을 제외한 주로 만물상, 구룡연 등 외금강 지역과 동해안의 해금강 지역 개발에 치중하고 있으며, 이곳에 관광호텔 등 숙박시설과 위락시설, 편의시설 및 도로건설 등을 집중적으로 건설중에 있다 하며, 이에따라 관광객이 평양을 출발하여 평원(平原) 고속도로(4차선)를 따라 원산(元山)을 거쳐서 금강산까지 약 3백킬로미터(평양-원산간 약 200km, 원산-금강산 108km) 거리를 6시간 이내에 고속으로 달릴 수 있도록 이 구간의 도로포장이 완성되어 있다 한다.

　우리 한국정부에서도 앞으로 서로 가까운 거리에 위치하고 있는 남한의 설악산과 북한의 금강산을 연결하여 관광특구로 공동 개발하기 위하여 북한과 더불어 설악산·금강산 지구의 종합개발계획을 적극 추진할 계획이라 하니 크게 기대된다.

　그동안 아쉽게 멀리서 바라보기만 하던 동해안의 통일전망대를 비껴넘어 관광길이 하루속히 북으로 뚫려서 남한동포 누구나가 자유롭게 가까운 거리를 통하여 천하명승 금강산을 탐승할 수 있는 간절한 꿈과 염원이 이루어지기를 기원하는 마음으로 그날을 위하여 외람되이 이 글을 적는다.

저 자 씀

우 종 수

구례출생
1944년 동경 대동아학원 전문부 사학과 수료
1951년~1958년 구례중학교 교사 재임
1955년 구례 연하반 총무
1988년 한국국립공원협회 지리산 남부지부장
1989년 구례문화원 이사 역임
1967년~현재 지리산악회 회장

금강산 가이드

지은이 · 우종수
펴낸이 · 이수용
편집, 교정 · 김유주, 김선연
펴낸곳 · 秀文出版社

1992년 6월 5일 초판인쇄
1992년 6월 10일 초판발행

출판등록 1988. 2. 15 제 7-35호
132-033 서울 도봉구 쌍문3동 103-1
전화) 904-4774, 994-2626 팩시) 906-0707

ⓒ 우종수, 1992
파본은 바꾸어 드립니다.
인지는 저자와의 협의에 의해 생략합니다.

ISBN 89-7301-028-X